U0672016

C 湛庐文化
heers Publishing

a mindstyle business
与 思 想 有 关

CRISIS

危机经济学

ECONOMICS

A CRASH COURSE IN THE FUTURE OF FINANCE

[美] 努里埃尔·鲁比尼　斯蒂芬·米姆　著
NOURIEL ROUBINI　STEPHEN MIHM

巴曙松　李胜利　吕婕　等 译

浙江人民出版社
ZHEJIANG PEOPLE'S PUBLISHING HOUSE

危机中的机遇

有人说，金融危机对于金融界是灾难，但是对于金融研究界似乎是机遇，因为这往往意味着新的理论模式和分析方法正在酝酿之中。这种讨论听起来似乎有些幸灾乐祸，但是从金融经济理论史的发展来看，往往也确实如此。正因为如此，全球金融危机之后哪些新的理论和实践动向正在酝酿，值得我们关注。而在种种争论与观点之中，鲁比尼教授的看法是尤其瞩目的，这不仅仅是因为他被全球金融界视为准确预测危机的少数学者之一。

金融危机也以另外一种形式为我们展现了全球经济金融体系的紧密联系。来自美国的金融产品，可以迅速通过全球化的金融网络，演变为全球性的金融危机。而全球联合的干预行动，也使得这次金融危机免于陷入20世纪大萧条式的噩梦。

其实，金融研究与政策决策的互动也日益紧密。这本书的出版就是一个十分有趣的证明。我读大学时，阅读的往往是多年前，甚至数十年前西方国家的专家的著作。而现在，我们和出版者一道经过努力，将这本书送到读者面前，我可以告诉读者：您正在阅读的这本著作，与英文版几乎是同步出版，这是全球化的一个小小的缩影。

由于本书是中、英文同时出版，经过出版者的精心策划，我们从作者的初稿开始翻译工作，此后又根据其最终版本做了大规模的修订，前后历时仅仅 3 个月。全书的翻译由我主持，并且由我来担任全书的校订工作，李胜利博士作为主要的协调人，协助我做了大量的协调和统稿工作，巴曙松、李胜利、吕婕、杨现领、王留成、矫静、尹煜等参与了初稿的翻译。为提高翻译质量，我们对初稿进行了两轮的交叉校对，几易其稿，力求尽可能地提高译文的准确性和语言的优美程度。客观地讲，本书作者思维灵活、用词风趣，增添了翻译的难度，因此，翻译中的错误和不足也在所难免，恳请各位读者批评。

现在看来，2010 年春季，当我们承接本书的翻译工作时，经过各国协调一致的大规模经济刺激计划，全球经济似乎已显示企稳回升的迹象，并成功地避免了 20 世纪 30 年代大萧条的重演。无论是经济学家还是政治家，都情不自禁地设想最坏的情况已经过去，并踌躇满志地迈向"后危机时代"。然而，美国"无就业的复苏"和"欧猪五国"（葡萄牙、爱尔兰、意大利、希腊及西班牙，简称 PIGS）的主权债务危机却再一次使我们警醒：历史总会反复，危机可能还会再来。**为了避免一场新的金融和货币灾难再次袭击全球，我们需要收起习惯性的无知和傲慢，并虚心地对人类历史上曾经发生的经济危机做一个系统的梳理和总结。**

历史告诉我们，经济危机绝非一种偶然事件。相反，它是我们必须预防并做好直面准备的一种状态。无论是 20 世纪 30 年代的大萧条、80 年代的日本房地产泡沫、90 年代的亚洲金融危机和拉美金融危机，还是 2008 年的全球性金融危机，都无可辩驳地表明，经济危机并非可以忽视的"小概率事件"。

然而，这并不意味着我们只能束手无策地、宿命地迎接危机的破坏性冲击。在一定程度上，任何经济危机都有其内在的规律性。虽然它们像飓风一样，会在毫无预警的情况下突然登陆、改变风向或者忽强忽弱，但通过合适的角度、工具和方法，我们可以做好准备，要么预防它，要么尽可能地把它的破坏性影响限制在可以承受的范围内。

事实上，本书的作者鲁比尼以他良好的直觉、专业的经济学思维方式及丰富的工作经验，被全球金融界视为早在 2006 年就准确预测到美国将遭遇一场百年一遇的房地产泡沫危机的学者。而且他还曾警告，房地产市场的崩溃将引发美国金融市场的大幅动荡，并给全球金融系统带来全面冲击，使危机在世界范围内传播与蔓延。当然，鲁比尼的预言最终变成了现实，并使他赢得了"末日博士"的美誉，声名鹊起。这促使我们反思，**与其过于强调经济危机的不可预测性，倒不如坦率承认是我们对它的了解过于有限，并以此为基础，调整我们的认知框架和思维方式，以一种客观公正、不偏不倚的态度，从历史的视角出发，通过兼收并蓄的分析方法和专业严谨的研究，增强我们对危机经济学的认识。**

基于这种想法，这本书的翻译也算是我和此次一起参与翻译的几位同人在这方面的一种尝试和贡献。虽然对于此次国际金融危机的研究和认识还在反思和探索之中，但本书至少可以作为一个参照，希望可以引发更多有识之士对危机进行反思，共同推进我们对经济危机的理解、认识和把握。

从我个人的工作阅历看，我可以说是亲历了两次金融危机。亚洲金融危机发生时，我正好在中银香港从事风险管理和重组上市的工作。而这一次全球金融危机发生时，我正好在中央人民政府驻香港联络办公室经济部担任副部长，从事金融危机的跟踪研究。因此，对于危机的巨大冲击力，有了切身的体会。

从目前的趋势看，预计这次全球性金融危机之后，世界经济格局将发生前所未有的调整与重组。在这种巨变之中，中国经济与金融秩序应如何进行改革，才能积极稳妥地融入全球和避免冲突，已经成为一个不可回避的重大课题。作为一名金融研究人员，能够亲身感受和参与这种历史性变迁，十分难得。希望通过这本书，可以与广大的读者一起感悟、体验和把握这个历史馈赠给我们的难得机遇。

巴曙松

⑪ 危机不会消失，但可以减轻伤害

在大萧条最严重的时候，政治家及政策制定者们对金融体系进行的大刀阔斧的改革，为之后将近80年的稳定与安全打下了坚实的基础。尽管问题并未从根源上被解决，但是80年已经足够长久，是一个人一生的时间！

扫码下载"湛庐阅读"APP，
搜索"危机经济学"，
回顾2008年金融危机时期美国的真实状况。

01　危机不是"黑天鹅"　

如果金融危机是"黑天鹅"，就像飞机失事一样，尽管后果
非常严重，但可能性很小，更不可能预测，那么我们就没
有必要担心它们。但事实上危机并非偶然，是注定要发生
的，是可以预测的。

02　让危机经济学家们站出来　

如果在暴风雨的季节，经济学家能告诉我们的只是当风暴
过去很久以后，海面又会恢复平静，那么他们给自己制定
的任务就太简单、太没用了。那些拥护放松监管、有效市
场和金融创新的经济学家仿佛突然被一些非主流的学者取
代了。他们是怎样的一群人？他们告诉过我们什么呢？

末日博士的危机经济学

2009 年 1 月，在小布什总统结束任期的前夕，时任副总统迪克·切尼（Dick Cheney）接受了美联社的采访。当被问到"政府为什么没有预见到这次大萧条以来最大的金融危机"时，切尼答道："无论多聪明的人都不可能预测到这次危机，我不相信有人预见到了。"

与切尼持相同观点的人不在少数。回顾一下金融界精英和政坛明星的高见，他们和切尼一样，总是说："金融危机与'9·11'事件非常类似，都是破坏性巨大，而又无法预测。"

这并非事实。2006 年 9 月，本书的作者之一努里埃尔·鲁比尼就准确地预测到了 2008 年金融危机。2006 年 9 月 7 日，身为纽约大学经济学教授的鲁比尼在位于华盛顿特区的国际货币基金组织的一次演讲中发出了警告：

> 美国将遭受一场百年一遇的房地产泡沫引发的金融危机，这场危机将引发原油价格大幅波动，造成消费者信心大幅下降，并使美国不可避免地陷入一场经济大衰退。

悲剧远远不止这些，鲁比尼还预测到更为可怕的一幕：随着房地产抵押贷款违约事件的不断发生，规模超过万亿美元的房地产抵押债券市场将陷入崩溃，整个金融市场也将发生剧烈震荡。他指出，房地产市场价格泡沫的破灭"将给整个金融体系带来全面冲击"，对冲基金、投资银行、政府控股的房地产信贷怪兽房利美和房地美等都将遭遇巨大的灾难。对于他的观点，听众多数持怀疑态度。

在随后的一年半时间内，鲁比尼的预言开始逐渐变为现实。接着，他又作出了进一步的预测。2008年年初，当大多数经济学家都认为美国经济仅仅是受到了流动性短缺的影响时，鲁比尼则认为更为严重的信用危机将击垮房地产投资者、企业及金融机构。事实上，在贝尔斯登（Bear Stearns）破产前，鲁比尼就预测到将有至少两家大型投资银行会破产，其他的大型投资银行也将失去独立性。如其所言，华尔街发生了自20世纪30年代以来的最大危机：美林证券被美洲银行收购，摩根士丹利和高盛也转变为银行控股公司，接受了严格的金融监管。

鲁比尼还预测到，金融危机将在世界范围内蔓延。当市场观察人士信誓旦旦地说，其他国家的经济将不会受到美国的影响时，鲁比尼警告说危机将向各国扩散，美国内部的金融危机将演变为全球性问题。此外，他还预测到这场世界性的金融危机将持续数年，并将波及中国、印度等被认为经济健康的国家。当其他经济学家还在关注通货膨胀的风险时，鲁比尼就准确地预测到世界经济已走到大萧条以来最大规模的通货紧缩边缘。

鲁比尼的确十分神奇，没有任何经济学家的判断如此精准。但是，他也并非是唯一一位预言到金融危机的经济学家，不少人曾就金融危机的某个方面作了分析，这些分析启发鲁比尼抓住了问题的关键。鲁比尼的前同事，耶鲁大学的罗伯特·希勒（Robert Shiller）教授就在IT泡沫破裂之前预言到证券市场的"非理性繁荣"。他创设的Case-Shiller房价指数对未来10年房地产泡沫的各个拐点作了详细的预测。

鲁比尼不仅仅是从希勒那里获取了灵感。早在2005年，芝加哥大学金融学教授拉古拉姆·瑞占（Raghuram Rajan）就在美国西部风情小镇杰克逊霍尔（Jackson Hole）告诫众多的经济学家和政府官员：银行家和交易员们的薪酬机制必将鼓励他们选择风险更高的交易机会，抬高资产杠杆率，这将导致世界金融体系变得脆弱，从而引发金融危机。

近年来，不少有识之士也发出了类似的声音：

- 华尔街的传奇人物詹姆斯·格兰特（James Grant）在 2005 年说过，美联储帮助市场创造了"金融史上最大的信贷泡沫"。
- 国际清算银行首席经济学家比尔·怀特（Bill White）曾警告过资产市场的系统性风险和信贷泡沫。
- 纳西姆·尼古拉斯·塔勒布（Nassim Nicholas Taleb）曾指出，金融市场还没有作好准备解决与以往不同的风险"厚尾"分布现象。
- 经济学家莫瑞斯·奥博斯特弗尔德（Maurice Obstfeld）和肯尼斯·罗格夫（Kenneth Rogoff）曾指出美国目前财政赤字的不可持续问题。
- 摩根士丹利首席经济学家斯蒂芬·罗奇（Steve Roach）和美林证券前首席经济学家戴维·罗森伯格（David Rosenberg）也早已指出美国消费者的入不敷出问题。

尽管这些经济学家和分析人士十分有名，但大家却对他们的忠告置若罔闻。很多人坚守着一个简单的悖论：这个靠金融创新支撑起来的 21 世纪的资本主义大厦具有自我纠错机制，从而能够保持相对稳定的均衡状态。

虽然这一逻辑曾屡次被现实证明是多么的幼稚，但多年以来却始终被奉为神明，成为宏观政策制订和投资决策的理论依据。毫无疑问，在这一理论中，经济危机发生的概率微乎其微。实际上，如果发生经济危机，才是不正常的，甚至可以用毫无可能、异乎寻常、无法预言、世所罕见等词汇来形容。经济危机还常常被一些学术界人士认为只可能出现在欠发达的"问题"国家，而像美国这种经济巨人是不可能发生危机的。

本书主要研究经济危机问题。研究表明，**经济危机并非偶然事件，而是无论新兴国家还是发达国家都会出现的必然事件。经济危机作为一种不可持续的繁荣之后的经济崩溃现象总是与我们形影相随，不可消除**。虽然在资本主义兴起之前经济危机就曾发生过，但资本主义和经济危机之间仍存在某种必然的联系。从某种程度上讲，经济危机根植于资本主义经济内部。创新和冒险精神是资本主义充满活力的源泉，也是资产和信贷泡沫产生并最终破裂的导火索，其带来的负面影响即使在危机结束后还会持续很长的时间。

经济危机很常见，也有一定的规律可循。它们就像飓风一样，从一定的角度讲是可以预测的，但也可能在毫无预报的情况下忽然改变方向、迅速减弱或者增强。本书给出了预测经济危机的主要原理，通过对近期的经济危机进行实证分析，证明危机不仅是可以预测的，更是可以被人为扼杀在摇篮里的。最后，本书给出了如何重建金融体系才能把将来经济危机的冲击降低到最小的建议。总之，本书通过对已经发生的经济危机进行分析来帮助我们对将来可能发生的危机作出正确预测。

为了便于理解，本书着重分析了人们关于这次金融危机的一些疑问，比如最常见的"导致金融动荡几十年的泡沫在开始阶段为什么会形成""放松金融监管是否会导致金融机构过多地承担风险"，以及"金融危机是否必然导致政府过多地干预市场"，等等。这些疑问在理解金融危机的问题上显得很另类，甚至可以说与常规思路完全迥异。而且，对这些疑问的不同回答也会导致不同的救市政策。

同样地，本书也分析了引发这次金融危机的深层次原因：是市场信心的崩溃还是凯恩斯所谓的根植于资本主义的"动物精神"？或者是过高的金融杠杆及市场效率缺失之下的必然产物？甚或相反，是流动性和偿付能力的缺失引发了金融危机？如果是最后一点，那么这对将来有哪些启示？

或许危机与所有问题都有关。在危机愈演愈烈之时，各国央行终于果断出手，开始凭借其"最后贷款人"的身份着手解决金融体系中的各种问题。这些行动是否会把问题变得更糟？会不会只是起到鼓励金融机构进一步增加风险敞口的作用，进而孕育更大的泡沫和危机？同样，加强金融监管预示着什么？是会带来金融体系的健康稳定，还是只解决了问题的表面，而不能阻止金融危机的再次发生？

这些都是现实的问题。正如凯恩斯所说：

> 经济学家和政治思想家的思想，不管其正确与否，都比通常所认为的

力量更大。事实上，世界是由少数思想统治的……善于道听途说的疯狂掌权者，从若干年前的拙劣的学者那里获取疯狂之念。

这句经常被引用的名言写于70多年以前，但用来描述当今世界依然十分恰当。所以，历史上的那些金融危机的起因和教训，同样也能用来解释这次危机。

首先需要澄清的是，我们并不是一味地推崇某些经济学家。事实上，几乎每个经济学派都探讨过金融危机的问题。我们的分析是建立在前人的大量研究成果的基础上的，其中既包括凯恩斯的思想，也包括其他学者的智慧。我们认为研究金融危机不能约定俗成，而是需要历史的视角和兼收并蓄的分析方法，以及客观公正、不偏不倚的治学态度。毕竟，金融危机的形式多种多样，循规蹈矩地研究不会得出任何有价值的结论。

在评估未来的金融体系时，本书同样使用了这些实用主义的分析方法。

比如，将来我们应该更加关注通货膨胀还是通货紧缩？美联储和各国央行采取的经济刺激和定量宽松政策将引发什么后果？盎格鲁 - 撒克逊式的自由放任的资本主义制度将何去何从？美元的未来如何？这次金融危机是否预示着美国强权的终结和中国等新兴经济体的崛起？最后，怎样对国际经济体系进行改革，以减轻将来的经济危机的危害？

通过与以前的各国经济危机的对比，本书努力解答了有关本次金融危机的各种问题。毕竟，我们所生活的世界与历史上的世界十分相似，类似的背景也会产生类似的结果。这些解答比传统理论更具普遍性，也更易于理解。在各个章节中，我们借古喻今，分析上文提到的问题在以前的各次危机中是如何被提出，又是如何被解决的。

基于此，本书对那些在经济学中常常引起争论的问题进行了讨论，如道德风险、杠杆、银行挤兑、监管套利、经常项目逆差、资产证券化、通货紧缩、信用衍生品、流动性陷阱等。我们希望这些讨论能给大多数读者带来收获，不仅包括华尔街的金融专业人士，还包括企业管理者，商务专业、经济学专业和金融学专业的学生，各国政府官员和政府顾问，以及对错综复杂的国际金融秩序知之甚少的普通投资者。

本书采取平铺直叙的方式展开，首先，回顾了经济危机的历史及研究经济危机的经济学家；然后，着重分析了近期经济危机的深刻根源，并解答了这些危机是怎样以一种可预测的方式发展的；最后，展望未来，描绘了金融体系的改革蓝图，并给出了未来发生金融危机的可能性。

第 1 章首先回顾了经济危机的历史，展示了那些早已被经济界遗忘了的经济繁荣、泡沫和崩溃。我们把重点放在资本主义和经济危机的关系上，首先回顾了 17 世纪 30 年代荷兰的郁金香泡沫，接着分析了 18 世纪 20 年代的南海公司（South Sea Company）泡沫、1825 年的首次世界性的金融危机、1907 年的大恐慌、20 世纪 30 年代的大萧条，以及 20 世纪 80 年代发展中国家的一系列经济危机。我们认为，经济危机并非像现代经济学分析的那样是偶然事件，也不是所谓的罕见的"黑天鹅"，而是经常会发生并且可以预测的，可以称之为"白天鹅"。

对于大多数发达国家来说，20 世纪后半叶经济发展异常平稳，并实现了低通胀、高增长的最优组合，被经济学家称为"大稳健时代"（Great Moderation）。这使得主流经济学家要么对经济危机问题不屑一顾，要么认为那是发展中国家的特殊现象。为了扩大视野，认清经济危机的前世今生，必须对历代经济学家的思想进行回顾和总结。在第 2 章中，我们介绍了这些经济学家，他们有些家喻户晓，如凯恩斯，有些则默默无闻，如海曼·明斯基（Hyman Minsky）。

第 3 章解释了 2008 年金融危机的深刻根源。2008 年这次金融危机爆发以来，人们都不约而同地把矛头指向次级抵押证券，认为这是引发全球金融市场动荡的罪魁祸首。本章批判了这些谬论，指出近几十年来的流行思想和政策把国际金融体系塑造得摇摇欲坠，不计其数、缺乏透明度的神秘金融工具被创造出来。所谓的"影子银行"（shadow banking system）是引发金融危机的另外一个因素，包括抵押贷款机构、对冲基金、经纪商、货币市场基金等，这些近年来涌现出来的机构就像银行一样从事借贷活动，但不同的是它们不会像银行那样接受严格的监管。

第 3 章还分析了道德风险问题，即市场参与者在侥幸心理、补偿机制或者责任不对称的情况下有承受更大风险的倾向。另外，还分析了长期以来糟糕的公司治理以及政府行为等问题。我们并不赞同社会上流行的两种对立观点：引发危机的是政府对市场的过多干预，或是对市场的放任自流。事实上，我们认为个中原因十分复杂，不能仅仅从表面分析，不管政府是否曾在市场中有所作为，其坚守的保守主义或自由主义程度远远超出了人们的想象。

随后的几个章节探讨了本次金融危机。在21世纪初的金融体系中，存在着大量高风险因素，但是它们却被层层粉饰。在第4章中，我们通过将本次金融危机与历次经济危机进行对比，批判了那些单纯幼稚的观点。我们认为，与一二百年前的金融危机相比，2008年的这次危机并没有实质性的不同，不只是引发危机的根本原因相似，各国央行充当"最后贷款人"角色的行为也没什么两样。也许从某些特定角度来讲，本次危机和以前有所不同，但是它们在大多数方面都遵循了同样的轨迹，这印证了那句格言：历史不会重现，但总是惊人的相似。

历史表明，金融危机像传染病一样，它们由某些问题开始爆发，然后在广阔的范围内传播。本次金融危机也没什么两样，虽然不像以往那样肇始于新兴市场，而是首先由国际金融中心开始爆发，而且危害也更为严重，但其本质并无区别。第5章分析了金融危机在世界各地（从冰岛、阿联酋、日本、爱沙尼亚、德国到中国、新加坡等国）肆虐的路径及原因。和一般的观点不同，我们认为其他国家的危机并不仅仅是受了美国的影响。事实上，美国金融体系中的脆弱性广泛存在于世界各地，有些国家甚至更为严重。危机对各国的冲击也有所不同，那些拥有脆弱的金融体系的国家遭受的危害更严重。

与其他研究金融危机的著作不同，本书不仅仅着重分析美国的问题，还在最大的范围内分析了21世纪的世界资本主义金融体系。沿着这场举世震惊的灾难的轨迹，第5章揭示了金融危机背后的国际金融体系、国际经济以及错综复杂的财政、货币政策等问题。这场危机不仅告诉人们正常时期的国际经济运行特征，也告诉人们非常时期国际经济的表现。

每次金融危机都会终结，这次也不例外，但是危机造成的负面影响会持续数年。第6章对此给出了解释，并分析了为什么金融危机结束之后会发生明显的通货膨胀或者通货紧缩。第6章回顾了各国央行应对危机所采取的货币政策，并指出这些政策是如何被反复使用的。同时，每次金融危机都让各国央行大刀阔斧地进行改革，不幸的是，也许这些急救措施可以作用于一时，但正如未经临床检验的药物可能会毒害患者一样，这些改革不一定会产生好的结果。

拯救金融危机的财政政策也是如此，第 7 章分析了政府通过税收和支出来应对危机的策略。这些思想起源于凯恩斯，后来发展成为政府积极干预经济的策略。第 7 章评估了这些应对金融危机的财政政策，尤其是它们所带来的巨大风险。

目的在于稳定经济的干预措施违背了传统的自由放任的资本主义原则，后危机时代的政府将实施更加严格的市场监管，来代替对经济进行直接或间接干预。第 8 章和第 9 章描绘了一种能进一步提高金融机构透明度和稳定性的金融体制蓝图，以及国际金融体系的长期改革方案：各国央行之间更多的合作，将监管范围由商业银行拓展到投资银行、保险公司以及对冲基金，控制"大而不倒"金融机构的冒险行为，对金融机构资本和流动性提出更高的要求，降低拯救金融机构的道德风险和财政成本，等等。此外，还分析了最有争议的问题：为控制和消除资产泡沫，中央银行应该充当什么角色？

第 10 章分析了世界经济的严重失衡，以及为防止金融危机再次出现，国际货币体系和国际金融秩序应当采取的改革路线。为什么最近 20 多年来新兴经济体屡遭金融危机的侵袭？为什么美国拥有高额赤字，而德国、日本、中国以及其他新兴经济体却拥有大量的盈余？引发金融危机的世界经济失衡问题应该怎样解决？美元会不会崩溃，是否会被一种新的国际货币代替？国际货币基金组织应当如何改革，以减少国际货币争端和金融危机，它是否应当成为最后贷款者？

第 10 章给出了一个不可否认的事实：美国和 7 国集团（G7）的金融改革将十分有限，巴西、印度、中国、俄罗斯以及其他的 20 国集团（G20）成员国、债权国都将关注和干涉这些改革，这些正在崛起的国家将在未来的危机处理中发挥更大作用。同时，国际金融市场将出现很多新的机构和参与者：主权财富基金、离岸金融中心、国际货币联盟，等等。

在结语部分，我们客观地分析了世界经济中的诸多困难。金融危机虽然已经结束，但陷阱和风险在进一步加深。决定未来世界经济和国际金融体系波动的因素是什么？世界经济是会重新实现高增长，还是陷入长期的低增长甚至负增长？拯救金融危机所采取的宽松货币政策是否会创造出新的资产泡沫？世界各国如何解决为应对金融危机所欠下的高额债务？政府是会利用通货膨胀政策来削减债务的真实价值，还是会利用通货紧缩政策来应对巨大的市场风险？全球化和市场经济的前景如何？政府对经济和金融市场的干预是否会变得更多，这种转变的后果是什么？许多学者认为，未来，世界的主导权属于中国，而美国则会一步步衰落，这种观点给出了未来世界的两种情形：无论是发达国家还是发展中国家，要么幸运地渡过危机走向复苏，要么垂死挣扎，走向崩溃。

最后，我们提出了一系列开放性问题：全球化的发展将如何影响未来的金融危机？如何解决引发金融危机的全球经济失衡问题？换句话说，怎样改革国际资本主义体系？在将来怎样吸取过去的经验教训？总之，我们的研究填补了理论上的空白。请大家记住凯恩斯在 1933 年说的话：

> 第一次世界大战以来，我们建立起来的看似国际化但实际上充满个人主义思潮的堕落的资本主义体系，是一个巨大的失败。它并不高效，并不美好，也并不讲究道德，更没做到不负众望。总之我们厌恶它，并且逐渐对它嗤之以鼻，但是当我们考虑用什么制度来取代它时，又毫无办法。

问题终究会得到解决，但将来危机还会重现。本书提出了改革资本主义制度的一些建议，以使其不再不断地创造经济危机，而是可以更加持续稳定地创造财富。市场经济改革已使许多发展中国家摆脱贫困和落后，而无论在发达国家还是发展中国家，经济和金融危机出现的频率都在不断上升。最后，我们描绘了一幅路线图，不仅揭示我们是如何陷入危机的，更揭示我们如何走出危机，并从根本上避免危机的发生。

Crisis Economics

01

危机不是"黑天鹅"

如果金融危机是"黑天鹅",就像飞机失事一样,尽管后果
非常严重,但可能性很小,更不可能预测,那么我们就没
有必要担心它们。但事实上危机并非偶然,是注定要发生
的,是可以预测的。

金融市场的繁荣是从何时开始的呢？或许是突如其来的房地产热，投机者像买卖股票一样疯狂地买卖房屋，并在短期内获取 2~3 倍的利润；或许泡沫在新经济时代来临之后就开始孕育了：新技术和新产业的出现让人们把安身立命的储蓄搬到华尔街的股市上来了。

政客和决策者不但不阻止这种短期暴富的"阴谋"，反而鼓励这样的行为。即使像美国总统这样的领袖都坚信不应该干预经济，美联储对投机潮同样也没什么作为。这样，在经济的高速增长、新型金融机构的涌现、无知的投资者对复杂证券的狂热购买，以及机构对债权人资金的滥用等因素的共同作用下，金融创新和金融大爆炸就出现了。

然后，繁荣逐渐演变为资产泡沫。从巨无霸的银行到普通的投资者，每个人都将其杠杆率放到最大，怀着雄心壮志去赌资产价格会一路上行。许多经济学家都坚持着这样一个信条：市场永远都是正确的，最好的政策是不干预市场。当然，也有很多人提醒过这会导致市场崩溃，但是他们最终要么被嘲讽，要么被忽视。

随后，金融危机突袭，破产潮笼罩着整个华尔街，那些曾经备受尊敬的金融机构在债主们的质疑声中摇摇欲坠。在金融风暴短暂平息期间，一些人声称最坏的时刻已经过去，但事实是危机愈发严重。金融机构纷纷破产，尽管包括高盛在内的一些投资银行得以幸存,但大量具有传奇色彩的公司瞬间轰然倒塌。它们的信贷资产大量蒸发,金融体系中最主要的存贷款业务大规模收缩,最终不得不等着其他更加卓越的公司去重组它们的债务。

与此同时,股票市场崩盘,抵押品被暂停赎回,大量公司破产,消费骤减。随着大量庞氏骗局被揭露,人们发现金融行业存在大量的勾结和欺诈行为。随后,美国的危机逐渐扩散到全球,其他国家的股市、银行、投资银行也麻烦不断。失业率高涨、工业生产大幅减少、物价大幅下跌,通货紧缩的幽灵笼罩着整个世界。世界仿佛到了末日!

上述情形发生在80多年前的大萧条时代,距今并不久远。现在,这一情形再次出现,房地产和股市泡沫充斥市场,金融监管不力,金融创新制造了史无前例的泡沫。泡沫的破裂,几乎把华尔街的金融体系摧毁,衰退渗透到每一个角落,全球经济陷入崩溃。这两次金融危机如此相像并非偶然,引发这次"大衰退"的原因和大萧条时代没什么两样。

这两次大危机的特征与其他金融危机的特征也很类似,都表现为市场非理性的亢奋、金字塔型的杠杆率、金融创新、资产泡沫、情绪恐慌、银行和其他金融机构挤兑,等等。同样,从1720年臭名昭著的"南海泡沫"、1825年的全球金融危机,到20世纪的任何一次经济危机,比如日本的"失去的十年"(1991—2000年)、美国的存贷款危机,以及20世纪八九十年代发展中国家的数次金融危机,我们都可以从中找到这次金融危机的影子。

回顾现代资本主义的历史,我们发现金融危机并非偶然,而是常态。不能说所有的危机都一样,事实上,每次金融危机都表现出不同的特征,其问题根源也出自不同的经济领域:有时源自房地产市场的高杠杆率,有时源自金融企业甚至政府部门。同样,由于政府干预的规模和程度不同,它们对经济的危害程度也不一样。如果发生了最严重的全球金融危机,其危害程度则取决于是选择国际合作,还是相互对抗。

应对经济危机并非易事,一旦处理失当,就会带来巨大的损失:摧毁实体经济、掠走财富、削减工作岗位、大幅增加财政负担。更为可怕的是，政府倒台、国家破产、国际贸易出现争端。经济危机甚至会引发战争，第二次世界大战就是大萧条所引发的。因此，绝对不能对经济危机掉以轻心。

金融危机有迹可循

2007年年初，当房地产市场的火爆和次级抵押债券危机初现时，人们最初的反应是将信将疑甚至否认。2007年3月，美联储主席本·伯南克满怀信心地向国会保证："目前，次级债券市场的问题是可以控制的。"夏天，财政部长亨利·保尔森试图消除人们对次级抵押债券的疑虑："我并不认为它们会对宏观经济造成多大的威胁。"

即使在危机已经爆发后，还有很多人拒绝接受现实。2008年5月，在贝尔斯登破产后，保尔森还发表了一个乐观的声明："展望未来，我希望金融市场不要受近期事件的影响，而是要多看看乐观的经济状况，尤其是房地产市场的复苏。"到了夏天，房地产巨头房利美和房地美相继倒闭，但仍然有很多人对经济形势持乐观态度。

股市大师和财经评论人唐纳德·鲁斯金（Donald Luskin）是持有盲目乐观态度的典型代表，他在2008年9月14日的《华盛顿邮报》社评中预言，复苏很快就会到来。

> 政府接管"两房"，雷曼兄弟等华尔街投行麻烦不断，失业率略微上升，这都表明经济中的确发生了一些困难，但是它们都不具备引发经济衰退甚至大萧条的条件……声称经济出现衰退的人，尤其是声称这是自大萧条以来最严重的一次衰退的人，都是在用他们自己的标准定义"衰退"。

第二天，雷曼兄弟就倒闭了，恐慌迅速蔓延整个世界，全球金融体系陷入崩溃之中。在接下来的两个季度，世界经济经历了堪比大萧条时代的自由落体运动。

很显然，金融危机真的发生了，众多的评论专家不得不接受事实，很多人开始使用纳西姆·尼古拉斯·塔勒布的"黑天鹅"理论来解释它。

纳西姆·尼古拉斯·塔勒布在金融危机前夕出版的著作《黑天鹅》中提出了这一理论，将很少发生而又不可预测的重大事件称为"黑天鹅"事件。在他的理论中，金融危机属于反常事件，尽管影响重大，但没有人可以预测。

荒谬的是，这一理论表面上似乎很有道理。如果金融危机是"黑天鹅"，就像飞机失事那样，尽管后果非常严重，但发生的可能性很小，更不可能预测，那么我们就没有必要担心它们。但事实上，这次危机并非偶然，每次金融危机都有类似的特征，都是可以预测的。与以前的危机一样，这次危机产生的原因也是经济和金融市场中的风险不断积累，并达到了临界点。比较一下历次金融危机的特征，可以发现，危机是有迹可循的。

大多数金融危机都是由资产泡沫开始，也就是资产的市场价格远远超出了其真实价值。资产泡沫的产生总是伴随着投资者借贷高额债务，然后去购买资产。资产泡沫总是与借贷的快速增长如影相随，这绝非巧合，而是由金融监管的放松或者过于宽松的货币政策所致。

有时，资产泡沫甚至早于信贷扩张的出现，这是由投资者对资产价格会不断上涨的预期所催生的。一项重大的技术革新，比如铁路的出现、互联网的发明，都可以引发对经济高速增长的预期，从而引发资产泡沫。然而，推动这场由房地产市场泡沫引发的金融危机的并不是技术革命，而是华尔街投行们创造出来的那些并不会带来实体经济增长的复杂证券。

但这次危机也并非第一次。资产泡沫有着共同的特点，都是技术创新推动金融结构发生了变化。在过去的100多年里，资产泡沫的积累和破灭大都与金融创新有关。新型的金融工具和投资公司，即新型的借贷工具或者新型的银行助长了投机，蛊惑投资者的发财梦想，从而不断积累泡沫。

不管泡沫怎样开始，投资者的手段如何，投机的焦点都是一些特定的资产。这些被追逐的资产可以是任何事物，常见的有股票、房屋和地产。不管资产的价格有多高，乐观的人们总是会找出相应的理由去证明其合理性。当有人提醒他们不要忘记以前的教训时，他们总是说："这次和以前不同了。"他们坚信，经济已进入新的发展阶段，过去的经济规则不再适用了。在近期美国的房地产泡沫中，市场中曾经充斥着这样一个观念："房地产市场是一个不可能带来亏损的安全岛，因为房屋的价格永远也不可能下跌。"同样，这一观念也充斥在巨额、复杂的抵押证券市场之中。

随后，金融危机朝着预期的方向发展。由于可以很廉价地借到大量贷款，那些热门资产的投资也变得十分容易，供求关系很快失衡，价格也随之上升了。这仅仅是一个开始，随着价格的上涨，这些资产可以轻易地被再抵押，融到更多的资金。简单地说，借款者使用了金融杠杆。

2000年以后，这种借贷方式在美国流行起来。由于房屋升值而工资不动，人们就把房屋当作了自动提款机，以房产增值抵押贷款（home equity withdrawal）或房产抵押贷款（home equity loans）的形式向银行借款。随着房价的走高，人们可以通过二次抵押，用借款买来的房屋贷到更多资金。截至2005年第四季度，房产增值抵押贷款超过了1万亿美元，人们的生活水平远远超过了其实际支付能力。同时，家庭储蓄率降到了零，甚至变为负数，这是自大萧条以来前所未有的。由此，负债消费影响到了实体经济，家庭和企业对商品和服务的过度购买刺激了经济不可持续地增长。

这形成了恶性循环。随着经济增长加快，居民收入和公司利润不断上升。由于对风险的防范意识弱化，借贷成本降低，家庭和企业借钱花销越来越容易。从这个角度上来讲，资产泡沫不再是人们的担心所在，而是变成了经济增长、消费增加和商业冒险的动力之源，这简直就像海市蜃楼一般！

即使身处典型的"繁荣 - 衰退"循环之中，"非理性繁荣"及不断上升的狂热和欺骗行为等投机信号都已经显现，人们还坚信"这次和以往不同"，并声称繁荣永远不会停息。美国的投资者都梦想着他们的房屋价格每年会上涨20%，在此鼓舞下，他们也坚信可以借到越来越多的钱。同样的狂热情绪也充斥在影子银行体系，其中的对冲基金、投资银行、保险公司、货币市场基金等的资产价值，也随着房价的上涨而不断升高。

当这些资产的供给超过了需求时，泡沫的增长开始停止，人们对价格上涨的预期消失，借贷变得十分困难。就像生火需要氧气一样，泡沫需要杠杆和热钱，当这些前提条件不具备了，价格就会下跌，去杠杆化就会开始。当美国的新房供给量超过了需求量的时候，这一过程开始了。天价的房屋和按揭利率吓退了投资者，在狂热中兴建的大量房屋也就找不到买家了。

当泡沫开始破裂，其结果也就显而易见了。资产价值的下跌引发了增加保证金的恐慌潮，借贷者被要求提交更多的资金或者抵押物以弥补价格的下跌，这进一步导致借款者低价抛售他们的资产。当资产供给量迅速超过需求量，价格进一步下跌，抵押品的价值随之骤降，更多的保证金要求也就产生了。为了迅速逃离旋涡，人们都去追逐流动性更强的资产，抛售泡沫资产。在价格远远超过基础价值的资产泡沫破裂时，资产的价格会远远低于它们的基础价值，恐慌就这样造成了。

这就是 2007—2008 年发生的事情。当房屋投资者违约后，以按揭贷款为基础的衍生证券市场开始崩溃。大量持有这些衍生证券的机构开始抛售，以降低风险。当每个市场都发生崩溃后，银行的压力增大，它们开始收紧业务，停止放贷，触发了整个经济中的流动性和信贷危机。个人和企业不再可能得到融资，在负债的压力下，商品和服务消费大大降低，经济陷入收缩。金融系统的危机传到实体经济，造成了大量的附带损失。

这次金融危机，和以前的历次危机很类似。与传统的认识相反，**金融危机不是"黑天鹅"，而是"白天鹅"：市场繁荣和崩溃的信号都是可以预测的。**回顾历史，曾经发生了无数次金融危机，在大萧条之前更加频繁。有些只是发生在某个国家内部，有些超越了国界，造成了世界性的灾难。只是，历史上的经济危机往往被认为是低度文明时代的产物，渐渐被人们遗忘。

黑暗时代

金融危机各式各样，在资本主义兴起之前，往往表现为政府的渎职。从 12 世纪开始，西班牙和英国这些国家故意降低货币中的金银含量，期冀以次充好。当纸币出现以后，这种通过货币贬值来削弱债务的做法更为容易，政府可以通过印刷钞票轻而易举地逃债。这种做法首先出现在 1072 年的中国，并在很久之后的 18 世纪开始在欧洲国家流行。

当政府欠外债时，违约更为容易。14 世纪中叶，爱德华三世就宣布拒绝偿还欠佛罗伦萨银行的借款，这在意大利商业中心引起了不小的恐慌。后来，这变成了一种风潮。14 世纪后，奥地利、法国、普鲁士、葡萄牙以及西班牙都曾出现过拒绝偿付外债的情况，引发了这些高负债的政府的信任危机和社会的不稳定，但这并非是资本主义制度的产物。

资产泡沫的诞生：16~17 世纪

在 16~17 世纪，当世界上第一个资本主义国家荷兰兴起后，一种新型的经济危机出现了，也就是资产泡沫。17 世纪 30 年代，郁金香热充斥着这个国家，投机者把数量稀少的郁金香球茎的价格哄抬到令人难以想象的水平。历史学家对这种豪赌的后果争论不休，有的经济学家甚至否认这次泡沫，认为所有的泡沫都是由市场基本面驱动的，但这次巨大的泡沫带来了灾难性的危害却毋庸置疑。另外一个臭名昭著的资产泡沫案例是 18 世纪初的密西西比泡沫，约翰·劳（John Law）提议成立的密西西比公司曾垄断了法国经济的大部分领域。1719 年，在其最辉煌的阶段，这家企业控制了很多公司，比如国家铸币厂、国家银行、大部分国债以及大量后来成为美国国土的土地。

在同一时代的英国，也酝酿着资产泡沫危机，危机的中心是一家叫南海公司的企业，它控制了几乎所有的英国国债。对南海公司股票的投机吸引了投机者购买各种公司的股票，包括那些骗子公司。当南海公司的股票价格上升了 1 000% 时，抛售涌现了，股票市场的崩溃引发了经济的毁灭，使得整整一代的英国投资者对金融市场敬而远之。危机对法国的影响更为严重，约翰·劳的密西西比公司破产使得法国的金融市场停滞了几十年。

发达国家金融危机的全球蔓延：18~19世纪

这些危机的狂热、引发的恐慌和破坏程度在历史上都是著名的，但它们还没有引发世界性的金融危机。而1825年的金融危机扩散到了全世界，它起源于英国，是一次典型的金融危机：

- 热钱充斥市场，英格兰银行对此纵容；

- 资产泡沫累积，就像近年来的秘鲁等发展中国家的股票、债券市场泡沫那样；

- 更为普遍的欺诈行为，如向无知的投资者兜售一个虚构的博雅斯共和国①的国债。

当泡沫破裂之后，大量英国银行和公司纷纷破产。就像英国经济学家沃尔特·白芝浩（Walter Bagehot）描述的那样：“一时间，恐慌和让人难以置信的混乱涌现出来，人们不知道该信任谁，信贷活动几乎停滞，几乎在一夜之间，物物交换在这个国家重现。”白芝浩是首批提出中央银行应当在社会恐慌和金融体系混乱时充当最后贷款人角色的经济学家之一。他遗憾地说：“政府应该出来救援，……但是，它们却拒绝这么做。”金融危机迅速传遍欧洲，导致投资者从拉丁美洲撤回资金。到1828年，除了巴西以外，所有拉美国家的政府债务均发生危机。直到30多年后，对这些国家的投资才恢复到原来的水平。

1857年的金融危机也给世界造成恐慌。这次泡沫由美国开始，投机的对象是黑奴、铁路、金融工具以及土地。泡沫破裂后，纽约的银行开始恐慌，纷纷收紧信贷并试图尽力保全其资产。但是这并没有用，银行的债权人大量赎回，抽干了银行

---

① 一个由苏格兰人格雷格尔·麦格雷格尔（Gregor MacGregor）虚构的国家。格雷格尔·麦格雷格尔曾为南美独立战争而奋斗。1820年回到英格兰后，他声称自己是“Poyais”，一个虚构的国家的酋长，并精心打造了一本旅游指南，描绘了岛上的地理环境以及丰富的自然资源。他的精彩骗术吸引了不少投资者和殖民者前往这个岛国，一群群人受骗上当。甚至最后，他还制订了一部宪法，并将自己定为这个共和国的主人。因欺诈罪被审判后，这位伟大的骗子还在向欧洲贵族销售这个虚无的国家。

的金银储备，这是典型的银行挤兑事件。不到一个月，恐慌袭击了伦敦，英格兰银行的储备以同样的速度被抽干。后来，恐慌传遍整个欧洲，以及印度、中国、加勒比海国家、南非、拉丁美洲等地。世界各国纷纷蒙难，这次金融危机终结了近代史上最久的一次经济扩张。

19 世纪最典型的一次世界金融危机发生在 1873 年。英国和欧洲大陆国家又一次制造了大规模的投机，这次投机的对象是美国和拉美国家的铁路，以及其他投资项目。更为糟糕的是，普法战争后法国向德国支付了大量战争赔款，催生了德国和奥地利的房地产市场泡沫。当泡沫破裂后，维也纳、阿姆斯特丹和苏黎世等地的股票市场崩溃，引起欧洲的投资者抛售海外投资，这冲击了本身处于铁路债券泡沫中的美国市场。投资银行家杰伊·库克（Jay Cooke）发现他的新北太平洋铁路建设债券开始无人问津，他的投资银行和铁路债券都陷入危机，给华尔街造成了大规模恐慌。这些灾难传到欧洲，引发了第二波恐慌，多数国家都陷入经济衰退和通货紧缩的旋涡当中。在美国，1/4 的铁路建设停工，造成大规模失业和工资骤降，进一步引发了罢工和流血性骚乱。这次危机除了波及到美国和欧洲，对土耳其帝国、希腊、突尼斯、洪都拉斯、巴拉圭等国也都造成了冲击。

这只是 19 世纪的经济危机的一部分，此外还可以罗列出很多，如 1819 年、1837 年、1866 年以及 1893 年等。每次经济危机都有其特性，但也都表现出类似的特征：它们大都发生在发达的国家，先是对借贷和资产的投机，然后泡沫破灭，进而引发银行系统的危机。当出现世界性的经济衰退后，那些依靠出口的国家也陷入经济萎缩。政府财政收入下降，使许多国家的内、外债出现违约。有时，债务违约会使发展中国家的投资者倾家荡产，其恶劣影响超越了经济范围本身。

金融危机引发世界性的经济危机：20 世纪

20 世纪早期的经济危机也是如此。1907 年发端于美国的经济危机，是由股票和房地产市场的泡沫破灭引起的。拥有复杂的股权关系，游离于商业银行监管法规之外的信托公司遭遇了挤兑，恐慌传遍了全国。当股票市场崩溃，危机几乎失去控制时，美国的著名银行家 J. P. 摩根先生紧急召集了纽约的银行家，开会讨论如何防止银行挤兑。

11 月的第一个周末，摩根先生为救市做出了一件伟大的事情，他邀请银行家们到他的私人图书馆商讨。当银行家们拒绝相互支援时，摩根将大门锁起来，强迫他们继续讨论。最终银行家们听取了摩根的建议，同意相互合作防止挤兑。在那之后危机很快就结束了。摩根获得了救助，从而避免了一场灾难。这件事引发了人们对建立中央银行充当最后借款人的呼吁。6 年后，美联储成立。

理论上讲，像美联储这样的中央银行可以充当预防金融危机的后盾，在发生银行挤兑事件时提供最后的贷款支持。但是，在 1929 年的灾难性经济危机中，当危机失去控制时，美联储也无所作为。它不仅没有实行扩张的货币政策，反倒紧缩银根，令危机雪上加霜。结果是，1929—1933 年的货币供给骤减，导致了流动性和信贷的严重收缩，随后股票市场的崩溃传导到银行体系，最后引发了严重的经济衰退。

联邦政府的反应也好不到哪里去，胡佛政府的财政部长安德鲁·梅隆（Andrew Mellon）相信经济调整是必要的。胡佛称梅隆是"自由放任主义的清算者"，对金融危机的那些受害者不抱以同情。据说梅隆曾建议："清算劳工市场，清算股票市场，清算农业和房地产业。"他认为，金融危机"能够清除经济中的腐败。高生活成本和高生活质量即将到来，人们的道德水准也将提高，工作也将更加努力"。

但是，1929—1933 年的经济危机是历史上最大规模的一次衰退，失业率从 3.2% 急升到 24.9%，超过 9 000 家银行破产。当富兰克林·德拉诺·罗斯福总统上台时，整个金融体系几乎陷入崩溃，其他很多国家也出现了大规模失业和经济下滑。货币战争引发了贸易战，美国臭名昭著的《斯姆特 - 霍利关税法》（*Smoot-Hawley Tariff Art*）引发了世界性的报复性关税政策，国际贸易随之剧烈萎缩。欧洲的许多国家将货币贬值，通过通货膨胀削减债务，甚至宣布终止偿还债务。德国也是其中之一，经济危机催生了希特勒的上台，并引发了人类历史上最大规模的战争。

第二次世界大战引起了灾难性的后果，但也使得世界金融体系的改革成为可能。

在战争结束前夕的 1944 年，来自盟国的经济学家和政客们聚首新罕布什尔州的小城布雷顿森林，制定了新的世界经济规则。会议的成果是成立了国际货币基金组织和世界银行，以及建立了新的国际外汇体系，称为布雷顿森林体系或者美元汇兑本位制。根据这一体系，持有美元的国家有权以 35 美元 / 盎司的价格向美国政府购买黄金。实际上，美国承担了黄金的汇兑义务，美元成了世界储备货币。一个依靠美元和新兴的美国军事与经济霸权形成的稳定的金融体系诞生了。它的稳定基于为存款提供充足的保险，以避免银行挤兑；对金融体系实施严格监管，包括美国对商业银行和投资银行实行分业经营；以及大范围的资本管制，以降低汇率的波动。这些国内和国际的严格管控，使得金融大爆炸和资产泡沫在超过 1/4 世纪的时间里得到控制。

任何美好的事物都会终结，第二次世界大战后的稳定时代也不例外，1971 年，当美国废除了金本位制后，布雷顿森林体系最终解体。越南战争导致的美国财政和外汇双赤字使得美国的以西欧国家和日本为主的债主们难以容忍。实际上，美国的债主们认识到美国没有足够的黄金偿付美元债务，于是，布雷顿森林体系崩溃了，接着美元贬值，从那以后世界开始实行浮动汇率制度。

这解除了对金融当局的束缚，消除了对固定汇率的限制，使它们可以随心所欲地印刷钞票。结果是通货膨胀和物价上升，尤其是 1973 年的 "赎罪日战争"（Yom Kippur War）引发了中东石油禁运，使原油价格上涨了 4 倍。伴随着 1973 年和 1979 年（1979 年发生了伊朗革命）发生的两次石油危机，世界经济出现了滞胀现象，高通胀和衰退并存，引起对货币政策进行修订的呼声。新上台的美联储主席保罗·沃尔克（Paul Volcker）完成了这一历史使命。他把利率提高到非常高的水平，引发了 20 世纪 80 年代初的两位数的衰退。但他的休克疗法最终产生了效果，消除了高通胀，使经济保持了 10 多年的增长。

光明的背后总会有一丝黑暗，沃尔克的政策催生了 20 世纪 80 年代的拉美债务危机。20 世纪 70 年代，许多拉美国家通过外国资本建设了大量项目，美国和欧洲给它们提供了大量融资，使其出现财政和外汇账户双赤字。这些外债的利率与一个短期借贷利率相联系，即伦敦银行同业拆借利率（London Interbank Offered Rate,

LIBOR）。当沃尔克提高利率后，LIBOR 也迅速上升，使拉美国家出现偿付危机。更严重的是，这些债务的价值上升，使这些国家的货币开始贬值。

结果是，多个国家对其债务违约。1982 年，债务违约潮重创了墨西哥经济，导致了政府对私营银行的国有化，并进一步演变为经济衰退；拉美其他国家，如巴西、阿根廷等国也很快步其后尘。在很多方面，这些危机就是以前金融危机的重现，只是金融危机不再是只发生在发达国家，而是在发展中国家也发生了。

拉美债务危机产生了一系列的恶果：经济发展停滞、政局不稳、社会动荡充斥在这一地区。直到 20 世纪 80 年代末，债务得到削减，并被转换为布雷迪债券（Brady Bonds），这些国家的经济才开始复苏，美国和欧洲的银行也随之恢复元气。在美国和国际货币基金组织的领导下，这些国家对金融系统的监管做了大规模改革，才阻止了银行的倒闭。

并不美好的大稳健时代

20 世纪 80 年代中期，沃尔克成功地治理了通货膨胀，各国中央银行也都承诺要保持低通胀。同时，发达国家实体经济的波动也明显减少：经济衰退的冲击程度有所减弱，经济繁荣也得以在较长的时间内持续。在美国，像 1987 年的这种证券市场崩溃的破坏性作用也不再那么强，并没有造成经济衰退。而 1990—1991 年的经济衰退只持续了 8 个月，无论在持续时间还是破坏程度上都不大。因此所谓的大稳健时代开始了，其特征是低通胀、高增长和偶尔发生的轻微经济衰退。

对于大稳健时代的解释各式各样，有的经济学家认为商业特性、金融管制方式和技术创新造就了更加富有弹性和适应能力的经济体系，能够更加容易地应对商业周期的波动。有的说随着全球化和自由贸易的发展，崛起的中国和其他新兴国家生产了大量廉价商品，使世界经济在保持高速增长的同时，还可以维持较低的通胀水平。还有人认为工会力量的削弱使得工资的增长速度低于经济增长。

"失去的十年"

有些经济学家把大稳健归因于货币政策。2004 年，本·伯南克在一次演讲中为这种观点提供了强有力的解释，他宣称自己"对未来十分乐观"，除了日本这个遭遇"与众不同的经济问题"的国家之外，所有的发达国家都将长期保持金融体系的稳定，即使经济出现衰退，也将十分短暂。

这明显低估了现实。20 世纪 80 年代，日本经济在前所未有的股票和房地产市场泡沫破裂后陷入崩溃。泡沫的原因与以前类似，在日本银行（Bank of Japan）的低利率政策纵容下，流动性出现泛滥，而在泡沫破裂前，日本银行又大幅提高利率；金融创新和放松管制也同样存在，大量银行贷款从传统领域流入房地产市场；预期价格不断上涨的非理性心理充斥市场。日经指数从 10 000 点上升到 40 000 点，房地产市场也毫不示弱，到 80 年代末，住房价格上涨了 2 倍，商业地产价格上涨了 3 倍。在泡沫达到顶端时，东京皇居（Tokyo's Imperial Palace）附近几千亩的地价能买下整个加州！

1989 年，当日本银行为了治理过度投机开始加息时，市场开始去杠杆化，资产泡沫破裂。伴随着股票市场的急挫，经济逐渐陷入崩溃：股票市场持续下跌，地产价格也大幅下降，日本经济迎来了 20 世纪 90 年代的"失去的十年"。在这 10 年里，日本经济在衰退中蹒跚而行，再也没有达到之前年均 4% 的增长速度，实际年增长率只有 1%。许多企业和银行无力偿债，为了隐藏亏损不惜大量做假账，监管部门因而疲于应对，对企业和银行重组的失败使它们长期摇摇欲坠。直到 90 年代末期，日本监管部门关闭一些银行，并对银行部门和其他金融机构进行大量注资以后，问题才得到部分解决，但是股市和房市的价格至今没有恢复。

伯南克在2004 年的演讲中指出日本是个特例，不是一般的情况。但这并非事实，20 世纪 80 年代末，柏林墙的倒塌使俄罗斯产生了对斯堪的纳维亚国家商品的大量需求，引发了挪威金融危机，连芬兰和瑞典的银行体系也遭受了冲击，而这次危机一直持续到 90 年代初期。同一时期，美国的房地产泡沫引发了信贷危机，超过 1 600 家商业银行破产，尽管其危害没有以前的国际金融危机大，但也引发了

1990—1991 年的信贷紧缩和经济衰退,以及超过 2 000 亿美元的财政成本(以 2009 年的美元币值计算)。

新兴市场的金融危机

20 世纪 90 年代,在美国发生经济波动的同时,拉美和亚洲国家也发生了多次金融危机,无不与投机盛行及不同经济部门的过度负债有关。拉美国家在渡过了 20 世纪 80 年代的金融危机后,投资者卷土重来,激情重燃。资本流入迅速恢复,同样的问题随之产生。引发 1994 年墨西哥金融危机的主要原因是巨额的财政赤字和币值的高估,当政府宣布不能偿还其与美元挂钩的巨额短期债券时,投资者开始对这个国家的金融体系表示担忧,墨西哥比索因此大幅贬值。直到美国和国际货币基金组织提供了大量援助后,墨西哥的经济形势才开始稳定。但是危害是显而易见的:墨西哥政府花费纳税人的巨资拯救了那些银行,规模达到 500 亿美元。

这是新兴市场国家无数次的"资本账户危机"的开端。这些危机的共同特征是以巨大的风险积累了巨额外汇赤字,从而产生了对以外币计价的短期债务的过度依赖,最终把自己送入了金融危机。当外国投资者开始担忧并拒绝进一步发行短期债务时,高估的本国货币也就开始贬值了。更为严重的是,当本国货币大幅贬值后,外债的实际价值剧烈上升,使这些国家发生偿付危机。

1997—1998 年,同样的金融危机冲击了大部分发展中国家。发达国家的投资者豪赌泰国、印度尼西亚、韩国、马来西亚等国市场,在这些市场制造了大量投机泡沫。股票价值明显高估,房地产市场泡沫充斥,银行大量投放风险贷款,外汇账户出现大量赤字,由于回报率低,大量私人储蓄撤出。对泰国政府能否维持泰铢稳定的担心最终引发了恐慌,外国投资者大量撤回资本,最终使该国的外汇储备难以维持其汇率的稳定,银行、股票、房地产等市场纷纷崩溃。恐慌很快传导到印度尼西亚、韩国、马来西亚等国,它们和泰国一样都发生了货币贬值和债务危机。纳税人最后为拯救危机埋单,而随后的经济萧条又把这些纳税人推入贫困的境地。

接着,俄罗斯在 1998 年也发生了金融危机。受亚洲金融危机及原油价格下跌的影响，俄罗斯经济开始走软，市场对其能否维持卢布价值和能否偿付外债的担忧开始增多。1998 年夏天，投资者纷纷逃离这个国家，卢布随即崩溃。俄罗斯对国内债务实行违约处理，对大多数外债也停止了偿付。

这些措施的实施使各国市场迅速发生反应。美国长期资本管理公司（Long-Term Capital Management，LTCM），这家以复杂的工具投资外国政府债券的美国对冲基金公司在这次金融危机中不幸蒙难。当俄罗斯债务危机的影响显现时，与之有关的各种债券价格剧烈下跌，长期资本管理公司因缺少流动性而陷入危机。为了避免引起连锁反应，美联储精心策划了一项对长期资本管理公司的拯救方案，才阻止了恐慌的进一步蔓延。

尽管这几次金融危机都没有危及世界金融体系，但金融危机继续在发展中国家蔓延。1999 年，厄瓜多尔和巴基斯坦陷入政府债务危机，巴西也发生了外汇市场危机。其他的金融危机接踵而来：2000 年的乌克兰、2001 年的土耳其和阿根廷、2002 年的乌拉圭和巴西。和以前的发展中国家金融危机一样，这些危机也都有各自不同的表现。比如，在阿根廷，金融危机重创了每个经济部门，房主无法偿付贷款，尤其是抵押贷款和消费信贷，而且这些贷款还往往是以外币计价；企业也发生了类似的债务问题。储户包围了商业银行，希望能拿回他们赖以生存的存款，而政府却无力偿债，眼睁睁地看着外汇市场崩溃。

在这些金融危机中，过度投机和过高的债务都是其共同的特征。政府、企业、房主等的负债过高，而这些债务又往往是以外币计价。同时，银行和其他金融机构房贷太多，而抵押品的价值则不稳定。最终，对这些借贷的担忧必然会引发市场恐慌，随之而来的危机会使过度负债的债务人和过高杠杆投资的债权人都蒙受损失。

最后，发展中国家金融危机的代价非常高昂：货币贬值，政府下台，大量人口陷入贫困，很多国家甚至因此发生政治动荡。比如，俄罗斯金融危机标志着叶利钦时代的终结和普京时代的到来；1998 年印度尼西亚金融危机使统治该国 30 多年的苏哈托政权倒台；在阿根廷，2001 年的银行挤兑和暴乱事件引发了经济和政治危机，迫使费尔南多·德拉鲁阿·布鲁诺总统下台。

这些事件并没有引起美国投资者和政府官员的重视，大稳健时代看起来仍然生机勃勃。20 世纪 90 年代末，美国投资者对互联网和高科技股票的炒作达到了狂热的地步。这引起一些人的质疑，他们认为发达国家经济的繁荣是一种假象，股市泡沫横行，金融危机即将来临。但是，当泡沫破裂时，对宏观经济的冲击却不是很大，只是有轻微的衰退迹象，这是因为股市的资金主要是来自于国内外投资者的自有资金，而不是银行贷款。

到 2006 年，美国金融市场的融资条件达到十分宽松的程度，高风险垃圾债券和低风险国债的利率差低于 25% 的历史最低点，经济中出现很多危险信号，但没有受到任何重视。和历次金融危机一样，狂热的投资者坚信价格飞涨是必然的现象。美国房地产经纪人协会首席经济学家戴维·莱利（David A. Lereah）就是其中之一，他于 2005 年在《华盛顿邮报》上发表文章称："房地产泡沫不存在。"

金融危机重现

阿道斯·赫胥黎（Aldous Huxley）说过："历史的魅力和神秘就在于，世世代代，历史总是惊人得相似，但不会简单地重复。"尽管这次金融危机和以往十分类似，但也有其独特的特征，至少它的影响可以在 21 世纪的金融危机史上排名居前。

坦白地讲，金融危机的原因很简单：贪婪。金融危机发生后，无数评论专家都指出，是华尔街对金钱的无限贪婪摧毁了金融系统。让人难以置信的是，2007 年金融风暴中的那些银行家竟然比 20 年前的戈登·格克斯（Gordon Gekkos）①还要贪婪。实际上，并不是贪婪的本性发生了变化，而是金融高管们的薪酬和激励机制变得更加危险了。在过去的 20 年里，银行家和交易员们的薪酬逐渐与公司短期利润挂钩，使他们更倾向于承担过多的风险，放大投资杠杆，甚至将整个银行押注到疯狂的投资上。

这种贪婪的本性在这次金融危机中体现得淋漓尽致。金融精英们创造了大量

---

① 戈登·格克斯，1987 年电影《华尔街》中的主角，以毫无廉耻的贪婪著称。——译者注

"安全"的信用违约互换（CDS）工具。在繁荣时期，这些金融工具体现了良好的盈利性，但当经济不景气时，就会使美国国际集团（AIG）这样的公司轰然倒塌。诚然，交易员们是贪婪、傲慢自大、愚不可及的，但如果不是把奖金作为金融界的主要薪酬方式，单靠交易员们怎么可能引发如此之大的金融风暴呢？

理论上讲，股东们应该终止这种薪酬体制，但事实上，在金融系统出现麻烦之前，金融公司的管理就出了问题，众多的公司董事为了各自利益喋喋不休地争吵。这毫不奇怪，在 20 世纪末期金融体系就已经变得很不透明了。从那时起，股东和银行家、交易员、经理层的利益就出现了分歧。

监管者本来可以阻止这些行为，但和以前的历次金融危机一样，20 世纪末是一个坚信自由市场体制的时代。美联储和众多联邦及州级的监管机构对金融机构千方百计地逃避资本需求问题视而不见。事实上，很多监管机构鼓励了金融创新，这些创新产品包括：只付利息的按揭贷款（interestonly mortgages）、反向摊销贷款（negative amortization loans）、诱惑利率贷款（teaser rates）、可调息按揭贷款（option adjustable-rate mortgages）等等，这些证券的价值都依附在有毒资产上，成了金融危机的导火索。在英国，也同样如此。

市场反映了一切，而且永远都不会犯错。从华盛顿到伦敦，以及大多数英语国家，人们都坚信这一传统的智慧。艾伦·格林斯潘也许是让金融体系自我监管的最大拥趸者，他宣称市场总会自我调整。1997 年，当有人警告金融创新的危害时，他说："我们必须在实施监管时格外谨慎，制订过多的监管规则是对市场的无谓束缚。"格林斯潘甚至还为次级贷款辩护，他在 2005 年说："借款者可以很准确地判断风险，并正确地为其定价。"

回想起来，这些言论十分滑稽可笑。事实上，金融创新与借款者是否被高风险迷惑并无关系：银行和其他金融机构不管申请人的信用状况如何，对他们大量放贷，然后把这些按揭贷款、汽车贷款、学生贷款甚至信用卡贷款卖给华尔街，华尔街的投行再把它们包装成复杂的证券，向世界各地的缺乏风险意识的投资者兜售，并美其名曰资产证券化。在把风险转移给那些无知的投资者的过程中，银行和投行获取了大量的手续费。

惠誉、穆迪、标准普尔等信用评估机构本应该可以阻止这一切的发展。但它们也在资产证券化的过程中获取了不菲的佣金，为了获取这些无风险收益，它们也愿意把有毒资产粉饰为漂亮的证券。格林斯潘和金融创新的拥护者们不仅对此没有警惕，反而赞不绝口。

格林斯潘在热钱的涌现中也起到了关键作用，他把美联储对金融机构的再贷款利率降到了极低的水平。从 2001 年年初到 2003 年年中，格林斯潘把联邦基金利率降低了 5.5%（550 个基点），然后把低利率维持了相当长的时间。这种廉价货币政策促成了信贷和房产泡沫的生成。尽管 2004—2006 年美联储调高了利率，但是长期利率和固定按揭利率几乎没动，紧缩的货币政策并没产生效果。与此同时，海外市场也充斥着大量流动性。过去的十多年间，中国、日本和德国积累了大量的外汇储备，这些资金又被投回美国市场，为财政赤字和大量借贷的房主和公司融资。这又印证了那句话：历史总是惊人得相似，但不会简单地重复。

金融危机的冲击和以前类似，但也有新的特征。2006 年年底到 2007 年年初，在越来越多的借款者违约后，从事次级贷款投机的非银行按揭抵押机构开始破产，房地产价格终于撑不住了。2007 年 6 月，贝尔斯登下属的两家从事高杠杆操作次贷证券的对冲基金被迫清盘，引起了所有次贷证券市场的崩溃。当人们知晓次贷证券遍布全球金融体系的各个角落时，大恐慌开始了。

在高度的恐慌中，人们无所适从。尽管资产证券化把信贷风险从银行转移到投资银行，最终转移给世界各国的金融机构，但在危机到来时，大家从银行的资产负债表上发现银行自己也持有这些有毒资产，或是通过"结构性投资工具"和"房地产抵押贷款投资渠道"持有，但这部分并没有反映在报表里。在金融危机的冲击下，银行才承认了它们的损失。

备受尊崇的银行并没有把次贷风险全部转移给其他投资者，而是隐藏在它们内部的账本上，消息一经公布，立即引起更大的恐慌。世界各国大大小小的金融机构都被揭露持有有毒资产证券，这引起了全面的危机。没人了解谁持有有毒资产，也没人知道谁持有多少，不透明和复杂的金融体系开始彻底倒塌了。

和历次金融危机一样，这次也出现了银行挤兑潮，只是和大萧条时代不同的是，遭遇挤兑的不再只是商业银行，还包括非银行抵押贷款公司、房地产抵押贷款证券公司、结构性投资工具、单一险种保险（Monoline Insurance）[①]机构、货币市场基金、对冲基金、投资银行，等等。

这些机构都属于新的影子银行系统，它们有一个共同的特点：从短期投资"储户"那里融资（如商业票据的投资者），然后通过复杂的操作把这些资金变为流动性弱、高风险的长期证券，如抵押支持证券（mortgage-backed securities）等。当发生恐慌时，这些短期投资"储户"需要变现资产，或者终止投资，迫使影子银行以极低的价格将这些复杂、不值钱的证券变现。

危机在 2008 年进一步恶化。当超过 300 家非银行抵押贷款公司破产后，影子银行系统中的结构性投资工具、房地产抵押贷款证券公司以及那些同样持有有毒抵押支持债券或者复杂的结构性产品的表外资产也不能幸免，纷纷倒闭。接着是华尔街那些大型投资银行的破产，贝尔斯登是第一个，接下来是雷曼兄弟。美林如果不是被出售给美洲银行，也将破产。它们毁灭于一种被称为"隔夜回购融资"（overnight repo financing）的短期贷款。高盛和摩根士丹利接受了美联储的注资，被转型为银行控股公司，纳入了严格的金融监管范围。

影子银行系统的破产潮还在继续，接下来是拥有 40 000 亿美元规模的货币市场基金市场。在雷曼兄弟事件中，人们发现了原被认为是安全的老牌基金 Reserve Primary Fund "跌破净值"，也就是原本投入的 1 美元最后价值低于 1 美元。投资者陷入恐慌，并疯狂赎回了数十亿美元。为了避免灾难，政府被迫为所有的货币市场基金提供支付担保——同等额度的存款保险。

灾难并没有就此结束。更多的州和地方政府发行的金融工具相继出现问题，包括 ARS、TOB、VRDO 等令人眼花缭乱的证券。当深陷旋涡的投资银行把利率提上了天，即使对那些资产安全的州和地方政府也不例外时，也就等于放上了最后一根稻草，把这些市场压垮了。

[①] 这是一项保险政策，保证债券或者其他类型债务发行人可支付所承诺的本金和利息。通过购买这种保险，发行人可以提高债务安全评级，降低必须支付的利率，从而吸引投资者。——译者注

接着，灾难降临到对冲基金头上，以隔夜贷款的形式为对冲基金融资的一级市场经纪商在 2008 年的金融恐慌中蒙受了巨大损失，使对冲基金像商业银行一样遭到挤兑，迫使大量的对冲基金破产，或者为了降低杠杆率以极低的价格甩卖资产。

2008 年 6 月到 10 月，情况变得更糟，整个影子银行体系遭受了巨大的损失。雷曼兄弟破产，美国国际集团摇摇欲坠，美联储再次推出了大萧条时代的应对策略：作为最后贷款人，为商业银行提供存款保险。尽管如此，雷曼的倒闭和其巨大的冲击效应使得全球信贷和货币市场纷纷出现危机。进出口企业得不到充足的融资，国际贸易快速萎缩。

到了 2008 年年底，金融危机已在世界范围内广为蔓延，而且已经超越了信贷市场。从中国到日本，从爱尔兰到冰岛，各国的实体经济运行都出现问题。美国的诸多问题，比如房地产泡沫、银行的高杠杆率、巨额外汇赤字、币值高估也同样发生在这些国家。尤其是在欧洲，银行在罗马尼亚、匈牙利、乌克兰以及波罗的海国家投放了大量高风险贷款。事实上，那些新兴的世界排名 20 多位的欧洲国家（苏联势力范围内）的经济非常脆弱，长期依赖币值的高估和巨额外汇赤字维持经济的繁荣。

没有一个国家在金融危机中幸免。随着美国经济衰退的加剧，中国、日本以及那些高度依赖加工贸易的国家纷纷陷入泥潭。很快，拉脱维亚、迪拜等这些经济状况不同的国家也成为金融危机的牺牲品。随着全球经济的收缩，中国这样的制造业巨人和俄罗斯这样的原材料出口大国也陷入了流动性紧缺的境地。

2008 年年末，金融危机进一步恶化。那些早已被遗忘的金融危机和长期被嘲笑的有关金融危机的著作有助于理解这次危机的原因。凯恩斯、约瑟夫·熊彼特（Joseph Schumpeter）、海曼·明斯基、欧文·费雪，甚至卡尔·马克思等的作品，又引起了人们的兴趣。他们的突然重现并不奇怪，因为他们都曾分析过资本主义会带来金融危机的问题。他们的研究动机、方法和结论未必相同，但都曾经受到人们的尊敬。那些拥护放松监管、有效市场和金融创新的经济学家仿佛突然被这些非主流的学者取代了。他们是怎样的一群人？他们告诉过我们什么呢？

Crisis
Economics

02

让危机经济学家们站出来

如果在暴风雨的季节，经济学家能告诉我们的只是当风暴过去很久以后，海面又会恢复平静，那么他们给自己制定的任务就太简单、太没用了。那些拥护放松监管、有效市场和金融创新的经济学家仿佛突然被一些非主流的学者取代了。他们是怎样的一群人？他们告诉过我们什么呢？

对于经济的繁荣和萧条，经济学家们给出了各种各样的解释。有些人认为经济危机是政府干预市场的必然结果，有些人甚至说根本就没有泡沫这回事，他们认为市场是非常有效的，房价几年之内飞涨，然后跌入谷底，都是市场对信息的正常反应。

经济学家对于如何应对经济危机的回答也截然不同：有些人主张政府必须干预，作为最后贷款人为市场提供援助，采取大规模的财政刺激政策以弥补私人需求的下降；有些人则觉得这种方式十分滑稽可笑，认为政府必须严格遵守不干预市场的原则，坚称那么做只会增加危机的负面影响，而且会形成巨额公共债务；还有一些经济学家则正告人们经济危机本身就是一个虚幻的事物，是那些怀疑市场具有高效资源配置能力的人虚构出来的。

这对一般人来说或许难以理解。毕竟，经济学正努力成为一门科学，其分析方法包括方程式、定律、数学模型和其他客观的描述。但在这门科学的背后却是众多相互矛盾的观点，尤其是关于金融危机的解释。19～20世纪时经济学是这样，今天仍是如此。

如果把这些分歧仅仅当作是一般的学术争论，就可能会犯严重的错误。这些分歧在很大程度上决定了对金融危机的处理，影响着中央银行的货币政策和政府的经济刺激计划。约翰·梅纳德·凯恩斯曾经指出："实干家往往认为人们丝毫不受任何知识分子的影响，而实际上通常都是那些已故的经济学家的忠实奴仆。"在这次危机的应对中，如果我们不明白这些经济概念，就不能理解我们是怎么陷入这种境地的，更重要的是，也不知道我们该如何走出困局。

本章介绍了关于经济危机的不同观点，并力争把它们提炼为一门专门的理论。这是对经济学理论的深入提炼，但路径十分直接：概括那些有用的理论。我们一如既往地奉行实用主义哲学。研究对象既包括凯恩斯和他的忠诚追随者海曼·明斯基，也有其他流派的经济学家，如最著名的行为经济学家之一罗伯特·希勒，"创造性破坏"（Creative destruction）理论的提出者、伟大的资本主义理论学家约瑟夫·熊彼特，以及一些历史经济学家，从查尔斯·金德尔伯格（Charles Kindleberger）到卡门·莱因哈特（Carmen Reinhart）、肯尼斯·罗格夫。他们不同的思想影响着我们理解经济危机的方式。

市场总有失灵时

危机经济学主要研究市场如何失灵以及为何失灵。与此相反，大多数主流经济学理论都致力于研究市场的良好运行机制。经济学自诞生之初就以此为主要研究对象，从苏格兰思想家亚当·斯密开始便如此。在《国富论》里，他提出了至今仍被奉为神明的"看不见的手"理论：众多经济个体在追逐个人私欲和不同利益的同时，促成了稳定、自我调节的经济体系的产生。个体选择行为看似混乱，背后则暗藏着稳定和秩序。

但是，亚当·斯密并没有认识到资本主义的那些缺陷。这一点是可以理解的，和其他早期的经济学家一样，他关注的是资本主义如何强大，而不是为何失败。在接下来的一个世纪里，许多经济学家完善了斯密的理论。大卫·李嘉图（David Ricardo）、让-巴蒂斯特·萨伊（Jean-Baptiste Say）、里昂·瓦尔拉斯（Léon Walras）以及阿尔弗雷德·马歇尔（Alfred Marshall）等一大批经济学家完善了亚当·斯密的观点，并且建立了庞大的数学模型来证明这些观点。如果说 19 世纪的经济学界有什么共识的话，那就是市场具有基本的自我调节功能，并总能奇迹般地实现均衡。

坚持市场具有稳定功能的信念必然导致一个重要的结论：如果市场具有自我调节功能，且其集体决策机制总是正确的，那么市场上的资产交易价格便总应该是准确合理的。20 世纪初的经济学家们尝试着用数学的方法来证明这一理论，其理论基础来自于法国数学家路易斯·巴舍利耶（Louis Bachelier）于 1900 年完成的《投机理论》（*Théorie de la Spéculation*）。巴舍利耶在其著作中提出资产价格能够准确地反应所有的市场信息的观点。在他看来，资产价格并不会被低估或者高估，市场总是会完美地体现出其基本价值。事实上，资产价格总是波动，而且常常十分剧烈，但这仅仅是市场对新的信息的理性和自动反应。

虽然巴舍利耶的思想在法国并不太为人所知，在美国却很流行。在大萧条爆发的前夕，普林斯顿大学的经济学家约瑟夫·劳伦斯（Joseph Lawrence）自信地宣称："在令人鼓舞的证券市场，数以百万的投资者的共识表明，股票价格目前并没有被高估。"劳伦斯显然相信投资者的智慧，质疑任何对此持否定意见的人。

从理论上讲，大萧条应当终结了这些谬论，但战后的经济、金融学术界却给这些古老的悖论注入了新的生机。尤其是在著名的芝加哥大学经济系，尤金·法玛（Eugene Fama）教授和其他一些自由主义经济政策的拥趸建立了大量精巧复杂的数学模型，旨在证明市场的理性有效。

同样，他们也坚信所有资产的价格总是合理的。换句话说，资产价格不可能被高估或者低估，市场价格就是准确的，不多也不少。这种理论假定，所有的市场信息总是会及时准确地反应到资产的价格上去，任何价格变动都预示着出现了新的信息。因此，预测资产价格是徒劳的。在此基础上产生了"随机漫步"理论：在投资股票时，根本无法战胜市场。按此逻辑，最好的策略是随机选择一些股票，并长期持有，不要考虑市场的波动。

第二次世界大战后，众多拥护这一理论的经济学家也曾发表过一些稍有不同的见解，承认市场有效性会受到各种因素的影响。但总的来说，市场有效和价格反应所有信息这一论点在大多商学院和经济系十分流行。到了 20 世纪 70 年代，有效市场理论假说已经成为显学，从芝加哥大学的讲坛传播到世界各地。

但是，也并非每个人都同意这一理论。在经济学界流传的一则笑话很好地描述了它在逻辑上的荒谬性：

> 一位经济学家和朋友沿街散步，看到地上有张百元大钞，朋友要弯腰去捡，经济学家制止了他："不要糊涂了，如果这张钞票是真的，早有人捡走了。"

这则笑话说明：市场是无效的，那些聪明的投资者总是会赚到很多钱。一些经济学家用严格的统计分析证明了有效市场理论的缺陷，耶鲁大学的经济学家罗伯特·希勒教授就是其中最为著名的一位。早在 20 世纪 80 年代初，希勒就证明了股票市场的波动远非有效市场理论所能解释的。到了 80 年代末，希勒和其他一些批评者使用大量的证据，证明资产价格很少维持在均衡状态，而是常常大幅波动。有时，投资者对某一资产过度乐观，可能会将其价格疯狂拉高；有时，他们又会对其过度悲观，可能将其低价甩卖。这些波动是非理性的，是人们的非理性冲动行为。正如希勒所言："尽管市场并没有完全疯狂，但存在许多噪音，足以对整个市场构成冲击。"

质疑市场的有效性是一回事，而解释市场为何失灵又是另一回事。新兴的行为经济学和行为金融学致力于研究后者。希勒提到，这一领域的学者建立了"与金融市场有关的人类心理学模型"。近年来，这两个领域吸引了大批经济学家，很多学者通过实时实验来研究投资者对诸如资产泡沫和金融恐慌之类事件的真实反应。

行为经济学领域的近期研究成果已经揭示了投机泡沫从形成、自我膨胀、最终破灭到大规模冲击经济的不同路径。例如，反馈理论（feedback theory）认为，当投资者看到价格上涨就会蜂拥而上，把价格拉得更高，这样一来，就会吸引更多的投资者，于是泡沫越吹越大。最终，这种反馈机制会使价格远远脱离资产的基础价值，达到不能再高的地步。然后市场突然崩溃，形成"消极泡沫"，价格急剧下跌。

这种下跌同样也是非理性的，就像当初暴涨时一样。

行为经济学家已研究出产生这种反馈机制的部分因素——希勒称之为"人类行为的基本变量"。自我归因偏差（biased self-attribution）就是变量之一。在投机泡沫中，投资者往往把不断增长的利润归因于自己的聪明智慧，而不承认其实他们自己也是参与投机泡沫的众多傻瓜中的一员。在偏见、曲解及其他非理性倾向的共同作用下，就催生了投机泡沫，而且常常还伴随着一些匪夷所思的辩解，比较典型的是，他们宣称那些古老的商业规则已不再适用，经济已经迈入了一个新的纪元。

这些对非理性经济行为的研究，揭示了市场并不美好的一面。希勒等人的研究表明，资本主义并不是毫无瑕疵的具有自我调节功能的制度，实际上，它更容易走向"非理性繁荣"和导致无谓的经济波动。换句话说，资本主义经济制度非常不稳定。

这些观点既新颖，又古老。早在行为经济学家打破有效市场理论的神话之前，许多19世纪的经济学家就指出，资本主义不仅能创造财富，也能带来泡沫和破坏。尽管这些经济学家已鲜为人知，但他们仍具有非常重要的地位，他们的思想至今仍然有助于我们理解经济危机及其后果。

危机经济学的起源

美国人以乐观著称，这可能也是他们坚信有效市场理论的原因之一。欧洲人则正好相反，通常不苟言笑而又充满忧郁，因此，最初研究经济危机的学者也来自欧洲。

出身于政治理论家的学者约翰·斯图亚特·穆勒（John Stuart Mill）被公认为研究经济危机的第一人。在著名的《政治经济学原理》中，穆勒研究了造成经济繁荣和衰退的原因。在他生活的年代，经济的波动已成为常态。穆勒描述经济危机的方式与现代的行为经济学家（如希勒）十分相似，他认为资产泡沫因一些外部冲击或偶然事件而起，例如新兴的市场，或因大量的投机而成。当价格上升，"这种财产迅速增加的事例招来大量的模仿者，投机行为导致价格非理性上涨，大幅超过最初推动价格上涨的所有因素所能达到的涨幅范围，还扩展到并不具备上涨理由的各种商品。对这些商品的投机活动一开始，它们的价格就同其他的商品一样上涨。"资产价格的上涨相互传染，于是自我膨胀的泡沫就形成了。

穆勒认为，泡沫本身并不会造成经济危机，信用和负债才是真正的元凶。他说：

> 当泡沫形成后，信用便急剧扩张。患有这种传染病的人不仅比平时更自由地使用信用，而且实际上也拥有更多的信用，因为他们似乎在赚得巨大的收益。也由于当时普遍的轻率爱冒险的情绪，使人们愿意比其他时候更多地提供和获取信用，甚至向没有资格的人提供信用。

当少数企业突然破产，便会在市场上形成"普遍不信任"的情绪，泡沫也就此终结了。除非在苛刻的条件下，信用将不会得到保障。企业由于不能偿还债务而不断倒闭，引发破产潮。当信用收缩后，价格下跌，恐慌充斥市场，"商业危机"随即发生，"在极端的情况下，恐慌会达到先前的过度自信的程度"。正如可以使价格剧烈上升一样，反馈机制也可以使价格剧烈下跌。价格的下跌同样超乎想象，穆勒说道："价格下跌到一般水平以下，一如它在以前的投机时期上涨到一般水平以上。"危机从金融部门向经济的其他部门蔓延，破坏了商业活动，造成大规模失业，使整个社会"几乎陷入贫困的境地"。

穆勒建立了一个典型的描述经济繁荣—衰败周期的模型，其基本特征与当今的世界极其相似：外部冲击催生的经济繁荣，受心理预期（而非基础价值）驱动的投机热情，把资产价格拉上天的反馈机制，每个人都能得到的廉价信用，金融体系不可避免地崩溃，以及随之而来的对"实体经济"（企业和工人）的破坏。如果穆勒还健在的话，尽管这些神秘的金融工具可能让他困惑，但他肯定会觉得这次经济危机的表现似曾相识。

很多经济学家继承了穆勒的学说，他们发展了后来被称为"商业周期"的理论。威廉·斯坦利·杰文斯（William Stanley Jevons）就是其中著名的一位，他的理论也许会被 21 世纪的主流经济学家嘲笑，但同时也会让他们受到启发。和穆勒一样，杰文斯也认为一些外部事件的冲击能造成经济危机，而这些周期性的危机是由于太阳黑子造成的。太阳的运动影响地球气候，进而影响农业生产，这可以使像英国这样的发达国家的经济失衡。在这些因素的干扰下，投机活动开始升温，酝酿了经济危机。

在今天看来，杰文斯提出的经济危机的产生与资本主义完全无关的理论是荒谬的，但在 19 世纪却十分盛行，甚至在今天还能引起一些共鸣。杰文斯认为，经济危机不是根源于资本主义体制之内，而是来自太空。抛开太阳黑子，外部因素论还是被古典学派的经济学家所坚守，他们坚持市场具有基本的自我调节功能，市场可以被外部事件所冲击，但因其具有强大的弹性而不会崩溃。

另外一位思想家提出了更为尖锐的理论，与穆勒、杰文斯以及大多数 19 世纪的经济学家不同，卡尔·马克思认为经济危机本身就是资本主义的一部分，也是其不可避免地走向没落的原因。如果说亚当·斯密是鼓吹资本主义，那么卡尔·马克思则是为其撰写挽歌。马克思认为历史是由两个相互对立的社会阵营之间的斗争决定的：一方是资产阶级或者叫作有产阶级，他们拥有工厂和其他生产资料；而另一方则是不断壮大的失去土地的无产阶级。马克思理论的核心观点是商品的真实价值是由生产该商品的劳动决定的，当资本家为了降低成本，用机器生产代替人工时，利润将不可避免地下降。利润的下降又会促使资本家进一步控制成本，生产过剩和劳动力过剩将最终引发经济危机。按照他的观点，这种剧烈的波动会引发破产和兼并狂潮。最后，马克思认为经济危机最终会使工人阶级起来革命。

在 1848 年出版的《共产党宣言》中（同一年穆勒出版了《政治经济学原理》），马克思对这种不稳定性进行了生动的描述："现代资本主义社会，现在就像一个不能再用法术呼唤出魔鬼的魔法师。"他断言："商业危机在周期性的重复中越来越危及整个资本主义社会的生存了。资产阶级用什么办法来克服这种危机呢？一方面，他们不得不消灭大量生产力，另一方面，夺取新的市场的同时，他们要更加彻底地利用旧的市场。"这些措施只不过是苟延残喘，"不过是资产阶级准备迎接更全面更猛烈的危机的办法，不过是使防止危机的手段越来越少的办法"。

尽管马克思的理论在西方世界存在很大争议，但比之前的那些论断成熟多了。更为重要的是，马克思是第一位指出资本主义具有内在不稳定性，容易引发危机的经济学家。他认为，资本主义混乱无序，经济的发展会不可避免地把资本主义引向崩溃的深渊。和早期的政治经济学家不同，马克思否认资本主义制度具有自我调节功能，相反他预言资本主义必然走向灭亡。虽然事实证明马克思的预言并未成真，但他的另一主要观点，即经济危机根植于资本主义内部却表现出了强大的生命力：马克思之后，经济学家们必须正视资本主义是否播下了自我灭亡的种子这一问题。经济危机的起因并非只是新事物的出现或者投资者心理的变化，更不是太阳黑子。资本主义和经济危机形影相随，其特有的性质决定了资本主义经济充满不稳定和不确定性。

但是马克思的观点并未得到广泛认可。19 世纪末到 20 世纪初的大多数主流经济学家都相信资本主义经济具有自我调节功能，它可以自我纠错，在一定的情况下可以自动实现均衡，达到充分就业，并保持平稳的发展。他们确信，尽管经济危机可能反复出现，但不会持久。

这种过分的自信在大萧条中消失了，这场危机改变了经济学的规则，也改变了政府的政策。因此，大萧条引起了人们对如何处理经济危机的争论。80 年前的这场争论，深深地影响着我们对 2007—2008 年的这场危机的看法，同样也影响着当今的经济理论和金融政策。

凯恩斯的巨大影响

凯恩斯是在大萧条中涌现出来的著名经济学家，也是 20 世纪最伟大的经济学家之一。凯恩斯出生于马克思去世那年，父亲是一位著名的英国经济学家。他毕业于伊顿公学和剑桥大学，先是在数学，后来是在经济学方面展示了他的过人天赋。在剑桥大学做讲师期间，他的研究范围广泛，从货币政策到概率论都有所涉猎。

凯恩斯不只是一位普通的经济学家，他收藏现代艺术品，娶了一位俄罗斯芭蕾舞演员，是布鲁姆斯伯里文化圈（Bloomsbury Group）的主要成员。布鲁姆斯伯里文化圈是一个英国 20 世纪初松散的、经常聚会的知识分子群体，成员不多，但都享有盛名，有作家、画家、美学家、经济学家，包括罗杰·弗莱、邓肯·格兰特、克莱尔·贝尔、伦纳德·伍尔夫、凯恩斯、狄更斯、E. M. 福斯特等。凯恩斯机智、温文尔雅、充满活力。他忍受不了学校里死气沉沉的风气，后来去英国政府工作了很多年。

凯恩斯最出名的著作是在 1936 年出版的《就业、利息与货币通论》(*The General Theory of Employment，Interest and Money*，以下简称《通论》)。完稿时他告诉乔治·萧伯纳（George Bernard Shaw）："我相信自己的理论会对人们思考经济问题的方式带来革命性的影响。"虽然书名很普通，但事实验证了他的预言，绝大多数 20 世纪的经济学家都直接或间接地受了凯恩斯思想的影响。

《通论》理论深奥，并不容易理解。或许，理解凯恩斯理论的最好方法就是看他是如何挑战古典和非古典经济学派的。20 世纪 30 年代，多数经济学家都相信经济能够自我调节，他们假设充分就业是常见现象，当工资过高时，经济就会收缩；当失业率上升时，工资就会下降。这些传统思想认为，当工资降低后，企业在利润的诱惑下会增加雇用人数。这样，新的经济周期就开始了。

凯恩斯从完全不同的角度分析这一问题。他认为，决定就业水平的关键因素是有效需求或者说总需求，即一个经济体对商品和服务的需求总和。当工资下降、工人失业时，人们的消费减少，需求也随之降低。随着需求的下降，企业的投资意愿降低，必然导致更多地削减工资或者失业。同样，普通消费者会减少消费，增加储蓄，导致需求进一步降低，这就是所谓的"节约悖论"（paradox of thrift）。凯恩斯证明，这种节约会形成一种"失业均衡"（underemployment equilibrium），即工人失业与工厂开工不足同时存在。当商品的总需求低于总供给时，企业被迫削价出售产品，价格下降将使他们的利润和现金流进一步降低，这种情形在大萧条时代广泛存在。

凯恩斯认为，这种现象源于人的心理预期。在大萧条这样的危机中，即使有利可图，但资本主义的"动物精神"，也就是"自发地激励人们积极进取"的精神也会消失殆尽。人们的经济决策不仅仅依赖理性的数学计算，也会在事件本身、不确定性及外部条件的影响下变得容易冲动或者因循守旧。他说："当人的动物精神和自发的乐观情绪消失，只能依靠数学期望去做决策时，企业将陷入困境甚至倒闭。"不管是否存在盈利预期，如果失去"动物精神"，那么经济将陷入长期的萧条之中。

凯恩斯给出的解决方案并不复杂：为了应对这种恶性循环，政府必须介入，主动去创造需求。这一理论在战后很多年里深入人心，很多国家为了对抗经济萧条而采取了凯恩斯的建议。那些热情乐观的支持者认为他们可以利用凯恩斯的理论去实现"充分就业"，这种为了应对经济衰退而采取的干预行为，常常被用来保持经济的平稳发展。1965 年，《时代周刊》发表封面文章，称赞凯恩斯为先知先觉者。文章的标题"我们都已是凯恩斯主义者"印证了那个时代的潮流。但有一个微弱的反对声音出现了，这个声音来自保守主义经济学家米尔顿·弗里德曼（Milton Friedman），而他的观点常常被其他经济学家嗤之以鼻。

弗里德曼用充分的论证批判了凯恩斯的思想，他被称为货币主义学派的奠基人，这一学派用货币供给来解释经济波动。弗里德曼和他的伙伴安娜·雅各布森·施瓦茨（Anna Jacobson Schwartz）用完全不同于凯恩斯的理论解释了大萧条。根据他们的分析，造成大萧条的原因不是总需求的不足，而是银行贷款和储蓄的下降，感到恐慌的储户大量提现造成银行倒闭。根据货币主义学派的观点，货币供给的严重不足，他们称之为"大紧缩"（Great Contraction），引起了总需求的下滑，最终导致消费、收入、价格乃至就业的减少与下降。

弗里德曼和施瓦茨总体上是反对政府干预的，尤其是凯恩斯提倡的扩大政府开支政策。他们认为，如果美联储大幅削减再贷款利率，以便商业银行能从美联储借款，就可以应对货币供给的萎缩。更重要的是，货币主义学者指责美联储没有做好最后贷款人的角色，在银行和金融机构经营困难时没有为其提供有效的流动性支持。他们指出，如果美联储在 20 世纪 30 年代不让那么多的银行破产，大萧条的破坏程度就不会有那么大，经济衰退的程度也会减小，并很快就会实现复苏。

货币学派对大萧条的解释的亮点在于，20 世纪 30 年代货币供给的紧缩确实使信贷恶化，美联储的行动把局面变得更糟。但一些经济历史学家，比如彼得·泰明（Peter Temin），则认为总需求的萎缩是导致经济危机的根本原因。他们认为，凯恩斯在总体上是正确的，尽管宽松的货币政策可以最终实现经济复苏，但只有消费开支的增长才能推动总需求的上升。

到了20世纪七八十年代，弗里德曼取代凯恩斯成为最受瞩目的经济学家，原因是凯恩斯主义经济学在时代面前显得苍白无力。其实，凯恩斯的很多其他观点，有的出现在《通论》中，有的出现在他的早期著作《货币论》（*A Treatise on Money*）中，大多为战后的经济学家所忽视。他们努力化解凯恩斯与早期经济学家，尤其是古典经济学家的分歧，结果促成了新古典综合派的出现。新古典综合派其实是一个混合物，被称为"杂牌凯恩斯理论"，这一派别保留了凯恩斯关于政府刺激总需求的理论，而忽视了他的很多其他观点。

并非所有人都忽视了凯恩斯的其他观点，华盛顿大学圣路易斯分校的经济学家海曼·明斯基教授就用毕生精力拓展了凯恩斯提出的理论。明斯基为凯恩斯写了一本非常著名的传记，并出版了著作《稳定不稳定的经济》（*Stabilizing An Unstable Economy*），提出了他自己的见解。

在明斯基的专著和大量学术论文中，他指出凯恩斯被学者们误解了。通过分析《通论》中常常被忽视的一些关于银行、信贷以及金融机构的章节，并综合了《货币论》中的观点，明斯基指出，凯恩斯论证了一个极其重要的结论，那就是资本主义的内在不稳定性会带来经济危机。他说："内在不稳定性是资本主义内部存在的、不可避免的缺陷。"

根据明斯基的分析，内在不稳定性来源于资本主义的基石，即金融机构。

> 凯恩斯很清晰地分析过，资本主义经济存在一些根深蒂固的缺陷。这些缺陷的存在又源自金融体系对资本的不懈追逐，把企业家的冒险精神转化为投资的有效需求。这会带来投资的膨胀，造成经济失去控制的扩张。

不断增加的信贷活动会使金融体系变得脆弱，这种失去控制的扩张也就会演变为金融危机。

明斯基深化了凯恩斯关于金融中介机构的研究（更多的是商业银行）。金融中介机构在现代经济中扮演重要角色，通过复杂的金融网络把借贷双方联系在一起。

凯恩斯认为："货币并非是中性的……这是现代经济的典型特征。"根据明斯基的论述，凯恩斯对金融活动如何影响生产、消费、产出、就业以及物价等都作了深入分析。

这些观点与战后主流经济学家的理论截然不同。尽管银行和其他金融机构的问题会对整个经济形成很大的冲击，但在新古典综合派的模型中却很少考虑到它们。明斯基的研究有所不同，他证明了当银行和其他金融机构体系异常复杂并相互交错时，会把整个经济体系拖入危机的深渊。他分析的中心是债务问题：债务是如何形成、发行和估值的。同凯恩斯一样，他认为债务问题在某种程度上是动态的，随时会发生变化。与此同时，他强调这一动态过程给经济运行带来了不确定性。在经济繁荣时期，经济增长和企业利润具有不确定性；在经济萧条时期，不确定性的存在会驱使金融市场停止借贷、减少风险暴露以及贮藏资本。

实际上，这些观点并非革命性的创新，但明斯基的"金融不稳定假说"（Financial Instability Hypothesis）则有所不同。他根据贷款者筹集资金目的的不同，把他们分为三种类型，即对冲融资者、投机融资者和庞氏融资者（Ponzi borrowers）[1]。对冲融资者是指可以利用现金流偿付利息和本金的借款人；投机融资者是指现金流只能偿付利息、不能偿付本金的借款人，他们只能不断借新偿旧；庞氏融资者是指风险最大的一类借款人，他们的现金流既不能偿付本金，也不能偿付利息，他们只能不断借贷，寄希望于用借贷资金买来的资产价值不断上升。

明斯基认为，当投机泡沫盛行时，对冲融资者的比例将会下降，而投机融资者和庞氏融资者的数量将会上升。对冲融资者不再坚持其保守的投资策略，而是开始变为投机融资者或者庞氏融资者。泡沫旋涡中的资产，例如房地产等价格的上涨，将会鼓励银行借出更多的债务。当债务规模不断膨胀时，市场会变得十分脆弱，并进一步引发金融危机。根据明斯基的观点，引发泡沫破灭的导火索可以是任何事件：可能是某个公司的倒闭，如对冲基金和大型银行的倒闭刺破了2007—2008年的资产泡沫；也可能是人们揭穿了某个骗局，如2008年伯纳德·麦道夫（Bernard

---

[1] 一个叫查尔斯·庞兹（Charles Ponzi）的意裔美国人发明的"庞氏骗局"，利用循环存款支付偏高利息，以制造赚钱的假象，进而骗取更多的投资。——译者注

Madoff）的骗局被揭穿。

明斯基指出，当债务金字塔开始崩溃，信贷活动停滞时，即便那些健康的金融机构、企业和消费者也会遭遇流动性困难，以至于若不低价处置资产就不能偿付债务。随着越来越多的投资者抛售资产，资产价格就会急剧下挫，陷入争相抛售的旋涡，引发价格进一步下跌，更多的资产被抛售。当总需求低于总供给时，就会出现通货紧缩，即单位货币的购买力越来越强。

除了债务人以外，这看起来是人们的福音。研究大萧条的经济学家欧文·费雪将其称为"债务紧缩"（debt deflation），他认为如果商品价格下跌的速度超过债务紧缩的速度，私人债务的实际价值将会上升。假如一位投资者借款 100 万美元购买了一所房屋，那么这所房屋的价值是 100 万美元，投资者的负债也是 100 万美元。若发生了通货紧缩，房屋的价格和投资者的薪水等都会下降。在成本下降的同时，投资者的收入也下降。不幸的是，这项按揭贷款的真实价值上升了：现在的 100 万美元负债的负担要比之前更大。

由于通货紧缩增加了人们的债务负担，也就抬升了违约和破产的风险。随着违约和破产的增加，经济的螺旋式下降继续持续，最终把经济拖入衰退的泥潭。例如，1929 年 10 月至 1933 年 3 月期间，资产抛售潮把私人债务的名义价值降低了 20%，但由于通货紧缩，这些债务的真实价值大幅增加了 40%。

费雪（包括弗里德曼和明斯基）建议，为了避免大萧条再次出现，中央银行（在美国是美联储）必须充当最后贷款人的角色，为银行、企业甚至个人提供必要的融资。在极端情况下，政府应该推行"通货再膨胀政策"，通过注入大量的流动性来推动经济复苏。

这一建议目前正在被采纳。2007—2008 年，随着金融危机的恶化，美国政府吸取了大萧条的教训，没有像 20 世纪 30 年代的胡佛政府那样让大量的银行和企业破产。美联储提供了巨额援助贷款，这使得投资银行、保险公司、对冲基金、货币市场基金等机构避免了破产倒闭的命运，资产甩卖潮和价格下跌也随之停止。同时，像克莱斯勒和通用电气这样的大型企业也被注入资金，避免了被破产清算。相反，政府把它们进行重组，并使之重新复活，这与胡佛政府奉行的"自由放任的破产清算"政策截然不同。

这次应对危机的财政政策也和大萧条时代完全不同。20世纪30年代，当金融危机失去控制时，政府通过扩大开支来弥补总需求不足的政策还只是停留在凯恩斯的设想中。当时的各国政府奉行平衡预算原则，纷纷削减政府预算并提高税率，这都使危机进一步恶化。但是，2009年奥巴马政府通过了美国历史上最大规模的经济刺激方案，包括巨额的税收减免措施。尽管货币政策（政府通过各种手段控制货币供给）和财政政策（政府的开支和税收政策）都存在缺陷，但能使用的都被使用了。

不管理论倾向如何，似乎所有的经济学家都应为这次危机的处理欢呼雀跃。但事实并非如此，还有另外一种分析金融危机的观点，它对大萧条、日本20世纪90年代的"失去的十年"，以及2008年的经济大衰退都给出了完全不同的解释。

奥地利学派及其追随者

奥地利学派起源于19世纪末20世纪初，主要由一批奥地利经济学家发起的，包括卡尔·门格尔（Carl Menger）、路德维希·冯·米塞斯（Ludwig von Mises）、欧根·冯·庞巴维克（Eugen von Böhm-Bawerk）以及弗里德里希·哈耶克（Friedrich Hayek）等。这些经济学家，以及他们的学生，如约瑟夫·熊彼特，观点不一，很难对他们进行分类。今天那些自称为奥地利学派的经济学家也是如此。

尽管如此，总结他们的共同特征还是可行的。奥地利学派坚持自由主义经济体制，极力反对政府干预经济，尤其是货币政策，这是他们的典型观点。例如，大多数奥地利学派经济学家严格区分源于私人储蓄信贷的可持续经济扩张和源于中央银行信贷的不稳定、病态的经济扩张。他们同意凯恩斯和明斯基提出的过度的资产和信贷泡沫将会导致金融危机的观点，但否认这是资本主义的顽疾。相反，他们认为政府政策，尤其是货币政策，加上监管和政府的干预阻碍了自由市场机制的良好运行。

反对政府干预是奥地利学派的另一特征，他们把研究重点放在对基本的经济单位——私人企业的分析上。尽管不能被归为自由主义者，但约瑟夫·熊彼特发展出了一套被称为"创造性破坏"的企业理论。根据熊彼特的理论，资本主义的繁荣源自于不断的创新，并总是伴随着无情的扬弃和经济衰退。这种扬弃既不能避免也不能减弱，它是一种痛苦的正向调整，使幸存者创造出一种新的经济秩序。

在奥地利学派经济学家眼里，政府应对经济危机应当减少作为，而不是干预太多，大萧条就是一个典型的例证。他们认为，罗斯福政府实施的干预措施延长了大萧条的持续时间。他们同样批评胡佛政府一边支持痛苦却十分必要的"创造性破坏"，一边在"复兴金融公司计划"（Reconstruction Finance Corporation）中为问题银行和地方政府提供援助。

前人关于经济危机的争论看起来只是学术问题，但其意义远远不止这些：奥地利学派用历史经验告诉我们，应对当前经济危机的政策将最终把世界经济带入泥潭。世界各国政府不是让那些弱不禁风、高杠杆投资的银行、企业乃至房主破产，以实现"创造性破坏"，而是尽力去干预和拯救它们，把它们变成靠中央银行无休止的援助才得以生存下来的"僵尸银行"、靠政府注资才得以存活下来的"僵尸企业"（如通用电气和克莱斯勒），以及靠存款保险法和政府救济才不至于失去其房屋的"僵尸房主"。

在这一过程中，私人的损失被社会化：政府预算赤字使公共债务大规模上升，成为政府和社会的最大负担。最终，这些债务限制了政府预算，影响了经济的长期发展。在极端情况下，债务负担会引起政府债务违约，或者引发政府通过印钞来减免债务，使通货膨胀迅速上升。奥地利学派认为，最好的策略是尽快对那些问题企业实施破产清算。如果安德鲁·梅隆再世的话，他会发现自己的观点与奥地利学派不谋而合。

奥地利学派对经济危机中出现的监管潮也持怀疑态度。他们认为过度的监管是造成经济危机的首要原因，继续加强监管只会把事情变得更糟。这表面上有悖常理：监管怎么会引发经济危机呢？奥地利学派的回答是：像存款保险和最后贷款援助这样的措施，会给所有的储蓄账户提供安全保障，毫无疑问会提高银行的风险偏好。

就像系着安全带的司机更喜欢开快车一样，如果银行认识到一旦发生经营危机，联邦政府就会出手相救，那么它们肯定倾向于承担更大的经营风险，因为这也意味着更大的潜在利润。

同样的道理也适用于政府干预经济的其他措施。21世纪初，华尔街的分析员们常常谈论"格林斯潘对策"（Greenspan put），即美联储会为经营失败的金融企业提供廉价资金为其注资，提供最后贷款援助。当金融危机到来时，格林斯潘对策果真被付诸实施：美联储用宽松的货币政策为那些过度的冒险行为埋单。至少，奥地利学派这么认为。他们强调，这些措施只会孕育出更为可怕的资产泡沫危机。

奥地利学派指出，许多应对金融危机的措施实际上比危机本身还要可怕。例如，如果政府为了拯救经济发生巨额财政赤字，形成的公共债务将不可持续。最终，政府被迫提高利率，这会扼杀那些有望复苏的经济部门。对于通过印刷钞票来削减赤字的做法，奥地利学派同样也给予批评。他们认为，这会毫无疑问地引发通货膨胀和经济停滞并存，就像20世纪70年代的美国经济那样。在奥地利学派看来，政府实施这两种措施都会把局面变得更糟。如果人们都相信在将来的金融危机中还会得到援助，那注定会孕育更大的泡沫。

奥地利学派的观点看起来过于绝情，他们和凯恩斯主义针锋相对，实际上熊彼特就是凯恩斯同时代的对头。凯恩斯认为资本主义经济会偶然失衡（政府的干预可以使经济恢复稳定），而熊彼特则认为不稳定才是使资本主义不断创新，保持生命力的前提。

在奥地利学派眼中，美国是在重复日本20世纪90年代的道路。在日本，为了拯救那些问题银行和金融企业，政府把利率降低到零，向经济中注入了大量廉价资金。同样，日本政府在实施凯恩斯主义的经济刺激计划的过程中积累了巨额赤字。日本不是让市场进行"创造性破坏"，而是通过"政府之手"干预经济，其结果只是带来了大量债务和"失去的十年"。

奥地利学派的观点是否正确呢？那些凯恩斯主义的忠诚拥护者认为，日本的失败在于没有及时实施合理的财政、货币政策。他们指出，政府在泡沫破裂2年后才实施了经济刺激计划，更糟糕的是，日本银行用了 8 年时间才把利率水平从 8% 降到零。而且，日本的零利率政策（zero-interest-rate policy，ZIRP）并没有维持多久。正如富兰克林·罗斯福政府在 1937 年过早退出了刺激经济的财政、货币政策从而引发了衰退一样，日本的做法也引发了 1998—2000 年的经济衰退。同样，如果面对现在的微弱复苏迹象就退出经济刺激计划或者收紧货币，美国政府就会犯同样的错误。

在凯恩斯和明斯基看来，奥地利学派在短期政策上的观点是错误的，如果没有政府的干预，由金融部门过度扩张引起的危机会演变为全面的经济衰退，而合理的去杠杆化也会演变为一场恐慌性的大逃亡。当资本主义的"动物精神"消失，奥地利学派所谓的"创造性破坏"机制就会不可避免地转化为私人部门需求的崩溃，其结果是虽遭重创但仍可生存的企业、银行和房主不能得到其必须的信用。那些真正无力偿债的银行、企业和房主的破产只是一个方面，而那些因金融危机得不到信用而陷入破产境地的无辜受害者则是另外一码事。

为了避免这种无谓的损失，即使有相当部分的企业不仅缺乏资金，而且资不抵债，凯恩斯提倡的短期应对措施也是很有必要的。在短期中，阻止整个金融体系陷入崩溃的政策是放松货币和构筑资金安全堡垒，例如最后贷款援助，或者对陷入困难的银行进行注资。同时要通过扩大财政支出和大规模减税来刺激总需求。这样可以防止金融危机演变为像日本"失去的十年"那样的经济衰退，甚至大萧条式的经济危机。

如果把视线放到中长期，那么奥地利学派的观点就很有价值。即使明斯基正确地指出在中长期解决金融危机的措施是从家庭、企业到银行的所有的人都要削减债务，但如果进展不顺就会引起严重的后果。因为如果去杠杆化失败，银行、企业和家庭就会深陷债务旋涡，不再能借贷、支出、消费和投资。而政府也不可能无休止地实施援助，把这些损失社会化处理。同样也不能把消除这些债务的希望寄托于通货膨胀，那只不过是为了解决一个问题而制造出另外一个麻烦。从长远的眼光看，那些问题银行、企业和家庭必须破产，被后来者取代，让它们苟延残喘只是令问题雪上加霜。

总之，凯恩斯和熊彼特的追随者们似乎势不两立，两个派别对于同一问题有着不同的看法，却都认为自己代表经济学的主流。其实，可以把他们的观点综合起来看。这次金融危机的成功解决就是兼而有之地吸纳了他们的合理建议，财政刺激计划、紧急援助、最后贷款援助、宽松的货币政策等有利于解决短期困难，而为了获得长期的繁荣，则必须实施必要的"清算"。

需要提醒的是，在实行"创造性破坏"时必须加以控制。金融危机有点像核爆炸：如果能量完全释放，可以摧毁一切，但如果加以疏导和控制，其破坏性则要小得多。美联储和世界各国对市场的干预成功地控制了金融危机的蔓延，同时也遗留了很多有待解决的问题，比如有毒资产的界定、确认和处置，监管法规的修订以及国际金融机构的重生，等等。

如何解决这些问题是我们面临的重要工作。凯恩斯说过："如果在暴风雨的季节，经济学家们能告诉我们的只是当风暴过去很久以后，海面又会恢复平静，那么他们给自己制定的任务就太简单、太没用了。"海水最终都会停止翻滚，但耗费多久才能让大海恢复平静，这需要经济学家去分析问题，提出解决方案，作出合理的决定。

面对挑战，我们有必要为摇摆不定的危机经济学指明方向。关于经济危机的研究不能仅限于理论分析，一个重要的方面必须被提及，它不能简单地被归为某个学派、某个模型或者某个等式，而应该是基于对历史的研究。

经济史的重要价值

2009 年 7 月，具有传奇色彩的经济学家保罗·萨缪尔森接受了一个专访。他被公认为过去半个世纪以来最伟大的经济学家，即使年逾九十，仍笔耕不辍。作为新古典学派的奠基人，他把自己的专业信仰概括为：通过复杂的数理模型去表述各种经济现象。但当采访者问道："你想对即将入校的经济学专业的研究生说点什么呢？"萨缪尔森给出了一个让人们意想不到的回答："我现在的想法和年轻时完全不同，（研究生们）应该高度重视对经济史的研究，因为从历史中可以找到有助于推理和分析的原始素材。"

萨缪尔森无疑是正确的。经济史的确十分重要，其重要性甚至远在诸如有效市场和理性投资这些理论之上。这不是因为历史会简单地重复，而是因为过去和现在的事情总会有不少共同点。更为重要的是，历史素材可以影响经济理论的发展。像萨缪尔森和其同僚们那样，把真实的经济现象用优美的数学模型表述出来，的确为经济学的发展注入了生机。但对模型宗教般的迷恋恰恰为经济危机的爆发创造了前提条件，因为模型使交易员和投资者在多年累积的真实风险面前迷失了双眼。另外，在研究经济危机时，历史也能让那些坚称一般经济规律不再适用的学者们变得谦虚。

并不是只有我们才知道历史的重要性。在经济危机不断发生的同时，也不断有人试图从历史的角度去研究它。比如作为业余经济学家的苏格兰记者查尔斯·麦基（Charles Mackay），在其 1841 年的著作《非同寻常的大众幻想与群众性癫狂》（*Extraordinary Popular Delusions and the Madness of Crowds*）中就曾进行过尝试。尽管对经济危机的分析只占其一部分篇幅，也充满了错误观点，麦基却成为从历史的角度来研究经济危机的第一人。他的主要结论，即人类总是不理性地去制造经济繁荣和疯狂，启发了行为经济学和更多的经济危机史研究。

很多职业历史学家和经济学家追随麦基的脚步，纷纷投入经济危机史的研究中，直到查尔斯·金德尔伯格于 1978 年推出巨著《疯狂、惊恐和崩溃》（*Manias, Panics, and Crashes*）。尽管在 2008 年这场金融危机中人们忽视了他的观点，他的书仍可被奉为经典，其分析方法仍极富启发意义。同样，卡门·莱因哈特和肯尼斯·罗格夫的系统严密的分析也值得参考，他们在《这次不一样？：800 年金融荒唐史》（*This Time Is Different: Eight Centuries of Financial Folly*）中搜集了大量关于经济危机的数据。他们认为货币危机、银行恐慌以及债务违约等事件在细节上虽然不同，但在一次又一次的经济危机中，其基本轨迹却大同小异。

众多关于经济危机史的著作有助于我们理解危机发生的根源及其挥之不去的恶果。显而易见，理解经济危机的最好方法就是拓宽历史视线，把它们看作因果循环的统一体。基于此，我们接下来将分析历史上各种经济危机的深刻原因。

Crisis
Economics

03

破解真正的危机之源

影子银行既没有柜员，也不需要在街头摆摊。它们有的是"由杠杆率较高的非银行投资管道、工具和结构组成的包罗万象的一盘缩写字母汤"，而这些证券业务并不反映在传统的银行资产负债表之中。但糟糕的是，影子银行体系已壮大到可与商业银行体系相匹敌的程度，资产规模相差无几。因此，影子银行体系处于银行挤兑风暴的中心也就不足为奇了。

对2006—2008 年金融危机的起因，比较一致的说法是：在 2005—2006 年间，美国的房产泡沫开始失控，人们无力偿还抵押贷款，最终大量违约。随后，这些已证券化的抵押贷款又像病毒一样传染并击溃了全球金融体系。

这种观点将灾难归咎于少数的"害群之马"——次级抵押贷款人。这看起来似乎有些道理，实则大错特错：虽然次级抵押贷款确实是引发房地产泡沫的部分原因，但问题远非如此简单。这些问题也并非新生事物，而是深刻植根于多年来经济体制所发生的结构性变化之中。

换言之，不良贷款证券化仅仅是个诱因，多年以来公司治理和奖金计划的失败也扮演了重要角色。政府也要为之承担部分责任，其中最明显的就是艾伦·格林斯潘所推行的货币政策。当然，几十年来政府推崇的购房政策也是始作俑者之一。

最终，政府的积极干预被政府的积极不作为所代替。多年来联邦监管机构一直对所谓的"影子银行"的兴起熟视无睹，而正是它们把整个金融体系变得异常脆弱，随时可能崩塌。美联储和某些新兴国家的纵容，使养肥这些新兴金融机构的低息贷款和优惠信用成为可能。

大多数市场观察家都忽视了这些变化，没有充分认识到其重要性。次级抵押贷款最明显地反映了市场深度、系统性的恶化，这揭示了危机经济学的中心思想：那些影响广泛、破坏性严重的经济危机既不是源于那些无足轻重的次贷和鲁莽的冒险者，也不是源自于投机性泡沫的破灭。

恰恰相反，就像地震一样，问题经过多年的累积之后，一旦最终爆发其后果将令人难以置信。在 2006—2008 年的金融危机中，不仅次贷市场崩溃，整个全球金融体系都摇摇欲坠。这场危机揭示了一个可怕的事实：不只是次贷堆积出来的房地产市场处于地震断层上，各种高杠杆化的债务都位于震中。

金融创新

许多资产泡沫始于昭示着新经济到来的技术创新和进步。例如，19 世纪 40 年代，一股由铁路的诞生引发的狂热浪潮席卷了英国。1830 年，当第一条商业化运营的铁路在曼彻斯特和利物浦之间成功开通后，投资者们竞相购买那些打算兴建铁路的公司的股票。在 1845—1846 年的巅峰时期，铁路股价格飙升，而铁路公司铺设的长达数千公里的铁路，大部分都弃之不用。虽然那段繁荣景象以无情的崩溃告终，但也部分验证了这样一个道理：新技术的出现会创造出新的商业机会。尽管 19 世纪 40 年代的大部分铁路公司都无法逃脱破产的命运，但它们还是为 19 世纪英国经济的发展留下了至关重要的新式运输设施。

同样的道理也适用于 20 世纪 90 年代的互联网泡沫，尽管它很快就演变成了投机性泡沫，但至少带来了互联网的普及和广泛应用。这次泡沫破灭后，不少新兴的公司和同轴电缆通信设施、手机基站等大量的科技产业得以发展。

与之相反，最近爆发的这场金融危机几乎没有留下任何好处，拉斯维加斯那些被抛售的建筑几乎变得一文不值。更糟糕的是，房地产市场繁荣的背后毫无技术进步可言：2006 年兴建的房屋和几十年前兴建的没什么区别，也不比后者更加高效。这场危机不同以往，泡沫没有任何基本面变化的支撑，只是一场纯粹的投机性泡沫，仅此而已。

如果这场房地产泡沫没有技术革新的支撑，那么是什么驱动的呢？实际上，这场泡沫同样来自大量创新，这是好的一方面。坏的一方面是大部分创新都来自经济的同一个部门：金融服务行业。过去几百年的不少金融创新，比如保险和商品期权，都证明了其价值，使市场参与者管理和控制风险成为可能。

起初，同样的动因催生了现代金融创新的步伐。事实上，这对于改进陈旧的借贷模式的确算得上是一种积极的尝试。几十年前，住房贷款遵循的是"发放并持有"的模式。购房者以房产为抵押从银行借款，银行则坐等收回本金和利息。发放抵押贷款的银行持有抵押契据，这纯粹是业主与银行之间的交易。然而，金融创新改变了这一切。

20 世纪 70 年代

美国国家抵押贷款协会，也就是为人熟知的吉利美（Ginnie Mae），设计出第一款抵押贷款支持证券，即先把抵押贷款集中打包，然后在此基础上发行债券。吉利美可以马上从债券购买者手中一次性获得资金，而不用等上 30 年才收回抵押贷款的收益。同时，这些债券的投资者可以从成千上万的业主偿还的本息中获得一部分收益。

此举颇具革命性，资产证券化的涌现把诸如抵押贷款之类的低流动性资产转变为可以在市场上公开交易的流动性资产，这种新型的金融工具被称作抵押贷款支持证券。房地美和房利美等政府控股机构也加入了资产证券化的行列，同样，投资银行、经纪商甚至建筑商等等都把不断增长的住房抵押贷款证券化为这种新型的赚钱工具。世界各地的投资者都来抢购，毕竟，根据传统的看法，住房价格将只涨不跌。

投资银行是创造抵押贷款支持证券的典型，同那些抵押贷款的提供者（银行、非银行金融机构或者政府控制的房贷企业）一道，构建了一种"特殊目的的机构"（SPV）。这些机构发行债券或者抵押贷款支持证券，然后把它们兜售给投资者。理论上讲，在这一过程中大家各取所需。业主获得了贷款，抵押贷款经纪商和评估机构赚取了佣金，投资银行因把抵押贷款的风险转移出去而获取了丰厚的手续费，最后，购买证券的投资者寄希望于从业主的还贷中获取稳定的收益。

20 世纪 90 年代

尽管抵押贷款支持证券从 20 世纪 80 年代就开始流行起来，但直到 90 年代才迎来了爆炸式发展。颇具讽刺意味的是，竟然是储贷危机（Savings and Loan Crisis）促进了资产证券化的发展。在那场危机中，超过 1 600 家银行因为以"发放并持有"的模式持有大量房地产贷款而破产。如果这些贷款被证券化就不会发生危机了——这至少是很多银行从储贷危机中吸取的教训。这种新的理念十分简单：

> 与其冒着风险持有贷款，还不如先将其出售，把利润收入囊中。将贷款出售给那些更愿意承担风险的养老基金、保险公司和其他机构投资者，有利于减轻银行的系统性风险。这样，"发放并持有"被"发放并出售"的模式取代。

如果证券投资者能够准确评估其内在风险，这也不失为一种很好的交易方式。但是，如果银行可以通过资产证券化把大量新发放的贷款出售出去，它们的首选策略就是以最快的速度尽可能地发放更多的贷款。每笔交易都给银行带来更多的收入，也产生了更多的抵押贷款。不过，由于银行不再承担不良贷款的损失，它们也就失去了防范抵押贷款风险的动力。当"发放并持有"变成了"发放并出售"，不良抵押贷款就像烫手山芋一样被不断传递下去。

20 世纪 90 年代至 21 世纪初

资产证券化变成了一种时尚，抵押贷款经纪商、信用评级机构、商业银行、投资银行，甚至像房地美和房利美这样的准公共机构都不再对借款人的贷款资格做尽职调查了。"谎言贷款"（liar loans）数量急剧上升，借款人隐瞒他们的真实收入，不能提供书面的薪资证明。最恶劣的是那些"三无贷款"（NINJA loans），即借款人没有收入，没有工作，没有财产。

然而，资产证券化并未就此止步。金融企业把资产证券化的范围扩展到商业房产抵押贷款和各种消费贷款上，比如信用卡贷款、学生贷款、汽车贷款。连企业贷款也同样被证券化了，其中包括那些杠杆贷款和工商业贷款。由此产生的资产支持证券充斥市场，资产证券化风靡世界。2001年的一本教科书中曾这样描述风险管理，"某种程度上来讲，任何事物似乎都可以被证券化"。这毫不夸张，金融危机爆发时，资产证券化已泛滥到飞机租赁、森林矿产收入、欠税财产留置权、无线电塔的收入、船舶贷款、州政府和地方政府收入，甚至摇滚乐队的版税收入等各个领域。

与第一代抵押支持证券一样，这些新型的金融产品都存在同样的问题：发行证券的银行和公司缺乏动力去做尽职调查，以至于无法评估债务人的偿债能力。助生了这些证券的投资银行也没有履行其应有的责任，它们热衷于把这些贷款打包出售，然后尽快让它们从资产负债表上消失。

理论上讲，穆迪、惠誉、标准普尔等评级机构本应发出警告，但寄希望于它们无异于让黄鼠狼去看守鸡窝：它们有着充分的动力给予那些证券较高的信用级别，这可以让它们从受评机构那里赚取可观的手续费和继续合作的承诺。相反，如果给出真实的评级则意味着失去眼前和未来的佣金。最好的做法是授予受评机构们类似"好管家质量认证"（Good Housekeeping Seal of Approval）[1]的头衔，并尽量给予最高的级别。在危机爆发的前夕，信用评级机构50%的利润来自于对AAA证券的评级业务，其中很多复杂的结构性金融产品根本达不到这一标准。

信用评级机构的罪恶远远不止如此。事实上，由于评级机构很难获得次级抵押债券及其违约率的数据，也就不可能发现这些被打包为证券的贷款的风险。自从20世纪80年代投资银行创造出更加复杂的抵押贷款支持证券和资产支持证券以后，这种情况便更加严重了。

这些证券名称各异，如抵押担保债券（Collateralized Mortgage Obligation, CMO）、担保债务凭证（Collateralized Debt Obligation, CDO）以及贷款担保债券（Collateralized Loan Obligation, CLO），等等。

所有的资产证券化原理都基本相同。持有抵押贷款支持证券的投资者必须承担

---

[1] 好管家质量认证，为美国妇女杂志《好管家》（*Good Housekeeping*）对日常用品颁发的一个质量认证证书。——译者注

一定的风险：如购房者可能违约，也可能提前还款，这样放贷者就会失去按期还款所获得的利息。华尔街的"金融工程师"为此设计了一个巧妙的解决方案：担保债务凭证。CDO 可以分级，最简单的 CDO 包含三个层级：股权级、中间级和优先级。股权级的购买者会获得最高的回报，但他们也承担了最大的风险。如果 CDO 的资产池中任何一位房主违约，股权级的持有者将率先承受损失。中间级的风险较小，但如果资产池中有很大比例的房主违约，其买家仍将蒙受损失。优先级是最先偿还的部分，虽然它的回报率是最低的，但它的风险也极低，或者是接近零风险。优先级的持有者最先得到收益，最后承受损失。

这些貌似光鲜的结构性金融产品其实是建立在脆弱的基础上，全凭精心的障眼法才得以维系：大量高风险的 BBB 级次级抵押贷款首先被打包，摇身一变为 BBB 级抵押支持证券，然后被分级处理，有 80% 被评为 AAA 级。虽然作为标的资产的抵押贷款风险丝毫没有改变，但经过这样的处理，垃圾资产就被包装为金牌证券。

资产证券化的复杂程度达到了令人匪夷所思的地步。比如，将不同的 CDO 打包，然后拆分，就很流行。CDO 的 CDO（也叫 CDO^2）还可以被华尔街设计出更为古怪的产品：CDO 的 CDO 的 CDO，也被称为 CDO^3；或者把一系列的信用违约到期合约作为标的资产，称为合成式 CDO。这些神秘的产品有时远不止三个层级，有的会被分为 50 个甚至 100 个层级，每个层级都代表了特定的风险程度。

回过头来看，这些金融创新所带来的风险昭然若揭。拆分和粉饰信用风险并将之推销到世界各地，使得金融体系充满了奇怪、复杂、流动性差的金融产品。这些金融产品极其复杂怪异，以至于很难用传统的方法进行估值，只能依靠数学模型而非市场给它们定价。不幸的是，这些模型往往都乐观地把风险假定为最小化，其结果就是形成了一个极其不透明、令人生畏的金融体系。

虽然这一切看起来非常怪异、前所未有，但也并非史无前例。缺乏透明度、低估风险、对新型的金融产品一无所知，这些问题在历次经济危机中都屡见不鲜。

道德风险

创造了 CDO[3] 这种怪物的金融工程师理应受到指责，但除了这些表面问题之外，资产证券化利益链条上积累了更多的内在问题，金融企业糟糕的内部治理方式也为这次金融危机奠定了基础。

问题的关键在于厘清道德风险这个概念。简单来说，道德风险就是人们倾向于承受那些可以轻易逃避开的风险——尤其是高风险，原因很简单：他们知道一旦发生损失，有人会为这些冒险行为埋单。例如，与没有投保的人相比，购买了汽车偷盗险的人不会太担心把车停在容易失窃的地方，也不愿意购买防盗设备，因为他知道保险公司会赔偿损失。同样，附加了服务条款租车的人更有可能在崎岖不平的道路上开车，当然，这是因为他知道有人会承担车子损坏的后果。

在当前这次经济危机中，道德风险扮演了重要的角色。在资产证券化的利益链条上，由于抵押贷款经纪人知道不会承担抵押资产价格下跌的风险，他们就会不厌其烦地向银行推销那些"谎言贷款"。同样，把赌注大量押在 CDO 上的交易员，一旦投资成功就会获得可观的奖金，但如果投资失败则承担很少的责任。纵使遭到解雇，他们口袋里还有多年积累下来的大量收入。他们的冒险行为所产生的损失则是别人的问题，也就是由其公司来承担。

以上是比较常见的情形。而在金融服务领域，由于公司薪酬机制导致的道德风险却鲜为人知。投资银行、对冲基金以及其他金融服务企业的员工收入不仅包括基本工资，还包括根据业绩水平发放的奖金。长期以来，这些公司的薪酬中都包括奖金，但近年来数量大幅上升，而大型投资银行，如高盛、摩根士丹利、美林、雷曼兄弟以及贝尔斯登的员工，他们的奖金更是高得惊人。2005 年，这 5 个行业巨头共向员工支付了 250 亿美元的奖金，2006 年达到 360 亿美元，2007 年更是高达 380 亿美元。

更加严重的是，奖金占比不断攀升。2006 年，5 大投资银行的员工奖金占了薪酬总数的 60%。在一些公司，这一数字要高得多：处于金融风暴中心的许多公司的员工奖金普遍是基本工资的 10~12 倍。即使在公司奄奄一息时，它们还不忘发奖金。

奖金一般是与一年的短期利润挂钩，这鼓励了冒险和高杠杆投资行为。最典型的例子非美国国际集团莫属，这家公司主要从事意外险生意，也就是在一定的时期内不太可能发生的意外事件（如雷曼兄弟的破产）。从短期来看，开展大量的意外险业务可以获得巨额的收入、利润和奖金。但长期来看，无法避免的灾难总有爆发的一天，一旦灾难降临，像美国国际集团这样的公司便会轰然倒闭。为这些豪赌的交易员埋单的都是无辜百姓，也就是美国的纳税人。

理论上讲，道德风险本来可以避免，但事实却远非如此，原因何在？这可以用经济学家所谓的委托代理问题来解释。在大型资本主义企业中，委托人（股东或董事会）必须雇用经理（代理人）帮忙打理生意。不幸的是，代理人始终比委托人掌握更多的信息，有条件为了追求其私利而损害公司利益。

比如，店主雇人管理收银机的问题就是一个简单的委托代理问题。很显然，店主希望他的雇员诚实守信，不会把钱私藏腰包，但他不可能知道店里的所有业务。这被经济学家称为信息不对称问题，也就是委托人（店主）知道的信息比代理人（收银员）要少。店主希望雇员忠诚于他，但这并不容易。

把这个问题放大，在一个拥有很多层级雇员或者代理人的公司，所有的代理人都会不惜牺牲委托人的利益去追逐他们自己的利益。此外，很多雇员既是委托人（负责监管他们的下属），又是代理人（对其上司负责）。更糟糕的是，现在已经不是简单的员工偷窃问题了，而是他们为了获取更高的奖金，用公司的资源去豪赌，即使这么做会给公司带来巨大的风险也在所不惜。

这种危险的制度在最近的金融危机里变得十分突出，美国国际集团的破产就是最典型的因为道德风险、委托代理以及信息不对称问题而导致的破产。在伦敦的一小撮雇员的行为打垮了整个公司，以及整个国际金融体系。

理论上讲，股东可以阻止这些灾难：他们是价值链的顶端，金融企业的所有者。但事实上，股东们一般也缺乏动力去阻止那些轻率的银行家、交易员和管理层。这是为什么呢？与普通的企业不同，金融企业的运营依赖大量的负债，而股东的自有出资只占很小的一部分。他们没有约束交易员们去冒险的动力，实际上，他们更倾向于鼓励这些行为。如果冒险成功，股东们将获取巨额利润，否则，他们的损失也仅占公司总亏损的很小一部分。损失固然不好，但权衡利弊，用别人的资金去获取潜在的巨大利润当然值得去冒险。因此，拥有少量投资的股东们宁愿"为了暴利而去赌博"。

理论上看，借款给银行以及其他金融机构的人是控制道德风险的最后一道防火墙。如果他们有动力去做，这当然可行，毕竟银行盲目投资的直接后果就是让借款给银行的人倾家荡产。不幸的是，非意愿性规律在这里又发挥了作用。借给银行的资金大都以存款的形式存入银行，而大部分存款都有存款保险。也就是说，即使银行用存款人的资金肆无忌惮地冒险，有了存款保险的保全，存款人也大可高枕无忧，所以存款人也不会采取任何行动对银行错误的决策进行惩罚。

原则上，银行及其他金融机构的无担保债权人本应履行监督责任，因为倘若金融机构投资风险过大，他们借给银行的资金则可能不保。但在这场金融危机中，即使这些无担保债权人也没有对市场进行监督。原因有很多：无担保债权人的声音微不足道，不可能影响市场；他们就像担保债权人（受保存款人）一样会得到政府的救助而免遭损失；来自中央银行的最后贷款救助妨碍了市场监督的实施等等。

并非所有的金融机构都对存款投保，但历次金融危机留给人们的经验是，当危机到来时，中央银行就会提供最后贷款援助来拯救市场。大萧条以来，中央银行总是以最后贷款人的身份挺身而出。在1998年的长期资本管理公司危机和当前的金融危机中都不乏中央银行的身影，美联储为投资银行以及其他不受存款保险保护的金融机构注入了规模空前的流动性资金。

由于最后贷款援助的存在，金融机构为避免挤兑而保有大量流动性资金的动机被削弱。就连实际存款人对金融机构行为进行监督的主动性也荡然无存，因为他们知道，如果危机爆发，各国的中央银行就会实施救助。从这个角度上讲，金融体系的所有参与者都能得出这一结论：

> 不论在美国还是其他国家，病入膏肓的金融企业都能得到中央银行的
> 全力救助。只有让雷曼兄弟破产这件事情是试图去阻止道德风险问题的举

措，但随后就是对金融系统的一系列大规模的紧急援助。

市场上也曾出现过加强对银行和其他金融机构监管的呼声，即银行必须保持充足的流动性资金，股东出资必须达到一定规模以使其有动力去监督银行的运营，这意味着政府必须毫无争议地发挥主导作用。不幸的是，在危机积累的这些年里，很难发现政府的身影。事实上，政府也是这次危机的帮凶，不仅在监管中缺位，而且对市场进行了错误的干预。

政府的失职

美联储是美国政府调控经济的最主要部门。艾伦·格林斯潘的所作所为充分证明了美联储的权力不仅可以有助于经济增长，也可能被滥用。事实上，让格林斯潘领导美联储颇具讽刺意味。格林斯潘在年轻时就受到自由市场经济的熏陶。20世纪50年代，他做过艾茵·兰德（Ayn Rand）的助手，非常佩服其彻底的自由主义信仰。尽管格林斯潘越来越坚信政府不应插手经济，但机会降临时，他还是走上了从政的道路。

1974年，格林斯潘担任了第一个重要的职位，成为福特政府的经济顾问委员会主席，但这一职位的重要性与他1987年获任的美联储主席相比黯然失色。从一开始，他就对政府在市场中的监管作用举棋不定。在格林斯潘就任美联储主席后的第四个月，股市遭遇崩盘，而他则立即冲上去救市。当反对政府干预的声音不绝于耳时，他的回应是："危机当前……在尚未走出困境之前，我们不应该分心去关注长期问题。"如果格林斯潘明白中央银行本可以减轻金融危机的影响，他就会在危机的酝酿时期去化解它们。但是，他似乎对站在一个长远的角度如何把泡沫扼杀在摇篮里这一问题毫无兴趣。美联储前主席威廉·麦克切斯尼·马丁（William McChesney Martin）曾形象地概括了这一理念，他说中央银行的职责就是"在酒会刚开始热闹的时候拿走酒杯"。

格林斯潘对此不屑一顾。1996年，当科技和互联网股票泡沫横行的时候，他虽然对股市的"非理性繁荣"提出了警告，但除了象征性地把联邦利率提高了25个基点外，对泡沫的膨胀几乎没有进行任何干预。当2000年互联网泡沫达到顶峰时，格林斯潘还在推波助澜。"9·11"事件发生后，他不断降息，即使市场已显示出复苏迹象，仍降息不止。2004年，他终于决心调高利率，但幅度之小、速度之慢已为市场所知（循序渐进的紧缩政策），即每隔六个星期召开一次的美联储公开市场委员会会议会把利率调高25个基点。低息政策维持了过长的时间，而对利息的正常化过程不仅太迟而且太慢。

最终的结果就是房地产和抵押贷款泡沫的涌现。长期以来，格林斯潘把大量低息贷款注入经济当中，用新的泡沫去代替原来的泡沫。在泡沫积累时袖手旁观，直到不可收拾时才疯狂采取行动力挽狂澜，这是他对中央银行角色定位自相矛盾的必然结果。不幸的是，这制造了所谓的"格林斯潘对策"。在格林斯潘的最后一个任期里，"格林斯潘对策"成为交易员们的信条，市场坚信美联储总是会在泡沫破裂后对遭受重创的交易员们施以援手。正是这种信念大大增加了道德风险，对此格林斯潘难辞其咎。

格林斯潘还应为拒绝动用美联储的力量来监管市场负责。1994年国会通过了《住房所有权及权益保护法案》（*Home Ownership and Equity Protection Act*），旨在打击欺诈性贷款行为。格林斯潘本该根据这一法案对次级贷款进行监管，但他却拒绝这么做，甚至对美联储理事爱德华·格拉姆利克（Edward Gramlich）的忠告置若罔闻。格林斯潘后来对拒绝监管次级贷款的做法进行辩解："我们很难介入和查清金融机构是如何运作抵押贷款的，在不破坏次级贷款市场有效性的前提下很难发现任何有价值的信息。"

他的真实想法是：次级贷款的出现完全是件好事，是市场自由发展的必然结果。直到最近，他还在对金融创新使得越来越多的美国人获得贷款而大加褒奖。2005年，他公开表示金融创新"引领了次级抵押贷款的迅速增长，……促进了有益于市场需求和消费者的建设性革命"。

公平地讲，在放松监管的问题上和格林斯潘持相同观点的不乏其人。在过去的30多年里，把市场从"繁杂"的监管中解放出来成为一种保守而稳妥的信念，这也成了公共政策取向。从 20 世纪 80 年代开始，在大萧条时代形成的对金融体系的严格监管制度逐步被放松或废除。

最典型的是《格拉斯 - 斯蒂格尔法案》(*Glass-Steagall Act*) 的废除。这部标志性的法案在（从事存贷款业务的）商业银行和（发行、买卖证券的）投资银行之间竖起了一道防火墙，但最终还是惨遭废除。从 20 世纪 80 年代末期开始，美联储开始允许商业银行在一定范围内从事证券业务。起初，美联储规定商业银行从证券业务中获得的利润不超过总利润的 10%，1996 年美联储决定把这一限制提高到 25%。1997 年，美国信孚银行（Bankers Trust）成为首家收购证券公司的商业银行，很快其他银行也纷纷效仿。

花旗银行与旅行家集团的合并成为《格拉斯 - 斯蒂格尔法案》最终被废止的催化剂。此次兼并使得商业银行、保险和证券业务在同一公司并存，并将这个新金融巨兽与现行法律的冲突问题搬上了台面。经过大力游说，国会最终在 1999 年底通过了《金融服务现代化法案》(*Financial Services Modernization Act*)，将《格拉斯 - 斯蒂格尔法案》彻底废除。此举为投资银行、商业银行和保险公司的更多兼并扫清了道路。

出身于经济学家的共和党参议员菲尔·格兰姆（Phil Gramm）是倡导废除《格拉斯 - 斯蒂格尔法案》的关键人物之一。格兰姆领导的金融监管改革并未止步于此，最著名的就是他 2000 年提交的《商品期货现代化法案》(*The Commodity Futures Modernization Act*)。这一法案解除了对衍生品市场的严格监管，却没有引起参众两院的丝毫争议。被解除监管的包括信用违约掉期合约，这种合约允许持有者购买"保险"以防止债券的违约，债券品种既可以十分简单（如汽车制造企业发行的债券），也可以异常复杂（如抵押贷款支持证券）。信用违约掉期合约如雨后春笋般地发展起来，到了 2008 年，掉期规模超过了 600 亿美元，成为"系统风险"中最重要的因素之一，严重地威胁着整个金融体系。

去监管化风潮并非全部来自于国会。2004 年，5 大投资银行对美国证券交易委员会（SEC）展开游说，期望对限制经纪业务负债率的规定进行松绑。如果获得豁免，这些公司一旦投资出现重大损失，便可以动用其巨额备用金进行自救。虽然此举可以放大其赢利潜力，但却会削弱其现有的根基。尽管并非没有意识到此举的危险性，证券交易委员会还是一致同意了它们的请求。一位委员在只有少数几个人参加的听证会上评论道："我们知道它们都是大公司，这也意味着一旦出现问题损失将十分惨重。"监管的放松使得投资银行把其杠杆率大幅提升至 20~25 倍，甚至高于受到严格监管的商业银行 12.5 的杠杆率。

并不是每个人都将金融危机归咎于放松管制。有些保守的评论员认为危机源于政府的过多干预，而非过少干预。他们认为，1977 年的《社区再投资法》（Community Reinvestment Act）助长了泡沫的膨胀，因为该法案禁止银行歧视低收入人群的贷款申请，使低收入人群和少数民族可以更容易地获得抵押贷款。在保守派看来，这项法案及其修订版支持了房地美和房利美的发展，助长了次贷市场，最终酿成了危机。

这些论点貌似有趣，实则荒谬。导致次贷市场迅猛发展的罪魁祸首不是房地美和房利美，而是那些私营的抵押贷款公司，如美国国家金融服务公司（Countrywide Financial）。此外，《社区再投资法》早于房地产泡沫很久。20 世纪 90 年代修订的法案确实要求房地美和房利美投资包括次级贷款在内的抵押贷款，例如，1997 年时，它们的贷款中 42% 来自于收入低于同地区平均水平的债务人。其中有些是次级贷款，但到底有多少还不得而知。无论如何，房地美和房利美主导了次贷危机这种夸大其辞的说法肯定是不对的。

真实情况是，联邦政府长期以来一直对购房者进行资助和补贴，以减少购房支出在他们总支出中的比例。这些补贴包括从个人所得税中减免购房的财产税及抵押贷款利息。同样，对于出售第一套住房的收益也免征所得税。最重要的是，许多政府控股的企业，比如房地美、房利美以及联邦住房管理局（FHA）、联邦住房贷款抵押银行等等，也对房地产和抵押贷款市场进行资助和补贴。这些补贴也许并不会引发房产泡沫，但它们无疑为泡沫的膨胀创造了条件。

影子银行

如果说政府助长了泡沫的膨胀，放松监管又取消了对金融公司的约束，政府监管无法跟上金融创新的步伐也是罪恶之一。政府的失职不仅仅是对复杂的衍生品和金融机构的薪酬机制熟视无睹。在过去的 30 多年里，太平洋投资管理公司的保罗·麦卡利（Paul McCulley）所谓的"银子银行体系"迅速崛起，使金融体系发生了前所未有的戏剧性变化。

要想理解影子银行的概念，必须先回顾一下银行的业务构成。简单地说，银行吸收短期存款，以贷款的形式投资出去。这些存款构成了银行的负债，无论何时，只要存款人想要取回他们的资金，银行必须如数奉还。

银行不会傻傻地守着这些存款，会把它们以抵押贷款和其他长期投资的形式借贷出去，比如 10 年期的企业贷款。也就是说他们借入存款，发放贷款，从中获取利息收入。然而，其中的情况并非这么简单：银行的负债（以存款的形式存在）具有较高的流动性，而资产的流动性很差（和土地、工厂里的新设备以及其他不能立即变现的资产捆绑在一起）。

通常情况下这不是问题，几乎不可能出现所有存款人都去银行挤兑取现的现象。但这确实发生过，比如，大萧条时期恐慌的存款人涌向银行的挤兑事件。导演弗兰克·卡普拉（Frank Capra）在电影《美丽人生》（*It's a Wonderful Life*）中将这一恐慌事件刻画得活灵活现。这部电影描述的是生活在一个小镇上的银行家乔治·贝利跌宕起伏的人生。

> 当贝利被前来取钱的忧心忡忡的储户围困时，他就银行业做了一番即兴演说。他告诉那些认为银行只是把钱闲置在金库里的储户们："你们把银行完全想错了，以为我把钱都放在保险箱里了，其实钱不在这里。钱在乔的家里……在肯尼迪的家里，在麦克琳太太的家里，钱在千家万户。"换句话说，高流动性的存款已被转化为低流动性的投资，不能立即变现的。就像贝利向储户解释的那样："你们把钱借给他们去建设，然后他们会以最好的方式回报你们。"

贝利的困境是处于黑暗的大萧条时期的银行的真实写照，他是在与"期限错配"（maturity mismatch）问题抗争，即：负债是短期的"活期存款"，而资产是长期的，不能立即变现的。结果是若不花费巨大成本，几乎不可能立即用一笔贷款去偿还另一笔存款。在遭遇挤兑时，银行可以采取的措施是出售像抵押贷款或其他贷款之类的资产。不幸的是，当恐慌充斥整个银行体系时，每家银行都在出售资产，其售价只能是平时的很小一部分。

在现实中，这就意味着陷入流动性危机的银行很快将从流动性不足变为丧失清偿能力。有时银行注定将走到这一步，因为不论以多高的价格出售，其资产永远也无法满足存款人的需求。但在其他多数情况下，银行仍具备清偿能力，只是投资的资产缺乏流动性罢了，从而造成其短期负债超过流动资产。在大萧条时期，银行都会由于这两种原因破产。不管是否会引起恐慌，有些银行永远也没有能力将存款偿清，而另外一些银行可以在得到援助的情况下偿付。

援助有两种形式，其一是最后贷款援助，其二是存款保险。前者在大萧条时期曾被使用，但美联储却没有用好；后者产生于银行立法新政时期（New Deal）所设立的联邦存款保险公司（Federal Deposit Insurance Corporation，FDIC）。这两种应对银行挤兑的措施存在细微的差别，前者向银行提供资金以支付存款人，遏制银行挤兑现象，避免银行低价甩卖资产。相反，后者则从源头上遏制了银行挤兑现象，让人们坚信不论银行遭遇流动性不足还是丧失清偿能力，他们的资产总是安全的。

第二次世界大战后，在美国和大多数资本主义国家，最后贷款援助和存款保险都成为一种常态。被援助的银行必须付出一定的代价，放弃一部分自主权以规避道德风险，在流动性、杠杆率以及资本比例等方面接受监管。这将限制它们的经营活动，结果，银行变成了保守而可靠的行业。有一则流行的笑话这么说：银行业是按照"3-6-3"的法则运营，也就是银行家付给存款人3%的利息，以6%的利率放贷，下午3点之前在高尔夫球场排队打球。听起来有些夸张，但这还远远不是全部事实。

这些规定好像还不足以控制银行业，于是国际监管机构对银行采取了更多的限制。1974年，由十国集团的中央银行发起设立了巴塞尔银行监管委员会，标志着严格监管的开始。该组织的命名来自瑞士的一座小城，也是全球金融体系的核心之一，国际清算银行的所在地。

1988 年，巴塞尔委员会为世界各国的商业银行制订了一个旨在评估各种资产风险的资本充足比率规定，称为《巴塞尔资本协议》，明确规定了根据它们所拥有的资产风险，银行应当持有多少资本。该协议的核心是银行的最低资本要求是 8%，即银行的准备金占风险调整资产总额的比率必须大于等于 8%，资产风险越大，所需的资本也就越多。尽管巴塞尔委员会对成员国没有法律上的约束力，它的建议还是为世界各国所采用。

巴塞尔委员会没有就此满足，并在接下来的几年里，发布了更多的建议。这些建议的作用显而易见，巴塞尔委员会在 1997 年的一份报告中称："不论是发展中国家还是发达国家，任何一个脆弱的银行体系都可能对本国和全世界的金融稳定构成威胁。"2006 年，根据这一指导思想，他们对《巴塞尔资本协议》作了修订，称为《新巴塞尔协议》。和第一个版本不同，《新巴塞尔协议》中的一些建议并没有获得广泛认同。

原因何在？简单地说，并不是所有的银行界人士都只追求稳定性和安全性。19 世纪 80 年代以来，越来越多的金融从业人员看到了掘金的机会，但前提是必须让银行在没有安全网保护的情况下走钢丝。有很多办法可以让银行逃避监管，但同时也将失去（政府）给予普通银行的保护。于是，他们开始了一种"监管套利"（regulatory arbitrage）游戏，即为了追逐巨额利润而逃避监管，这促成了影子银行的发展。

影子银行既没有柜员，也不需要在街头摆摊。它们有的是保罗·麦卡利所说的"由杠杆率较高的非银行投资管道、工具和结构组成的包罗万象的一盘缩写字母汤"，而这些证券业务并不反映在传统的银行资产负债表之中。影子银行形式多样，规模各异：

> 非银行抵押贷款商、结构性投资工具、管道商（conduits，通过资产支持的商业票据之类的短期贷款进行融资的公司）、投资银行、经纪商（通过隔夜回购协议进行融资的公司）、货币市场基金（募集投资者的短期基金）、对冲基金、私募基金以及国家和地方政府发起的拍卖利率证券（auction-rate securities）和招标期权债券（tender option bonds，根据每周

的拍卖利率设定的浮动利率证券），等等。

这些影子银行有一个共同点：严重的期限错配。它们大都从短期流动市场借入资金，然后将这些资金投入长期的低流动性资产。它们看似与贝利兄弟住房信贷银行（Bailey Bros Building & Loan）[1]有着天壤之别，实际上却并无二致，在遭遇银行挤兑时有着共同的致命弱点。

如果影子银行能像商业银行一样接受日益严格的监管，并以此为条件换取最后贷款援助和存款保险支持，那还不至于出问题。但它们没有这么做。更糟糕的是，影子银行体系已壮大到可与商业银行体系相匹敌的程度，资产规模相差无几。因此，影子银行体系处于银行挤兑风暴的中心也就不足为奇了。

流动性泛滥

金融创新、糟糕的公司治理、宽松的货币政策、政府的失职、影子银行体系的兴起都促成了灾难的降临。在很多方面，美国和其他英语国家情况最为严重，但另外一些国家同样在危机的促成中扮演了重要角色。

艾伦·格林斯潘是首先发现问题的人之一，他把联邦基金利率从2004年的1%提高到2006年的5.25%，但长期利率和抵押贷款固定利率几乎没有变动。格林斯潘姗姗来迟的紧缩政策并未发挥作用，这也是教科书所无法预见的。理论上讲，长期利率和抵押贷款利率本该随着短期利率的提高而攀升。

格林斯潘将其称为"债券市场之谜"。但也并非不可解释，在一体化的世界经济体系中，美国的借贷利率水平越来越受到国际市场的影响。在国际上，诸如日本、德国和中国这样的新兴经济体储蓄过剩，必须为其找到投资的场所。最终，这些储蓄都购买了美国债券。由于联邦政府短期和长期债券的回报率较低，投资者便倾向于购买高回报的债券，例如房地美、房利美发行的债券及以其贷款为支持的证券。

---

[1] 电影《美丽人生》中主人公贝利的公司。——译者注

这些债券都有美国财政部暗中撑腰。

然而，外国投资者并未就此止步。美国的私人信贷机构，尤其是那些欧洲的投资公司和金融机构，俨然成为证券化产品的主要买家。据不完全统计，美国金融机构发行的证券约有 40%~50% 落入了外国投资者之手。也就是说，大量的信用卡贷款、房地产贷款、汽车贷款、学生贷款、抵押贷款的收入流都通过资产证券化方式进入了外国投资者的投资组合。在这些交易中，外国投资者加入了引发泡沫的借贷狂潮。

外国投资者到底应该为借贷热负多大责任还悬而未决。一些评论员用"全球储蓄过剩"的假定将造成危机的责任推到中国和其他购买美国债券的国家。这种说法错误地将美国自身的问题转嫁与人，本末倒置。但寻求投资机会的资金最终进入了美国却是毫无争议的，这在无意中帮助了美国苟延残喘。倘若美国不是世界上独一无二的超级大国，而只是一个新兴经济体的话，这些债权人也许早就切断了资金链。

但他们不仅没有这么做，还让资金源源不断地涌入美国，这些巨额的国际资金维系了繁荣景象。宽松的货币政策、轻率的金融创新、道德风险问题、公司治理缺位、影子银行、廉价的外国资金等因素交织在一起，酝酿了这场史无前例的灾难。但并非任何一个因素都能独自引发危机，还需要一个关键的因素，就是几乎整个金融体系对贷款或杠杆的依赖都与日俱增。

杠杆的诱惑

回顾一下明斯基对借款人的分类：

最保守的借款人是对冲借款者，他们的短期收入不仅可以偿还利息，还可以偿还本金；风险较大的是投机借款者，其收入只够偿还利息，本金必须在每个到期日前展期；风险最大的是庞氏借款者，其现金流既不够偿还利息，也不够偿还本金，只能借新偿旧。

明斯基抓住了一个关键问题，若参与者越来越依赖贷款，经济就会越来越容易崩溃。他坚信，对贷款和杠杆的依赖度越高，金融体系就越脆弱。

近年来，杠杆率不断攀升。1960—1974年，美国银行业的杠杆率上升了50个百分点，1980年后，这一增长速度还在继续加快。以房贷、金融机构贷款和其他私营企业贷款为例，1981年时美国私营企业贷款为国内生产总值的123%，而到了2008年年底，这一数字已激增至290%。

全面上升的各个私营部门的贷款额中企业部门的上升速度最慢，其贷款总额占GDP的比重只从53%提高到76%。而房地产贷款的增长则肆无忌惮，占GDP的比重从1981年的48%猛增到2007年的100%。令人难以置信的是，房地产贷款与税后收入的比率由1981年的65%猛增到2008年的135%。房地产市场的债务大都以杠杆贷款的形式存在，购房者用越来越少的自有资金去购买越来越贵的房屋。得益于"附加贷款"（piggyback loans）[①] 等金融创新，在房地产泡沫的顶峰时期，甚至不用首付就能买到房屋。

虽然在这一时期，购房者和其他企业的贷款激增，但是金融部门才是真正的借债大户：

> 1981—2008年，金融机构的贷款从占GDP的22%飙升至117%，是原来的5倍多。用以借债的是所谓的杠杆，例如，为购买价值2 000万美元的抵押贷款支持证券而去融资的投资银行，只须从自有资金中拿出100万美元，余下的1 900万美元以贷款形式借入，用杠杆率表示就是20倍。

杠杆的形式多样。上述的杠杆只是一种传统杠杆，另一种嵌入式杠杆却可以把相关资产的潜力收益（或损失）放大数倍。比如，我们知道CDO分为许多级别，风险较大的级别在危机爆发时承担的损失也较大。在实际操作中，对于持有特定级别CDO的投资者来说，损失被放大到了惊人的地步。投资组合中极小的损失都会对投资者造成重创。对于整个市场来说，这种无法度量的杠杆的影响似乎是无形的，如果发生了问题，其后果将难以想象。

---

① 附加贷款，指借款人在一次按揭之外进行第二次贷款。——译者注

还有一种系统性（也叫复合型）杠杆，其初始的少量杠杆可以变成倒置的债务金字塔的顶点。假设一个人从银行获得了 300 万美元贷款，加上自己的 100 万美元本金后全部投资到基金的基金（fund of funds）中，他的杠杆率就为 4 倍。再假设这个基金的基金从其他银行借入 1 200 万美元，连同这 400 万美元一起投资到另一个对冲基金中去。此时的杠杆率还是 4 倍，但最初的 400 万美元已变成 1 600 万美元。我们再假设对冲基金又按照 4 倍的杠杆率借入 4 800 万美元，将这 6 400 万美元投资到高风险的 CDO 上。在指数的作用下，最初的 100 万美元竟然变为 6 400 万美元。

如果这些 CDO 的价格稳定或者上升，就不会有问题，反之则截然不同。以上述简单的杠杆投资为例：

> 投资银行的杠杆率为 20 倍，其自有资金是 100 万美元。假设资产价格从 2 000 万美元跌到 1 900 万美元，跌幅仅为 5%，但投资银行的本金已丧失殆尽，投资的实际收益率是很不幸的 -100%。不论杠杆率为多少，其原理不变，假如杠杆率为 100 倍（也就是每 1 美元自有资金搭配 99 美元贷款），即便资产价值的跌幅仅为 1%，也会将本金输个精光。

更糟糕的是，债权人总是希望即使在贷款购买的资产价值遭受损失的情况下，杠杆率也保持不变。比如一家对冲基金将自有资金 500 万美元和从投资银行借入的 9 500 万美元一并用于购买价值 1 亿美元的 CDO，假定证券的市值跌至 9 500 万美元，本金早已输光，这倒还不是问题，因为也许不久之后价值就会再次升至 1 亿美元。但投资银行此时会发出追加保证金的要求，以把杠杆率维持在原有水平。这就意味着对冲基金必须再追加 475 万美元的自有资金，也就是 9 500 万美元的 1/20。对冲基金若能筹到这笔钱则相安无事，反之，就只能把这笔证券以 9 500 万美元的价格出售，眼睁睁看着本金付诸东流。

这还不是最惨的，因为追加保证金的情况时有发生，总会有人（对冲基金）因此输得血本无归。这种杠杆所带来的严重问题是：对冲基金想方设法筹钱的风险并不是个别现象。当所有的机构都利用杠杆操作去追逐投机性泡沫，把价格抬升到高不可及时，便会出现对冲基金和其他金融机构在同一时间被要求追加保证金这种情况。在近期发生的金融危机中，投机对象是房地产，不仅包括土地和建筑，还包括从抵押贷款中衍生出来的被外国投资者持有的证券。

当资产价格开始滞胀，接着下跌（由于次级贷款的恶化，导致了CDO的收益流不断下滑），这种效应逐渐传递到整个金融系统。很快，无数的投资者就会目睹他们投资CDO的1 000万美元缩水成950万美元，所有的人被要求追加保证金，需要支付更多的自有资金。也许部分人可以筹集到资金，但绝大多数将被迫以较低的市场价格出售其CDO。当过多的人同时出售，这些CDO很可能不再值950万美元，而是跌到900万美元甚至850万美元了。

一旦出现这种情形，债务人必须出售更多的资产以补交保证金。由于卖家远远超过买家，就出现了甩卖潮。更糟糕的是，出于对债务人偿债能力的担忧，债权人可能提高保证金水平，以降低杠杆率。这无疑是火上浇油，资产出售压力进一步加剧。当然，债务人也可以出售其他资产以补充保证金，如国债、普通股等。可惜，如果当所有人都采取这一措施时，发生在CDO上的悲剧也会在这些资产上重演：在买方市场的情况下，所有资产的价格都会一落千丈。

这样，以房地产泡沫为导火索的危机迅速蔓延到其他市场，次贷市场的问题一夜之间使得人人自危。这听起来很耳熟，不是吗？

Crisis
Economics

04

危机远没有结束

危机的严重程度总是有起有落,常常重击一轮后暂做中场
休息。正如飓风一般先以强势袭来,稍稍减弱片刻后又以
更具毁灭性的力量再次袭来,绝不会因为一家银行的倒闭
或被救援,甚至整个金融部门的崩塌而善罢甘休。

沃尔特·白芝浩堪称 19 世纪英国金融界的伟人。除了多年负责《经济学家》的编写工作，他还曾在 1873 年出版的著名的《朗伯德街》（*Lombard Street*）一书中对金融危机作过深度剖析。白芝浩在该书中描述了当时的大银行，埋怨这些银行"小心掩饰着它们的管理细节，以避免那些细节在被讨论时滋生风险"。他评论说，在经济繁荣时期这种做法不会显现出任何问题，但这层神秘面纱却是让人恐惧的潜在危险。假设任意一家"伦敦的大型合股银行倒闭"，其后果"将会是对整个银行体系的质疑，一旦有一个未知领域出错，其他未知领域将备受怀疑"。由此，他得出结论："这些大银行中任意一家的没落都会大幅削弱其他银行的信用。"

如果 2007 年白芝浩还健在，他将立即觉察到当时金融界混乱的景象似曾相识。花旗集团拥有无懈可击的资质和令人琢磨不透的资产负债表，它与影子金融机构中的结构性投资工具、中介产品及其他多种结构性金融产品之间的秘密交易令其陷入困境；一家大银行麻烦缠身；问题的波及面还远非如此，其他金融机构也被列入怀疑之列，不安和不确定的情绪笼罩着整个金融市场。

接下来发生的事都在白芝浩意料之中：2007 年的第一轮破产浪潮为市场信心的崩溃、信任的蒸发提供了舞台，不仅在影子银行领域如此，传统银行也难逃此劫。很快，作为全球金融体系的支撑，传统银行同业拆借业务也随之瓦解了。2007 年夏末，雷曼兄弟公司也难逃厄运，它的一名市场经济学家曾这样形容："我们的处境就如同在雷区，无人真正知晓地雷的位置。"后果就是整个金融体系陷入瘫痪。

瘫痪是由于人们无法认清哪家银行仅仅是出现流动性问题，哪家银行是真正地无力偿债。由于市场的原因而无法滚动债务是一码事，破产倒闭则完全是另外一码事。在市场恐慌的情况下，人们很难分辨到底是哪种情形，若再没有人出来澄清，市场的恐慌只能进一步加剧。在这种情况下，金融机构大量低价出售其资产，此举将令其迅速从缺乏流动性沦落为无清偿能力。

只有最后贷款人才是唯一可能阻止市场陷入恐慌的救世主，这还得归功于第一个想到这个点子的白芝浩。白芝浩认为，像英格兰银行、美联储这种银行的银行必须挺身而出，救大众于苦难之中。他所称做"现金储备"的持有者必须"无限制地为偿还他人的债务而提供现金储备。只要风险较低，他们就必须为商人、小银行家、以及其他'任何人'提供贷款"，因为毕竟"在人心惶惶之时，一个机构的倒闭会引起大面积的倒闭，预防衍生品失灵的最好办法就是遏制引起第一次失灵的诱因"。另一方面，白芝浩反对盲目救援，认为只有那些具备清偿能力的机构才可以获得贷款。贷款要按惩罚性贴现率付利息，这样，只有最迫切需要救助的机构才会提出贷款需求。用他的话说，就是"对于有好的抵押品的银行，充分放贷并收取高利息"。

2008年，白芝浩对问题的深刻诊断和市场对其处方的深刻误解在社会上造成了戏剧化的效果。恐惧向市场袭来，不确定性蔓延，流动性蒸发，全世界中央银行向大大小小的银行、各式各样的金融机构抛出救生圈。这种大范围的救援行动是出乎白芝浩预料的。与教科书上所描述的金融危机不同，此次危机更壮观、更残酷、较之前所见的任何一次金融危机蔓延得更迅速，是以21世纪的速度蔓延的19世纪的恐慌。

明斯基时刻

2006年春天到来之前，金融体系对杠杆的依赖度高得惊人，它们坚信资产价格会继续上涨，这也注定了它们之后的大范围倒闭。和明斯基预计的一样，融资方式越来越依靠投机性融资和庞氏融资法。始于房地产的狂热逐渐传导至整个金融体系，鼓舞了更多人去冒险，他们对少数持怀疑观点的人所发出的警告置若罔闻。明斯基这样描述这段狂热时期："卡桑德拉式（Cassandra-like）①的警告在这种情况下常被忽略，不起任何改变作用，金融界掉头向下的拐点已经出现。"

这次繁荣亦是如此，2006—2007 年，本书的作者之一鲁比尼与少数几个有先见之明的评论家曾对即将来临的金融崩溃作出警报。但正如明斯基所预料，人们对他们的警告总是充耳不闻。明斯基认为，在泡沫最盛之时唱反调的人"不能在时髦的杂志上发表言论以证明他们观点的正确性"。而当局的权威人士总会"忽略由非常规理论、历史、机构分析报告中得来的观点"。

事实上，在泡沫最大之时，参与者不止对质疑者表示了蔑视，还大肆宣告财富新时代已经来临。也许危机的细节每次都不同，但其表达方式却如出一辙。1929年 10 月 15 日，股价已从最高点下滑，著名经济学家欧文·费雪声称："股价已经进入了永久的滞胀期。"同样，在 2005 年 12 月，名气稍逊费雪一筹的美国房地产经纪人协会发言人大卫·莱赫（David Lereah）预测到了类似的灾难前的繁荣。他明智地宣称："房地产销售正从山峰回落，但仍将在高处回稳，这个平稳高度比之前房地产周期的最高点还要高。"

现在看来，这样的说法很少见。金融危机的前兆并非惊心动魄的变化和离奇的事情，只是些滞胀、偏离运动和些许让人不安的征兆而已。这些迹象在 2006 年春天开始出现，房地产开始稳定，房价在经历了 10 年翻一番的上涨后也开始滞胀。原因其实很简单：新房的供给开始超过需求；利息的上升让可变利率抵押贷款变得更加昂贵，价格开始停滞不前。

同时，就像历次金融危机一样，"煤矿里的金丝雀"②预言了事态的严重。2005 年与 2006 年发放的次级贷款逾期支付率达到了罕见的高点。超低诱惑利

---

① 在希腊神话里，特洛伊城有一位公主，名叫卡桑德拉。她有着出色的预言能力，但是她曾经遭受诅咒，诅咒使她的准确预言没有人相信，反而得到嘲笑和讥讽。——译者注
② 金丝雀对有毒气体更加敏感，因此通常被工人视为煤矿危险信号的先知者。——译者注

率（teaser rates）、选择性浮动利率贷款（option ARMs）和负摊销（negative amortization）是这些抵押贷款的共同特征，都是低利率再融资。选择再融资只有在房屋价格不断上涨的情况下才适用，对那些零首付零资产的抵押贷款来说更是如此。结果，违约和拖欠应运而生，使抵押贷款方面出现了裂缝。

但这还不足以导致大面积的银行危机爆发。自 2006 年年底开始，影子银行体系成为慢动作挤兑的焦点，就连乔治·贝利自己也意识到了这点。成百上千的不受监管的非银行抵押贷款债权人位于次级贷款发起人的第一线，依赖的是大银行的短期融资。一旦次级贷加速违约，大银行就拒绝对这些债权人继续放贷。这些非银行债权人又用不上最后贷款人的力量，其下场只能是倒闭，他们成为 21 世纪银行挤兑的受害者。

第一个倒闭的贷款公司有个滑稽的名字叫万德金融（Merit Financial）。据称，该公司的信贷员只需 15 分钟培训，便可以开始发放无单据贷款、骗子贷款和无收入无工作的忍者贷款。但这并非万德金融独创的做法，其他的非银行贷款人可能看似很专业，但其放贷行为仍有待考证。截至 2006 年年底，10 家金融机构破产，证券化抵押贷款开始放缓。2007 年 3 月底之前，破产的非银行贷款公司已猛增至 50 多家。4 月 2 日，美国第二大的次级贷款公司，新世纪金融（New Century Financial）在资金链断裂后破产。与此同时，成千上万的小额抵押贷款经纪公司相继倒闭，倒闭前它们一直依靠发放抵押贷款谋生。

多数市场评论员认为问题仅存在于金融体系中的一小部分机构。这种想法经常出现在金融危机酝酿之时，人们总认为问题仅限于一些鲁莽的抵押贷款公司和它们发放的贷款。美联储主席本·伯南克在 2007 年 5 月也陷入了同样的误区。尽管他承认次级债市场存在许多问题，但是他认为这些问题只是个体病症，而非大疫病的开端。

伦敦的麦盖提集团有限公司（Markit Group）引进了次级抵押贷款指数（ABX Index），通过度量转移次贷证券违约风险的一揽子信贷违约掉期的价格，评价次级贷款证券的市场压力。公司的一名发言人称，此举的目标是提高"可见性和透明性"。通过次级抵押贷款指数，人们可以度量购买预防抵押贷款债券和担保债务凭证从 BBB 评级升至 AAA 评级的违约保险——也就是信用违约掉期产品的代价。2007 年，次级抵押贷款指数开始出现自由落体式下滑，最差的债券价格下跌近 80%。到 2007 年 7 月底，即使是最安全的 AAA 债券也下跌了 10%。

次级抵押贷款指数的下跌说明市场出现了重大变故。更糟糕的是，次级抵押贷款指数令影子银行开始审视自己的资产，重新对其持有的证券价值作出计算。原本能保持票面价格的债务担保贷款损失惨重，使得金融机构的资产负债比微乎其微。看着手中的存款越来越少，传统银行和影子银行不约而同地开始囤积现金，拒绝发放让人无法信任的抵押贷款。

对风险突如其来的厌恶感，对一直决定其收益的杠杆金字塔突然萌发的拆除之念，是金融危机的关键转折点。以前，这叫作"怀疑"或"反感"，现在有了一个更贴切的名字，即"明斯基时刻"。2007 年春末，这一时刻终于降临了。

决　堤

也许对冲基金的形式和银行相去甚远，但二者的运作模式却如出一辙，都是从个人或机构投资者那里获得短期投资，从投资银行获取短期回购协议。与传统银行类似，对冲基金将这些短期借款进行长期投资。例如，贝尔斯登旗下的两家对冲基金就曾将数十亿美元的短期贷款投入流动性非常差的次级担保债务凭证中。

2007 年，这两家基金的破产预示着数百家对冲基金公司的最终下场，和整个影子银行体系的宿命。与影子银行体系中的其他成员一样，这两家对冲基金不受政府监管，而且杠杆率极高。风险最高的公司的负债权益比甚至达到了 20∶1。当次级抵押贷款指数显示市场开始相信次级担保债务凭证将损失大部分甚至全部价值时，这两家对冲基金公司便应声而倒。

此时，向这两家基金贷出数十亿美元的银行要求追加保证金，并威胁将它们作为抵押物进行融资的 AAA 级担保债务凭证出售。至今，任何担保债务凭证和其他形式的结构性融资工具还未曾遭到出售，可见此举是致命性的一步。次级抵押贷款指数只是各种价格的代表，并非市场现价的反映。对冲基金经理深知这些证券将永远不可能恢复到原价，如果再将它们放到业已恐慌的市场中出售，无疑是在向市场昭示整个担保债务凭证公司就像是童话故事中那个没穿衣服的皇帝。于是，贝尔斯登改为向基金注资。此举无异于飞蛾扑火，还未到 2007 年夏，其中一家基金已将投资者 90% 的资金亏空，另一家杠杆率更高的基金连权益也输得精光。两家基金于 7 月底申请破产，此外，瑞士联合银行集团（UBS）旗下的一家对冲基金公司也因此而倒闭。

这些早期破产昭示着对冲基金如何成为类似银行挤兑现象的受害者。机构贷款人会突然拒绝为回购贷款展期，让它们处在高位时资金枯竭。同时还存在着另一种情况，如同贝利兄弟住房贷款银行这样的传统银行的存款人要求取回他们的钱一样，富有的个人权益投资者会索回其资金。不论哪种情况，其结局都是相同的：对冲基金的短期融资蒸发，迫使它们关门大吉。

上述 3 家对冲基金的倒闭与金融危机的经典描述相吻合。在很多危机中都出现过这样的情况，一些原本备受瞩目的公司倒闭后，会出现一段不安和不确定期，人们开始怀疑，这些原先状况良好的机构的倒闭是否只是大崩溃的开始。大崩溃往往随之而来，这次也不例外：在贝尔斯登和瑞银基金垮台后的两年内，500 多家对冲基金销声匿迹，它们都是慢动作银行挤兑的牺牲品。原因很简单，对冲基金的贷款人不知道，也无法知道对冲基金公司中的有毒资产占了多大比例。面对高度的不确定性，他们切断了基金公司的信贷链。

伴随着 2007 年春夏恐慌的扩散，寻找有毒资产的步伐加快了。投资者想竭力找出还有哪些公司也陷入了次贷泥沼。很快，投资银行和经纪商在证券化冲动中创造出来的表外业务载体 (off-balance-sheet vehicles) 也成了怀疑对象。表外业务载体有两种：管道公司和结构性投资公司，二者都在证券化风潮中扮演着重要角色。前者是证券化进程启动时的候宰栏，后者是结束时的垃圾场，两者的总资产在这个过程中上涨至 8 000 亿美元。

它们的运作方式是这样的：投资银行将抵押贷款和其他资产进行组合，并欲为其寻找一个收容所。倘若将其放在资产负债表中，则会迫使银行与资产价值相关的存款额上升。于是银行将它们移入管道公司这种只有普通银行 1/10 规模的影子法人实体中，等待被转换成抵押贷款证券、担保债务凭证及其他证券。管道公司依靠来自货币市场基金、养老金、公司财政司库的融资维持生计。后三者通过资产支持商业本票（ABCP）为管道公司提供短期贷款。

关键是，贷款是短期的，而次级贷款和其他形式的贷款类资产又都是非流动的长期工具。同样的事情也发生在证券化组装线的另一头。一旦投资银行创造出某种证券，就难免遇到发展瓶颈，也就是说它们没法立即将所有新组装出来的产品一股脑塞入容易上当的投资者的口袋中。与其让资产停留在资产负债表上，招致资本金要求，倒不如创立结构性投资公司，通过这个工具，用来自于资产支持商业本票市场的资金来购买证券。这就有点像汽车制造企业创建空壳公司，去收购交易商卖不掉的车一样。

花旗集团名下的 7 家独立的结构性投资公司资产高达 1 000 亿美元，也是最先开始摇摇欲坠的公司。正如一家对冲基金出现问题会引起人们对所有对冲基金公司的恐慌性审视一样，一家结构性投资公司的困境会导致谨慎投资者急于逃生。在 4 周内，投资者从资产支持商业本票市场中抽回 2 000 亿美元资金，结构性投资公司和管道公司不得不用更高的代价从这个市场借入资金。更糟糕的是，一些结构性投资公司和管道公司的贷款人坚决拒绝出借任何资金，使得这些公司无法继续存活。

情况失控后，结构性投资公司和管道公司的股东银行发现自己处境微妙。原先为了吸引投资者，这些投资银行允诺在出现危机之时动用银行自有资金，并保证支付利息和投资工具的价格。此举让银行陷入了损失的泥潭。在一番痛苦挣扎后，银行被迫将结构性投资公司的风险敞口移回自己的资产负债表中，并为此付出了沉重的代价。

2007 年 8 月开始，更严重的事情发生了，全面爆发的流动性危机和信贷紧缩震惊了金融市场，并在雷曼兄弟倒闭时达到顶峰。全球金融体系被推到了坍塌的边缘。那时，影子银行体系的残余也随之消亡，就连传统银行体系也受到攻击，危机就此开始。

对未知的恐惧

在 1921 年出版的《风险、不确定性与利润》（*Risk, Uncertainty, and Profit*）一书中，开明的经济学家弗兰克·奈特（Frank H. Knight）区分了风险和不确定性两个概念，由此声名大噪。他认为，风险可以由金融市场进行定价，因为风险取决于投资者为某个已知概率分布事件所设定的概率；而不确定性却无法定价，因为它和无法预知、度量或设计的事件、条件及可能性相关。

就像两个玩俄罗斯轮盘的亡命之徒，他们手中拿着一只可以装 6 发子弹的标准左轮手枪，在弹膛中装上一发子弹后旋转弹膛。这样，第一个扣动板机的人有 1/6 的可能性脑浆四溢。玩游戏的人可能是亡命的傻子，但他们深谙其中的机会，这就是风险。假设由其他人为这两个人准备了一把神秘手枪。这把枪可能只有一发子弹，也可能有六发子弹，或者一发子弹都没有，也许这是一把假枪，也许这把枪只能放空炮，玩家什么都不知道，这就是不确定性。因为他们不知道该如何评估风险，丧生的可能性无法估量。

理解风险和不确定性之间的差异有助于对 2007 年夏末之后的金融市场作出诠释。在危机侵袭之前，各种证券的评级可以代表其风险，有的高有的低，至少看似可以将风险量化。然而，房地产市场崩溃后，不确定性笼罩在这些证券上，金融体系变得让人琢磨不透，愈加不可预知。坏事已经发生，但与即将爆发的事相比就如同小巫见大巫。《金融时报》的一名记者在 2007 年 8 月的广播访谈中这样形容："让人恐惧的不是堆在表面上的尸体，而是尸体下面随时可能跳出来吓人的僵尸。谁也不知道僵尸究竟藏在哪里。"

2007 年夏末，大范围的金融机构，包括各种对冲基金、银行、管道公司、结构性投资公司等等都被指定要对其资产负债表进行"验尸"，并将一系列令人眩目的有毒资产进行曝光。其他有毒资产被掩埋在哪儿？没有人知道答案，不确定性逐渐泛滥。次级抵押贷款的预计损失在 500 亿美元到 5 000 亿美元不等，甚至更多。

这种发展趋势与标准期望值或风险度量大相径庭。当年夏末，高盛旗下的两家对冲基金损失了超过 1/3 的价值，公司为了安抚投资者，声称亏损只是"偏离均值

25 倍标准差事件"。这种说法只是对这个百年一遇大灾难的统计学速记。事实上，用来评估风险的模型有误，他们竟用荒谬的臆断加近几年的数据，就得出房地产价格会继续上涨的结论！

对历史更深刻的分析可能会让市场观察家对即将发生的状况有所准备。不确定性蔓延，疑心四起，长期债券的信用崩溃。白芝浩认为现在的情景和 1873 年时的十分类似，"每天，随着恐慌的增长，受影响的民众越来越多，最终对他们造成了比先前更加致命的打击"。如此一来，货币市场，也就是银行间融通资金的市场开始运转不畅。

2007 年，危机在更广阔的国际金融机构网络间突然爆发了，这场危机不仅覆盖了伦敦，还波及了纽约、东京以及其他金融中心。银行及其他金融机构通过银行间市场将多余资金相互借贷。虽然这种借贷只是发生在网络内部，但由于伦敦在金融史上恒久不变的地位，借贷利率中最重要的就是 LIBOR。

通常情况下，隔夜 LIBOR 只比全球中央银行设定的隔夜政府指导利率高几个基点。原因很简单，银行间借贷中可预见的风险只比中央银行的无风险贷款稍高一点。同理，更长期限的银行间贷款，比如三月期伦敦同业拆借利率协议也和三月期国库券这种超级安全投资品的利率偏离很小。

在 2007 年八九月间，市场担忧渐增，次贷危机全面爆发，违约激增，金融机构纷纷倒闭。评级机构对抵押贷款人和一系列结构性产品的降级处理致使证券化通道堵塞。与此同时，次级抵押贷款指数揭示了市场对各种担保债务凭证的价值失去信心，商业票据市场的崩溃继续加速。其他凶兆也陆续出现：股市剧烈震荡，靠复杂的数学赚钱的对冲基金也因此损失惨重。次级贷款人倒闭者前仆后继，就连巨鳄美国房地产投资信托公司也难逃一劫。信贷息差猛增，法国巴黎银行（BNP Paribas）所预见的货币市场挤兑更证明了事情正变得异常糟糕。投资者借入低息货币，将其投资到高息资产上的这种"息差交易"也出现了裂痕。此次危机不再是单独的一个问题，而正在向更大更危险的领域扩散。

结果，银行间市场于 8 月份开始收紧，LIBOR 与欧洲中央银行的指导利率间的差额由 10 个基点升至约 70 个基点。这种异常象征着隔夜货币市场的流动性全面枯竭，之前还对其业务信心满满的银行如今则疑心重重地跟踪其他行的资产负债表，唯恐在什么地方还掩埋有不计其数的"尸首"。除非愿意以高利贷借入资金，美国和欧洲各家银行都很难借入现金。

中央银行不负众望开始施救，至少是开始尝试施救。8 月 9 日，欧洲中央银行向大约 50 家银行发放 948 亿欧元的贷款，并于第二天发放了另一笔 610 亿欧元贷款。美联储也加入了这支消防大军之中，在两天内发放了 600 亿美元贷款。尽管这次输血在崩盘前期缩小了 LIBOR 与指导利率之间的差距，但这一差距随着 11~12 月份银行损失加大、股价急挫、恐慌加剧而再次扩大。美联储为此又将指导利率下调了 100 个基点，但最后还是无果而终。美联储也允许银行通过再贴现窗口借钱，但如此一来，这些向美联储乞求现款的银行将被打上疲软、行将就木的烙印。

这一连串事件的发生使人们越来越笃信事情会越来越糟糕，这既不是谣传也不是无端揣测。次级抵押贷款指数显示，担保债务凭证的价值持续创新低，即使 AAA 超优先级别部分也在不断掉价。评级机构为弥补其在繁荣时期的过失，对一些证券作出了降级处理，这对证券化市场来说无疑是雪上加霜。原先作为结构性金融产品原料的抵押贷款和其他形式的贷款，如今已堆积成山、一文不值。

到 2007 年年底，严重的不确定性弥漫市场。哪家银行的资产负债表外还埋有未发现的尸骸？哪家对冲基金还在盲目投资？还有哪家金融机构也投资了次级担保债务凭证？这些都无从得知。金融体系异常晦涩难懂，像信贷违约掉期之类的活动都不在受到监管的交易所里交易。于是，这越来越像一个巨大的地雷阵，只有部分地雷已爆炸，大部分地雷还未被触动，等待着突然爆发的一天。

流动性缺乏与清偿力不足

2007 年夏末，英格兰银行对英国各家银行抛出了救生索。英格兰银行主席默文·金（Mervyn King）对清偿力不足而请求救援的银行发表了激烈言辞："我们决不会保护那些作出不明智贷款决定的人。"

此话的潜台词很明显，如果中央银行打算扮演最后贷款人的角色，也只能对那些确实值得帮助的人施救。沃尔特·白芝浩肯定会对此表示十二分的赞同，因为他曾提议："向差的银行提供救助必将给未来建立好的银行带来巨大阻力。"

然而，难就难在如何区分哪些银行仅仅是流动性不足（"好"银行），哪些银行是清偿力不足（"差"银行）。或者说，挑战在于如何区分哪些银行的资产多过负债（即使这些资产无法立即变现），哪些银行的负债多过资产（负债抵消了银行的资本并令其陷入清偿力泥沼）。

问题的症结在于恐慌之中若想明察秋毫实非易事，因为任何金融机构都可以根据其资产价值的变化在这两种状态中不断转变。在2008年这场危机中，价值问题尤为复杂。以银行及其他金融机构持有的担保债务凭证为例，在危机始发的几个月内，次级抵押贷款指数显示其价值不断下跌。但这并非真实的市场价值，而只是对未来违约代价的反映。之前，银行还振振有词地说这些预计的损失只是理论说法：抵押贷款的实际违约率并未达到指数所显示的水平。

这种观点认为，市场暴跌是非理性心理驱动的。银行将损失归罪于市场心理，如次级抵押贷款指数所揭示的下跌，甚至是股市上资产价格的真正下跌等，是源于市场的非理性恐慌。他们认为，一旦投资者重归理性，价格便将回归正常水平。市场将重获流动性，清偿力不足的威胁将消退。至少从理论上讲是这样的。

这种想法很天真。危机的爆发远不止是流动性缺乏所引起的，清偿力不足也贡献了不少力量。当意外发生之时，危机的来龙去脉便一目了然了：抵押贷款违约率开始攀升，这些资产带来的现金流也随之枯竭；对"安全"的超优先AAA证券的假定损失成真，其资产的价值下挫；抵押贷款证券、贷款担保债券、公司债券、市政公债的价格也应声滑落。

就连银行的传统资产，比如普通住房贷款、商业贷款、信用卡资产组合、汽车贷款、学生贷款及其他形式的消费信贷也大量流失。银行曾经发放的帮助公司杠杆收购融资的工商业贷款，尤其在2007年年底美国陷入经济衰退后，所有这些贷款都开始变质。

这种发展态势突显银行的健康状况一直处于"过山车式"的不稳定状态。如果基础资产价格继续下跌，现状良好的银行将发现其地位不稳，处于清偿力不足的边缘。当然，倘若遭受存款人挤兑，它们也将倒闭。缺乏存款保险也成为影子银行的弱点，在世人的眼中，传统银行则不存在这个问题。

然而，继影子银行体系遭遇挤兑之后，传统银行也自1930年来首次成为银行挤兑的目标。美国全国银行（Countrywide Bank）是全美最大的抵押贷款人美国全国金融公司（Countrywide Financial）的储蓄机构，安吉罗·莫兹罗（Angelo Mozilo）是该银行的创始人。美国全国银行一直处于次贷危机的震中。随着情况不断恶化，公众对该公司的疑心渐增，最终按捺不住冲向其银行分支机构。2007年8月，储蓄者涌向全国银行的各个网点，嚷嚷着要取回他们的钱。这种现象是几十年不遇的。一名在银行门口排队取钱的退休员工用恐慌的语调对记者说："我已经一把年纪了，不敢再冒风险了。一旦风暴过去，我会考虑把钱再存进来。"

这样的话在白芝浩所处的大恐慌时期并不稀奇，但在21世纪听到这样的话实属反常。更反常的是，银行挤兑竟扩展到全世界。英国北岩银行（Northern Rock）是一家颇具规模的抵押贷款银行，同时还从事银行业务，它在美国全国银行受灾后的一个月陷入同样境地。和美国全国银行一样，北岩银行大部分资金来源并非普通存款，9月中旬在全球媒体的聚光灯下，北岩银行也没能阻挡住存款人在其门口排队取钱的风潮。英格兰银行对挤兑进行了干预，向其提供了流动性援助，仍不起作用。一名储户这样说道："我不认为银行会倒闭，但是我们可没胆量去下这个赌注。我要把钱取出来放在自己口袋里。"

随着挤兑的蔓延，人们甚至开始担心备受监管、购买了存款保险的银行也会遭到挤兑，由此从流动性不足堕落为清偿力不足。银行挤兑也许看上去是非理性行为，但储户确实有理由担心。和美国全国银行一样，北岩银行的存款保险也存在上限，前者的存款保险只有10万美元，而后者只有3万欧元。许多储户的总存款超过了这个上限，不论银行是否有最后贷款人的资助，一旦银行缺乏清偿力，储户将痛失所有存款。事实上，2007年，40%的美国普通储户未参加保险。也就是说，银行挤兑是相当理性的行为。

美国全国银行和北岩银行的例子证明了只向"好"银行而不向"坏"银行提供援助的难度。即使银行还未完全丧失清偿力,至少也在向这个方向发展。按照一般标准,它们本不应得到流动性补偿或额外的存款保险,但灾难时期,理论真理总是难以付诸实践,当储户涌向银行时,金融体系就此瓦解。英格兰银行掌门人默文·金发现自己正处于尴尬境地。在发表了让差银行倒闭言论后的一个月,他推翻了自己的理论,答应保证所有北岩存款的安全,并向遭围攻的银行抛出额外的流动性救援。这一全面的存款的保证很快便拓展到英国的所有银行机构。大多数其他国家最终也依葫芦画瓢,至少也提高了存款保险的上限。

这些干预仅仅是个开始,2007年和2008年冬天的短时期内,有人声称危机已经结束,市场已经平息。可是学习危机经济学的人知道,这只是个错觉。危机往往在整装待发之前稍稍偃旗息鼓,一段时期的平静反而预示着更深层次的恐惧和骚乱。

风暴中心

1930年5月,赫伯特·胡佛总统信心百倍地宣布:"我们已经渡过了史上最严重的经济危机,它带给人们的是暂时的困难和苦难……我深信,我们已经渡过了最艰难的时刻,在共同努力下,我们将很快恢复元气。我们还未看到重要的银行或产业由此一蹶不振。危险也已被我们甩在身后。"78年后5月份的另一天,财政部长亨利·保尔森自信地说:"最糟糕的事似乎已经远离我们。"一星期后,他又补充道:"我们已接近市场混乱的尾声,而不是开始。"

胡佛和保尔森犯下的都是处于金融风暴之中的人常犯的典型错误,即错把风暴中心当作危机尽头,他们在溃堤之前作出这样的评论表明他们并非智者。每次危机总有乐观者在危机之中宣称危机已经结束。有趣的是,这种乐观并非虚情假意,也不是要抱怨市场,而是反映了对风暴已经过去的真实信念。

很不幸，金融危机的严重程度总是有起有落，常常在重击一轮后暂做中场休息，正如飓风一般先以强势袭来，稍稍减弱片刻后又以更具毁灭性的力量再次袭来，决不会因为一家银行的倒闭，甚至整个金融部门的崩塌而善罢甘休。

许多危机都以此为模板，例如 1847 年英国金融危机分别于当年的 4 月和 10 月爆发两次；1873 年的危机更为错综复杂，4 月份在维也纳时隐时现，9 月份到美国报复性发作，11 月份又将欧洲夷为平地。大萧条是最为匪夷所思的一次危机，它在华尔街爆发后，银行大范围出现了间歇性地挤兑，全球各金融中心在 3 年内不同时间恐慌性爆发。

2007—2008 年的那个冬天，市场出现了风平浪静的假象。在秋冬之交，资产贬值和亏损削减了金融机构的资本，使之创出了危险性新低。众多银行调整了运作模式，削减贷款、提高贷款准入门槛、限制风险资产敞口。但这并没有阻止资产价格的下滑和债务额的上升。美欧监管者建议银行筹集更多资本以保全其资产负债表。

鉴于整个金融体系都处于水深火热之中，银行系统内几乎没有任何回旋余地。解决之道就是向中东和亚洲主权国家的财富基金、外国政府的投资工具俯首称臣。让沙特阿拉伯和中国投资者控制美欧银行的前景在政治上是不可行的，因此受困银行只能通过优先股的方式调整资本结构。此举的现实意义就是主权国家的财富基金股份只占少数，在董事会无席位和投票权。

花旗集团从阿布扎比的一家基金公司融资 75 亿美元，瑞士联合银行集团从新加坡基金公司和中东私人投资者处融资 110 亿美元。新加坡基金向美林注资 50 亿美元，而中国又向摩根士丹利注资 50 亿美元。美国私有资产公司向华盛顿互惠银行（Washington Mutual）、美联银行（Wachovia）分别注资 30 亿美元和将近 70 亿美元。

这些注资行为更助长了事态趋于稳定的错觉，就连美联储的行动也体现出这种乐观心态。当年 12 月，美联储联合其他中央银行开始向银行提供长期贷款。欧洲中央银行联合英格兰银行共同开发的定期拍卖工具（Term Auction Facility，TAF）主要通过向银行提供长期贷款的方式，解决银行间借贷市场的运营不畅的问题。在其创立之初，一个月、三个月、半年期银行间贷款无人问津，LIBOR 和指导利率之间的差距激升至前所未有的高度。

起初，定期拍卖工具在减轻银行间市场压力方面颇具成效，其压力度量值——LIBOR 与隔夜指数掉期利率之间的息差（LIBOR-OIS spread）由 110 个基点回落至 50 个基点，为经济体留出了一些喘息的空间，人们据此对最黑暗的时刻已经过去的论断深信不疑。"我对经济持乐观态度，"美国总统乔治·W. 布什于 2008 年 1 月 8 日对记者如是说，"我喜欢经济基本面的现状，它们看起来很强劲。"他也承认乌云尚未消散，但仍旧乐观："我们能渡过这段时期，各公司斗志昂扬。"

事实上，美国经济已于 12 月正式陷入衰退，整个金融体系都在崩溃的边缘，危机正要向最危险和最戏剧化的阶段迈进。如同胡佛总统在 1930 年春如释重负地宣布没有"大规模"破产一样，布什对事态已经平息的判断更有自鸣得意之嫌。但是，经济大堤即将溃决。

美联储的干预

与当前危机类似，1825 年发生的恐慌是投机泡沫严重扭曲的结果。当年秋天，一家银行的倒闭最终引起了所有银行的大规模挤兑。起初，英格兰银行对此无动于衷，拒绝对市场进行干预。而当危机发展至失控的地步，要求政府进行干预的压力递增。1825 年 12 月，英格兰银行转变政策，开始新一轮、新形式的贷款。中央银行俨然成为金融体系每个成员的最后贷款人。白芝浩回忆说，其结果是戏剧化的，"这样治疗一两天后，所有恐慌都消退了，'城市'异常平静"。

"中央银行被迫采取极端、前所未见的手段遏制恐慌"，这种场面将会在未来几十年无数次上演，2008 年也不例外。然而，在这次的危机中，联邦政府及其他中央银行不能也没有立即采取行动将危机控制住。其中一个原因就是此次危机已超越了中央银行的权限所及，崩溃的深度和广度令政府调控工具失效。更可怕的是，许多机构深陷危机无法自拔，中央银行在前几次危机中运用自如的施救法，对投资银行和其他影子银行体系成员却不适用。正如两百年前的前辈一样，危机中的中央银行必须临场发挥。

2008 年春，要求中央银行出手的压力迅速升级。此时，证券化通道几乎已经全被封死，不仅普通抵押贷款如此，就连信用卡贷款、汽车贷款、其他消费信贷产品也是如此。公司贷款和杠杆贷款转变为贷款担保债券的证券化通道被冻结，成了需求陡降和风险厌恶渐增的牺牲品。信贷市场停滞不前，银行和投资银行发现自己债务缠身，既无法将资产证券化又无法出售资产。它们借给私募股权基金进行杠杆收购的 3 000 亿美元短期融资过渡性贷款已一去不复返。准备将这些贷款出手的银行和经纪商很快便意识到，几个月前还可以按票面价值出售的资产若想在如今这种极度缺乏流动性的市场出售，必须大打折扣。

这种情况出现在多种资产贬值的背景下。股票市场继续维持熊市，由于各种结构性金融工具被降级后价值下跌，银行继续宣布资产贬值和亏损。即使是 AAA 评级的担保债务凭证也被迫降级，其价格应声下跌 10% 或更多。尽管一些银行和经纪商可以运用会计手段掩饰其日益扩大的损失，像担保债务凭证之类的结构性金融产品必须按照现行的市场价格定价。

不论是传统资产还是创新型资产，其贬值的最终结果就是，银行必须声明其资产组合的账面贬值。至 2008 年 3 月，全世界银行声明的资产账面减值已超过 2 600 亿美元。仅花旗集团一家就减值 400 亿美元，其他大银行的减值数字也不相上下。也许目前这些公开亏损额的公司还未进入清偿力不足的队伍，但它们的日子也不多了。美国国际集团和美联银行这两家金融机构的问题将在接下来的几个月里占据头版头条，两者的资产账面减值分别达到了 300 亿美元和 470 亿美元。

普通商业银行也同病相怜，但投资银行首当其冲。一些隶属于商业银行的投资银行，如花旗集团、摩根大通集团、美洲银行下属的投资银行可以依赖其母公司。而独立的雷曼兄弟、美林、摩根士丹利、高盛、贝尔斯登等公司必须单打独斗。和其他银行一样，它们短借长贷，却得不到最后贷款人的资助，一旦出现问题，其存款人无法依靠存款保险。更糟糕的是，由于缺少监管，它们的杠杆率更高一筹，其短期融资更依赖短期回购协议市场。

没有一家独立经纪商能撑到年底。2008年3月，贝尔斯登成为第一家倒闭的公司。贝尔斯登做的是组装担保债务凭证的买卖，是行业中的佼佼者，其账簿上存在大量有毒证券。2007年秋冬，它的亏损额达到最高水平，担保债务凭证的价格，尤其是AAA部分的价格逐渐被侵蚀。市场信息逐渐明朗，贝尔斯登问题不轻，就像从美国全国银行、北岩银行和其他银行取款的存款人一样，向贝尔斯登借钱的对冲基金，以及贷款给病入膏肓投资银行的公司都在争相抽回资金。3月13日，困境中的银行宣称其流动资产的88%已不复存在，这也是贷款人拒绝短期融资以新还旧的结果。贝尔斯登彻底陷入困境，在那个周末做了最后的挣扎之后，这家充满传奇的公司终于以被摩根大通收购而告终。美联储对此大举干预，推动出售进程，并答应为贝尔斯登先前的有毒资产可能造成的损失埋单。

美联储的行动并非单纯的救援，贷款人和合作伙伴都安然无恙，而贝尔斯登的股东却被大换血。美联储的行动是标准的中央银行行为，表面上好像遵循了白芝浩的建议，拯救那些其倒闭可能威胁到有清偿力银行的银行。贝尔斯登事件中，这种干预似乎是必要的，毕竟，这家公司曾出售了大量的信贷违约掉期以换取其他银行和投资者的各种风险资产。因此，其破产将会令大量保险合同失效，进而引发全球金融体系的"次生危机"。

然而，美联储所做的不仅仅是干预。正如1825年英格兰银行运用了掉期手段一样，美联储还开始用安全的短期流动国库券与一直压在投资银行资产负债表上的沉重的非流动资产做交换。这一贷款手段有助于银行控制恐慌造成的非流动性陷阱，对此我们将在第6章做进一步讨论。紧接着，美联储还打造出另一贷款工具，以此为高盛、摩根士丹利之类的投资银行提供最后贷款人支持。此举堪称几十年来的创举，政府第一次选择为影子银行体系的主要成员提供帮助。

这两种新型借贷工具降低了经纪商遭遇挤兑的风险，但并未彻底消除。存款保险是抵御银行挤兑最强有力的保障，但经纪商无法为新开户者的存款投保。而且美联储为其提供的最后贷款人支持也有限制条件。倘若经纪商真到了无法偿债的一步，美联储有理由拒绝援救，或者说中央银行会执行谨慎的命令操作，这就为今后更大面积的倒闭埋下了伏笔。

与此同时，对贝尔斯登的援助表明美联储若发现金融机构的倒闭将导致全球范围内的恐慌，它将不愿再坐以待毙。贝尔斯登是最小的独立经纪商，市场认为，如果可以阻止危机进一步蔓延的话，美联储必定出面拯救一个更具影响力的受害者。默许贝尔斯登倒闭将承担整个金融体系崩溃的风险。

两种观点都情有可原，而且结果证明这两种观点都正确。接下来几个月内发生的事，在美联储是否遏制了道德风险问题上传递出相反的信息。

中心地位不保

只要金融危机的报道被大公司倒闭的信息所充斥，人们就有通过一家公司倒闭的棱镜折射出整个危机的冲动，仿佛危机的前因后果能浓缩为一个特殊的反光点。在最近发生的危机中，雷曼兄弟的倒闭便发挥了折射作用，多数市场观察家确信：雷曼的破产是美国金融危机演变为全球金融危机的导火索。

这种说法也是情有可原的，一家公司的倒闭确实可以将错综复杂的事件链进行简化。可惜，这种想法极具误导性。雷曼兄弟的倒闭并非危机的祸根，而是其公司问题严重的结果。毕竟，在 2008 年 9 月 15 日雷曼兄弟宣布破产申请的 10 个月前，美国已经陷入了严重的衰退，其他工业国也在衰退边缘徘徊。房地产泡沫已经存在了两个年头，高油价导致了全球股市剧烈震荡。约 200 家非银行抵押贷款公司关门大吉，证券化由降温到停滞，结构性投资公司和管道公司解散。传统银行也麻烦缠身，其资产负债表于 2008 年继续恶化，新的账面贬值如影随形。虽然 2008 年冬有转好的迹象，银行间同业拆借市场在 2009 年春夏却再次趋紧。

负责收拾残局的金融机构，如 Ambac 债券保险公司和 ACA 金融担保公司之类的小型保险公司专门从事债券还款保险，也叫作单一险种保险公司。这些公司与保险业务种类繁多的美国国际集团类似，在雷曼兄弟破产前就已深陷危机。通过信贷违约掉期，债券保险公司对几十亿美元的担保债务凭证部分投了保，有效地将自身的 AAA 级债券转换为一系列结构性金融工具。随着亏损面的扩大，保险公司的赔付压力逐渐增大。可惜由于超杠杆举债，这些公司资金紧缺。2007年秋，对此早已心知肚明的评级机构开始对这些单一险种保险公司进行降级处理。

突然的降级剥夺了 Ambac 债券保险公司和美国国际集团为证券评 AAA 等级的权限。对 Ambac 债券保险这样的小公司来说，不仅担保债务凭证，就连其核心业务，市政公债的评级权也被剥夺。2008年春，困扰单一险种保险公司的问题令原先波澜不惊的市政公债市场陷入一片混乱。出于对不可预见的亏损的担忧，许多原先在公债市场唱主角的投资银行最终放弃了这个领域。市政公债的拍卖价直降，恐慌弥漫于整个公债市场。市政府常用的更为复杂的短期融资工具，如标售利率证券和招标期权债券也一蹶不振。数月内，依然有清偿力的州和地方政府亲眼见证了借贷风潮的惨痛教训。

危机始于流动性不足，但如今，清偿力不足也在隐现。原先市政府在资产价格高涨时期获利颇丰，而违约和取消赎回率的大幅上升却导致市政府税收骤降。2008年夏，已在加利福尼亚州凸显的问题预示了其他州和市政府的命运。问题很现实，绝非投资者心理在作祟。

就连房利美和房地美也开始摇摇欲坠。这些联邦政府资助的公司凭借着美国财政部的支持，以40倍的杠杆率大肆举债。它们用看似零风险的贷款购买风险抵押贷款和资产担保证券。2008年之前，这两家公司一直大幅亏损，资本受到快速侵蚀。损失来源于两方面，对于新成立的公司，它们将抵押贷款保险的收入购买抵押贷款证券，造成得不偿失的后果。在此次大萧条以来最严重的房地产危机中，即使是安全的"优级"贷款人也开始频频违约，其违约率甚至超乎房地美和房利美的想象。保险金再也无法弥补亏损，不得不在两家机构的资产负债表中浮现。

更可怕的是，它们的投资组合满是次级抵押贷款和次级证券。当年夏天，这两家公司的投资损失惨重，其所剩资本微乎其微，投资者开始害怕了。市场担心这两家公司无法弥补其担保的证券的亏损。更糟糕的是，如今购买了这两家房地产巨头债券的投资者，开始公开讨论违约的可能性。美国政府暗中支持其债券的市场猜想至今也未得到证实。

道德风险的问题再次被提上议事日程。没有政府的接管，房利美和房地美的倒闭显然将让金融市场和抵押债券市场陷入史无前例的恐慌，更别提那些购买其债券的外国投资者了。风险几乎无孔不入，不仅仅是次级贷款市场，美国的国家信用也遭遇严峻挑战。任由这两家公司破产向市场传递讯息的影响无法估量，也没人敢冒如此大的风险。

结果，政府于9月份接管这两家公司。接管条款保障了购买房利美和房地美债券的投资者，但其普通股和优先股股东的投资却血本无归。包括数十家地区性银行的众多优先股股东亲眼目睹其"零风险"投资化为乌有。这些损失令金融体系的崩溃雪上加霜。

雷曼兄弟破产前不久，损失已经相当惨重。雷曼兄弟及其他投资银行，尤其是美林，都在有毒资产所带来的损失中垂死挣扎。人们十分怀疑其流动性充足、清偿力稍有下降的说法。几乎不需什么外力，所有金融机构就会陷入极度恐慌。

全球一片混沌

1907年的危机在金融灾难史上占有重要的一席。最重要的是，在这次危机中出现了一个英雄——银行家 J. P. 摩根。他在金融界有不可替代的地位，是当时最重要、最有影响力的银行家。事实上，在美联储成立前，摩根银行是美国最接近于最后贷款人角色的金融机构。恐慌始于一系列监管不严、超高杠杆率的金融机构，它们是现代影子银行体系的前身。如同21世纪的投资银行一样，摩根时代"投资信托公司"的运行也缺乏透明度。

恐慌吞噬了小一点的玩家后开始向尼克伯克信托公司（Knickerbocker Trust Company）这样的大公司发起攻势，并由此四处扩散，进一步吞噬了金融体系中的其他银行和信托公司。摩根无力挽救尼克伯克信托公司，但决定全力拯救另外一家濒临倒闭的机构——美国信托公司（Trust Company of America）。在一个星期六，摩根邀请城里的金融权势集团到他的巨型私人图书馆召开密会，这场持续了多日的破产拉锯战才终于尘埃落定。

在 101 年后的一个周末，美国财政部长亨利·保尔森也采取了同样大胆的边缘政策。雷曼兄弟和美林全面陷入无清偿力陷阱时，2008 年 9 月 13 日的这个星期六，保尔森也让整个城市所有的金融精英齐聚位于曼哈顿的美联储办公室内。他以摩根的精神对在场的银行家说，遏制恐慌是在座各位的共同责任。用他的话说，就是所有银行家"人人有责"。他希望以此鼓舞这些银行家想方设法收购雷曼兄弟或者帮其改善资产流动性。

第二天，银行家们重返保尔森的办公室，但还是无果而终。雷曼兄弟最终难逃破产的厄运。保尔森模仿摩根大通的想法最终流产。此时，美林已急于投到美国银行旗下，唯恐遭遇雷曼兄弟同样的命运。一名参会人员说："我们已经重建了道德风险，这是好事还是坏事？马上就可以见分晓了。"

即使没有雷曼兄弟的破产，在接下来的几天、几周内发生的事也无法避免。但雷曼兄弟的倒闭发生之迅速、影响之深远却为整个金融市场带来了不小的震撼。

震撼首先袭击了美国国际集团。9 月 15 日，雷曼兄弟宣布破产。所有主要的评级机构都将美国国际集团的信用等级作出了降级处理。美国国际集团的总损失额已持续数月攀升，降级给了它最后致命的一击，因为调低评级让人们开始质疑这家保险巨头对 AAA 评级的担保债务凭证作出的 5 亿美元保险是否能够安然无恙。调低评级当日，美国政府为美国国际集团注资 850 亿美元，并将在接下来的几个月间持续注资。作为交换条件，美国国际集团的普通股大部分收归政府所有，俨然成为一家国有企业。

与其说这次援救是针对美国国际集团的，倒不如说这是针对购买其保险的所有银行的。美国政府接管该公司后，便立即到各家银行回购美国国际集团承保的担保债务凭证部分。虽然本该让这些银行承担由于轻信美国国际集团而造成的损失，但政府没有这么做。虽然当前债券的市场价已远远低于票面价格，政府还是以票面价格一分不少地购回了这些债券。至此，政府所有要与道德风险划清界限的声明早已烟消云散。

金融体系中先前所能幸免于难的机构现在也已坠入深渊。本应安全可靠的货币市场基金首当其冲。该基金将来自于投资者的资金用于购买安全的流动性短期证券。尽管去年夏天，已有几家基金公司开始陷入困境了，但直到雷曼兄弟破产之时，形势才愈发严峻起来。一家老牌大型基金公司——联邦原始基金（Reserve Primary Fund）"跌破净值"，这种前所未有的现象掀起了基金的赎回浪潮。

该赎回浪潮是否有一丝理性因素存在？答案是肯定的。联邦原始基金曾擅自将投资者的资金用于购买雷曼发行的债券之类的有毒证券。当实情浮出水面之时，人们开始质疑整个 4 万亿美元货币市场这个"未知领域"的安全性。弗兰克·奈特对危险的不确定性的描述弥漫了整个市场。很快，联邦政府被迫向所有货币市场基金开出空头支票，也就是类似存款保险之类的工具。

货币市场基金的恐慌迅速扩散到其他领域，先是商业票据市场，普通公司作为主要营运资金来源的债券。货币市场基金是这种债券的主要购买者，一旦出现资产萎缩，商业票据市场也开始卡壳。清偿力良好的公司发现，由于贷款利率激升，它们也被市场排斥在外。出现流动性危机的这几周，公司借贷彻底崩溃，蓝筹公司发现自身已出现现金不足的情况。

紧急时刻呼唤应急行动。商业票据市场有 1.2 万亿美元的贷款，即使是资金雄厚的公司也可能因短期债务挤兑而丧失清偿力。为了避免出现挤兑，美联储准备将最后贷款人的支持延伸至非金融公司。10 月 7 日，美联储成立了另一家贷款机构，通过发行商业票据为公司提供贷款，但只有 A 级或更优质的公司才能从美联储那里获得资金援助。这种和道德风险分界的动作姗姗来迟。

但联邦政府并未对这些公司区别对待。当年夏天，因迪美银行（IndyMacBank）倒闭之后，更多银行遭遇了挤兑。美国两大银行——华盛顿互惠银行和美联银行开始从存款中放血。虽然这两家银行都不具备清偿能力，政府还是竭力防止其倒闭。储蓄机构监理局（OTS）抢在摩根大通收购华盛顿互惠银行之前接管了该银行。在华盛顿互惠银行出售 4 天后，联邦存款保险公司又力促美联银行紧急出售，起初打算出售给花旗集团，最终出售给了富国银行。

其余两家独立投资银行——高盛和摩根士丹利决定自力更生。在雷曼兄弟倒闭之后，它们的地位已摇摇欲坠。9月底之前，两家公司都申请成为银行控股公司，以求获得最后贷款人救助，更主要的是为了以更传统的业务对其经营活动提供保障，也就是银行基本的存款业务。但随之而来的代价则是对其活动的更严厉的监管。这一转变在美国金融史上具有重大意义，在7个月内，华尔街彻底改头换面，5家独立投资银行不是破产，就是被收购，要不就是改头换面，接受更多政策的约束。

然而，银行业的转型还未完成。尽管美联储提高了存款保险限额，银行依然面临挤兑的威胁，只不过是换了一个新角度罢了。很多银行除了存款外还有许多其他债务，最显著的就是其用于为资产融资的债券。这些债券到期日各异，期限长短不同。当银行债券在金融危机的最后几个月内到期时，银行无法以同样利率对其进行延展，而贷款又变得尤为昂贵，银行不得不面对另一种债务的挤兑。

解决方法只有政府出面对这种债券的本金和利息作出担保。10月14日，联邦存款保险公司宣布，会为所有由其监管的金融机构新发行的优先级债务（在偿付"次级债务"前应优先支付的那种债券）进行保险，包括普通银行和银行控股公司。这种担保是对银行体系的空前干预。这意味着如今银行发行债券时，可以享受到与美国财政部一样的"零风险"的低息利率。6个月内，银行及其他指定金融机构可以对3 600亿美元的债务以超低利率再滚动。不久，欧洲也出现了相同的担保。刚入秋时，许多欧洲大型银行，如德国许珀不动产银行（Hypo Real Estate）、比利时德克夏银行（Dexia）、比利时富通银行（Fortis）、英国布拉德福德 - 宾利银行（Bradford & Bingley）也在崩溃边缘徘徊。爱尔兰是第一个对其银行债务作出担保的国家，接着就是英国宣布一项信用担保计划。10月，其他欧洲国家和加拿大也照本宣科，声明他们将对其银行的债务作出担保。这些空头支票收效显著，银行挤兑风险立即退潮。

到了秋末时分，在各种援救和干预的共同作用下，危机最严重的阶段总算过去了，从通用汽车公司到通用电气金融服务公司，无论何种公司都可以接受信贷支援。本着制止恐慌的目标，政府在支援之前几乎没有对申请支援的公司清偿力状况和是否值得援助的情况作出评估。

　　尽管余悸会持续数月，甚至数年，但是放贷意愿还是遏制了恐慌。然而这种难得的平静需要付出惨重的代价。白芝浩及其他许多中央银行理论家对危机时刻的无限制贷款提出过警告，认为贷款人应区分非流动性机构和无清偿力机构，并且只能按白芝浩所述的"惩罚性"利率提供贷款。这段时间内，中央银行拯救了银行和非银行企业，为它们提供了远低于惩罚性利率的信贷。事实上，类似银行挤兑的事件已经横扫了非银行抵押贷款公司、结构性投资公司和管道公司、对冲基金、银行间市场、经纪商、货币市场基金、金融公司，甚至是传统银行和非金融公司。由于银行既不再相互拆借，又不向非银行金融公司甚至是非金融公司提供贷款，中央银行的角色被迫转变为第一贷款人、最后贷款人和唯一贷款人。这场风暴和熊彼特所提出的"创造性毁灭"相去甚远。相反，不论公司是强是弱，目前都还停留在假死状态，等待最后的宣判。

Crisis Economics

05

灾难是全球性的

同样的投机热潮，同样的成就，同样的困难和挫折，并且同样陷入了近乎疯狂的灾难，危机通过各种各样的渠道逐步蔓延开来，传播到其他国家经济中的健康领域。全世界已经高度融为一体了，我们必须经历共同承担的痛苦。

金融市场上流传着一个古老的谚语："美国一打喷嚏，世界就会感冒。"尽管这种说法是老生常谈，但是大量事实证明这种现象的确存在：美国是世界上规模最大、实力最强的经济体。一旦美国经济出现问题，那些依赖于美国源源不绝的消费需求、为美国提供从原材料到最终消费品等种种商品的国家也就无法独善其身。

这种动态作用在金融危机时期会导致严重后果。在世界经济强国爆发的某个金融问题可能顷刻间演变为一场毁灭性的全球性金融危机。在全球性金融中心出现的股票市场崩盘、大型银行倒闭或者是其他意想不到的崩溃事件，都可能演变为一场全国性的恐慌，接着蔓延成世界性的灾难。无论是在 19 世纪的英国，还是之后的美国，这种情景已经多次出现过。

然而，当美国被 2006 年年末到 2007 年间的次贷危机击垮时，传统观念认为，世界上其他国家可以与这个深陷金融危机泥潭的超级大国"互不相干"。这种观点最初是由高盛的分析师提出的，后来变成了人们的共识：巴西、俄罗斯、印度和中国等国家经济的蓬勃发展取决于其国内需求，这些国家可以安然无恙地度过次贷危机。这些世界新兴经济体可以逃脱历史的诅咒。

在欧洲许多人坚持类似的观点。人们认为，法国人口中戏谑地称为的"粗放式的资本主义"，只有美国实行了，只有它将自食其果。2008 年 9 月，德国财政部长佩尔·施泰因布吕克宣称："金融危机最主要是美国的问题，"他补充道，"欧洲大陆上 7 国集团中其他国家的财政部长意见相同。"但是几天之后，欧洲大部分银行系统实际上土崩瓦解了。德国不得不帮助银行业巨擘德国住房抵押贷款银行（Hypo Real Estate）走出困境，施泰因布吕克也承认欧洲在"堕入深渊"。欧洲大型银行的紧急援助计划随即启动，同时，爱尔兰为本国最大的 6 家贷款机构提供了一揽子担保，包括英国在内的欧洲其他国家纷纷仿效，而英国实际上对其大部分银行体系实施了国有化。截至 2008 年 10 月，欧洲许多国家和加拿大不仅为储蓄进行担保，甚至为银行债务提供了保险。

危机并未止步于欧洲和加拿大。它冲击了大陆上的每一个国家，包括巴西、俄罗斯、印度和中国。有时，这种共同承担的痛苦是一个全球相互依赖的问题：危机通过各种各样的渠道逐步蔓延开来，传播到其他国家经济中的健康领域。但是，传播这个词并不能充分地解释金融危机，尽管它常常被人们提及。危机从一个经济出现问题的强国蔓延到其他经济正常运行的国家，这个过程并不是一个简单的疾病传播过程。一旦受到经济危机的冲击，其他那些长期实施内生性泡沫刺激政策的国家就不堪一击了。的确，最初看起来似乎仅仅是美国人自己的问题，但是事实上其波及面达到了让人无法相信的程度。

所有这一切让大多数评论员们震惊不已。许多乐观的金融专家已经错过了美国的经济危机，但他们仍然坚信其他国家可以与美国经济互不相关，直至经济危机已经无法抵御。截至 2008 年年末，世界上大多数发达经济体陷入了衰退，亚洲、东欧和拉丁美洲的许多新兴的市场经济体也未能幸免。正如美国最初的情形一样，这些国家也遭遇了股市崩盘、银行业危机和其他剧烈的困厄。从一个国家开始的危机由此演变成一场全球性的危机。和往常一样，这没什么新奇，也没有什么超乎寻常的地方。经济危机是沿着数个世纪前就已经形成的历史轨迹在发展着。在很多方面，这次的危机是历史的重演。

危机的酝酿

经济危机一般不会对完全健康的经济体造成严重危害，通常是潜在的弱点和缺陷为经济崩溃创造了条件。然而，对于那些美国以外的、遭受这场众所周知的经济危机影响的国家，必然存在着某种传播的渠道。最明显的是那些构成世界金融体系的机构。

货币市场是这样一个机构：在这里，银行和其他金融企业在短期内融入或融出资金。这些交错的债务和信用网在经济恐慌时期总是不堪一击，问题会从国际经济体系的一个地方蔓延到其他地方。原因显而易见：如此复杂的链条中的某个环节断裂，比如某些债务的违约，都可能导致债权人陷入资金短缺、信用丧失的危险境地。这样，一个环节的失败就蔓延到了整个货币市场。

因此，长期以来，货币市场出现问题成为金融危机的标志。在 1837 年的经济危机时期，英格兰银行拒绝对已发放给英国 3 家大型金融机构的贷款进行展期，结果导致了这 3 家企业的倒闭。这种影响是灾难性的：这些企业为世界各地的商人提供短期贷款，其倒闭导致价值数百万英磅的商业票据失去效力。利物浦、格拉斯哥、纽约、新奥尔良、蒙特利尔、汉堡、安特卫普、巴黎、布宜诺斯艾利斯、墨西哥城、加尔各答以及其他地方的金融家们都发现本国企业缺乏贷款支持。伦敦《泰晤士报》悲叹道："我们必须要花上非常长的时间才能评估这些企业的倒闭所造成的全部影响，这一过程可能长达数年，它们的破产会多多少少地传播到全世界。"

上述这番话适用于 19 世纪和 20 世纪初在国际货币市场发生的任何一场经济危机，最严重的危机往往随着某个在货币市场占据重要地位的知名企业出人意料地倒闭而出现。例如，在 1873 年的经济恐慌时期，杰伊·库克（Jay Cooke）名下的大型投资公司的倒闭是全球性危机的导火索之一。在大萧条时期，正是奥地利最大的银行安斯塔特信用社（Credit-Anstalt）的突然倒闭加速了危机。世界上许多实力最强、地位最重要的银行都为这家公司提供了贷款，它的倒闭引发了其他银行的破产倒闭。

在实行经济干预的 10 年间，金融市场的联系更紧密、相互依赖性更强。在最近的金融危机中，将国际金融市场密切联结在一起的资金借贷网络已经错综复杂到了让人几乎无法看懂的程度。事实上，很少有人可以明白一个国家在债券回购和商业票据市场上的压力是如何快速地传导到其他国家的。尽管曾经发生过数次跨国界的经济危机，但没有任何一次危机的严重程度可以与大萧条时期相提并论。人们对于全球金融体系可能并且将要崩溃的认识非常有限。

2008 年 9 月 15 日，雷曼兄弟倒闭了，自此人们对于经济危机的认知程度才开始提高。当该公司倒闭时，它已发行的数千亿美元短期债务（大部分是商业票据和其他债券工具）变得一文不值，这给其大量的投资者造成了恐慌。这种恐慌导致那些为商业票据市场提供资金的货币市场资金大量出逃，继而引发了全球银行体系更进一步的恐慌。那些持有外国银行短期债务的银行将利率提高到了令人匪夷所思的400 多个基点。海外投资者所说的"雷曼冲击"在全球货币市场间传播着恐慌，导致资金借贷规模大幅缩减，最终对国际贸易造成了严重影响。

雷曼兄弟的倒闭确实对全球经济危机的传播起到了推波助澜的作用，然而很难说它是唯一的催化剂。危机传播的另外一个传统机制是不同国家的投资者持有相同的资产。例如，在 19 世纪的数次经济危机中，全球投资者持有相同类型的铁路证券，一种非常普遍的国际投资工具。当这些证券背后的泡沫破灭时，美国、英国、法国以及其他国家的投资者同时发现他们的资产化为乌有。这些国家毫无例外地削减了信用规模，留存现金，继而触发了经济恐慌。

次贷危机之所以从美国蔓延到欧洲各国、澳大利亚以及世界其他各国，是因为在华尔街发行的证券化产品（包括抵押债务工具和抵押支持证券，这些产品是华尔街的盈利来源）中，大约有一半被出售给了外国投资者。在房地产市场繁荣期间，外国银行、养老基金以及其他许多机构纷纷抢购这些证券。当拉斯维加斯或克利夫兰的一名次级贷款债务人拖欠还款时，证券的食物链开始出现问题，从挪威的养老金领取人到新西兰的投资银行无一不遭受重创。

或许，欧洲的银行及其分支机构持有最多的问题证券。一些银行的风险敞口直接暴露在危机中，持有大量的 CDO 或者其他投资工具。其他的则通过控股的对冲基金投资次贷证券，如法国巴黎银行和瑞士联合银行集团，成为危机的传播者。当这些投资出现问题时，造成的损失最终超过了银行所能承受的底线。

这些银行遭受的损失对欧洲企业造成了相当可观的间接伤害。与更多地借助资本市场融资的美国企业不同，欧洲企业严重依赖于银行融资。当次级贷款危机开始冲击那些声名卓著的欧洲银行时，这些银行纷纷缩减贷款规模，削弱了企业的生产能力、人才招聘能力和投资能力。在危机接近尾声的数月间，这给欧洲地区挥之不去的经济萧条埋下了伏笔。

损失不止这些。很多欧洲银行在其他国家设立了分支机构，尤其是在欧洲的新兴经济国家，即那些在冷战结束以后脱离苏联控制的国家。这些分支机构为乌克兰、匈牙利、拉脱维亚等国提供了大量的贷款。一旦母行遭受了巨额损失，开始厌恶风险，收回跨国贷款，就会导致境外的分支机构陷入困境。欧洲新兴经济国家由此出现的贷款危机最终导致这些国家深陷经济衰退之中。

就这样，美国的次级贷款问题通过与其他国家之间的金融联系向外蔓延，首先波及到那些与美国银行联系密切的国家，然后再蔓延到世界其他国家的金融机构。银行系统成为美国次级贷款危机的传播渠道，这是危机传播的经典案例。

但是，银行并不是在全球范围传播经济危机的唯一金融机构，资本市场同样也扮演着重要角色。在危机的转折时期，先是美国股市暴跌，紧接着伦敦、巴黎、法兰克福、上海、东京以及其他较小的金融中心的股市急转而下。这种传播一是因为国际资本市场间存在着相当高的相互依赖性。在当今世界，交易商可以立即了解到地球另一端的市场变动情况，因此投资者的情绪能够轻易地从一个交易所传播到其他交易所。

然而，这种不断增强的同步性不过是羊群行为（herd behavior）的一个经典案例。在羊群行为发生作用时，一国交易所里恐慌的投资者会将其他国家的投资者引入绝境。随着灾难信号的不断增强，股市反映出投资者的风险偏好不断降低，人们不断抛售股票，转而持有风险较低的资产。

通过股市进行的危机传播本来应该比以往任何一次经济危机来得范围更广、速度更快，并且同步性更强。但是金融全球化并不是什么新鲜的事物。1875年，银行家卡尔·迈耶·罗斯柴尔德男爵就观察到全球股市同时暴跌，因此他做了一个简单却永恒的评论："全世界已经融为了一体。"

在罗斯柴尔德时代，金融一体化已经超出了股票市场的范畴，世界贸易市场的相互依赖性也同样高，对金融危机也很敏感。不幸的是，在实行经济干预的年代，几乎没有发生什么改变。在2008年的金融市场恐慌发生后，国际贸易推波助澜地把危机传播到全球。

危机的传播

19世纪，大英帝国是主宰世界经济的超级大国，每一次它都被卷入金融危机，对原材料和制成品的需求直线下降，其贸易伙伴都会因此遭受间接损失。20世纪，美国继承了英国的主导地位，在危机的前夕，美国的GDP占到全世界的1/4。考虑到美国存在7 000亿美元的经常项目逆差，它在全球经济中占据的实际份额更大。当美国陷入了严重的经济萧条时，世界各国都难以幸免，包括墨西哥、加拿大、中国、日本、韩国、新加坡、马来西亚、泰国和菲律宾等等。中国的处境尤为困难，因为中国近年来经济增长主要依赖对美国的出口贸易。数以千计的中国工厂倒闭，雇员从城市返回农村地区。

中国遭受的冲击并不限于贸易领域。亚洲许多国家生产计算机芯片，将芯片出口到中国，在中国将芯片装配入计算机、家电和其他器件，最后运往美国。当美国遭遇了经济危机，不仅仅是中国受到影响，中国的各个供应链国家也无一幸免。与美国毫无关联几乎是不可能的：全亚洲的经济严重依赖与美国之间直接或间接的、广泛的贸易联系。

在雷曼兄弟倒闭后，想要与美国毫无关联更是难上加难。以往正常的贸易融资首当其冲地受到影响。通常，银行发行"信用证"以确保在货物运达目的地之后货款能够如数支付（中国运往美国）。然而，当雷曼兄弟倒闭之后，信贷市场的运行受阻，银行不再提供这种必要的融资服务。国际贸易近乎停滞，以往一些非常用的指数，如波罗的海干货指数（一种货物运输成本指标）下降了接近 90%。正如国际运输行业的一位专家评论的那样，"因为人们收不到信用证，各种货物被堆积在甲板上无法运输"。

伴随美国经济萧条而出现、由于雷曼兄弟倒闭而加剧的国际贸易萎缩是史无前例的。在 2009 年年初的危机高峰阶段，中国和德国的贸易出口年度同比下降了30%，新加坡和日本的出口下降了 37%，甚至达到 45%。除了中国，这些国家均陷入了严重的经济衰退。即便在中国，其经济增长速度也出现了大幅下降，从每年13% 下降到了大约 7%，低于该国认为的经济增速底限。

危机发生得如此之快，各国如此同步，让大多数市场观察员吃惊。经济合作和发展组织的两位经济学家将国际贸易的萎缩称为"伟大的同步"。这种同步性明显是由全球信贷的短缺引起的，但是仅仅信贷的短缺并不能完全解释所发生的一切。随着经济危机的恶化，许多国家违背了承诺，采用了关税、配额以及其他手段对国际贸易设置壁垒。例如，立法规定政府采购商必须从国内制造商那里购买货物。这种针锋相对的贸易战在大萧条时期大规模出现，近期，这些贸易壁垒又卷土重来，尽管不再那么明显，但是对于国际贸易的复苏确实没有什么益处。

最终，危机不仅通过商品向外蔓延，还通过人进行传播。随着美国陷入经济萧条，移民劳工不再汇钱回自己的母国，如墨西哥、尼加拉瓜、危地马拉、哥伦比亚、巴基斯坦、埃及和菲律宾。在房地产行业景气时期，大批移民劳工不仅在美国，在西班牙和迪拜等地也能找到日常性的工作。当行业不景气之后，移民劳工不再寄钱回家。汇款量下降所造成的影响难以估计，在某些中美洲国家，超过 10% 的国民收入来自在国外工作的劳动者。这样，即便是那些从未实行过轻率的金融政策的国家也受到了经济危机的影响。

贸易联系和劳动力的联系在很多时候使得经济危机在不同国家蔓延，然而，商品和外汇所发挥的作用更大。原因显而易见：商品和外汇的价格是由国际市场决定的。当石油、铜或者美元的价格在一个市场上涨时，这些商品和外汇的价格在任何市场都会上涨；当一个市场的价格下跌，也会引起其他市场的价格下跌。因此，商品和外汇价格的急剧波动加剧了全球经济的不稳定。

经济一体化至少可以追溯到两个世纪之前。新奥尔良的棉花价格在1836年达到了顶峰，在1837年的经济恐慌中泡沫破灭。此时，不仅仅是国内遭受影响，全球的棉花出口国都难以幸免。同样，1929年经济危机发生后，许多商品的价格下降幅度超过50%，那些以出口为导向的国家遭受了重创。当棉花、橡胶、丝绸等商品的价格全线下降时，巴西、哥伦比亚、荷属东印度群岛、阿根廷以及澳大利亚等国的经济陷入了困境。即便在日本，对生丝需求的急剧下降也导致该国经济受到严重影响。由于商品价格的下降，这些国家的金融体系遭受重创，同时货币出现贬值。

尽管和以往的盛衰形式不同，商品价格在当前的经济危机中同样发挥了作用。2007—2008年，石油、食品和其他商品的价格迅速上涨。2008年夏天，原油价格从一年前的每桶80美元上涨到了每桶145美元的峰值。 这种价格上涨与经济基本面完全无关，相反，它是由商品投资或投机活动引起的，那些对冲基金、捐赠基金、经纪商以及各式各样的商品基金将其部分资金投资于商品市场。尽管如此高的油价可能对石油出口国有利，但是包括美国、欧元区、日本、中国、印度和其他国家在内的诸多石油进口国均遭受了重创。其中一些国家的经济在金融危机中已经摇摇欲坠了，油价的高涨很可能将它们彻底推入经济衰退的深渊。

风水轮流转。石油和其他商品的出口国在2007—2008年均未受到金融危机的损害，然而在美国和中国的商品需求大幅下滑之后，这些国家也举步维艰。2008年下半年，对于石油、能源、食品和矿产的需求进一步下跌，由此所造成的影响与大萧条时期的情形十分相似：非洲、亚洲和拉丁美洲等地区的商品出口国经济一蹶不振。石油开采商所遭受的损失尤为严重：2009年第一季度，油价从顶峰时期的每桶145美元下跌到了历史性低点每桶30美元。但是，损失进一步蔓延到原材料领域。例如，在智利，铜需求量的骤降对该国以出口为导向的经济增长造成了沉重打击，使得该国陷入了经济衰退。在所有的经济衰退中，商品市场的繁荣最初会击溃那些进口国，随后，商品市场的崩溃会引起出口国的衰退。

外汇市场的波动破坏性也很大。2007年，在经济危机初期，美国经济增长减速，随之而来的利率下降导致美元贬值。这沉重打击了那些依赖美国出口的国家，包括英国、日本和许多欧元区国家。由于这些国家的货币相对于美元升值，它们出口到美国的消费品成本提高，削弱了这些国家的竞争力，导致它们的经济陷入衰退。

然而，随着危机的恶化，情况突然颠倒过来。2008 年，对金融市场的担忧和恐慌情绪迫使国际投资者寻求避难所，其中一根救命稻草就是美元，尽管这听起来有些自相矛盾。即便美国处于经济危机的正中心，它看起来仍然要比其他新兴经济国家来得安全。由于投资者争相持有美元和其他发达国家的货币，同时大量抛售许多新兴经济市场的股票和债券，这些新兴经济国家的货币和"更为安全的"发达国家的货币之间的汇差进一步加大了。

这种影响是灾难性的。在经济危机发生之前，欧洲新兴经济国家的家庭和企业从发达国家获取抵押贷款和企业贷款，这是因为欧元、瑞士法郎甚至日元的利率要低于本国。俄罗斯、韩国和墨西哥等国的企业也采取同样的融资方式。但当经济危机来袭时，投资者抛出新兴市场货币，转而持有美元、欧元和日元等较为安全的币种，债务清偿成本远远超过了人们的预期，这给新兴市场经济带来了巨大的压力。

所有这一切的发展遵循了以往历次经济危机的传播路径。如同国际金融体系和全球贸易网络一样，商品和外汇同样是经济危机的传播媒介，它们使得一国的金融危机演变成了全球性的经济危机。

这就是说，传染模型（contagion model）所能解释的问题是有限的。模型里一个隐含的想法是陷入金融危机的国家（美国）将世界其他各国都拖入了深渊。这种想法让人觉得安慰，但是从某种意义上来说这种说法并不成立。其他许多国家自身产生了经济泡沫，与美国无关，它们所实施的政策与美国相比并不见得更加高明，是它们自身在金融危机面前的脆弱性使得其对次级贷款危机缺乏免疫力。

同样的过剩

1837 年，刚刚就任美国总统的马丁·范布伦试图解释"为什么美国和英国这两个商业化程度最高的国家，在不久前还是一片繁荣盛世景象，突然间便陷入了窘迫和衰退的境地"。他指的是 1837 年可怕的经济恐慌，那时恐慌已经逐步蔓延开来。当时许多评论员指责是美国和英国引发了这场灾难，而范布伦则认为实际情况更为错综复杂。他写道：

> 我们发现，这两个国家出现了同样的纸币或其他信用工具的泛滥，同样的投机热潮，同样的成就，同样的困难和挫折，并且同样陷入了近乎疯狂的灾难。

范布伦的观点并非空穴来风。19 世纪 30 年代，当美国陷入高风险的银行和房地产投机狂潮时，英国也不可避免地陷入了金融泡沫之中，纺织业和铁路出现了"轻率的借贷和疯狂的投机"。当美国经济开始摇摇欲坠时，英国经济也未能幸免。这不仅仅是因为英国与美国经济紧密地交织在一起，还因为英国经济和美国一样，在多年的繁荣积累中也形成了较大的脆弱性。这场危机并不是从一个问题国家蔓延到一个健康国家，它几乎是在同一时间里冲击了两个国家。

其他的经济危机中也会出现类似的情况。当一国的经济由盛转衰，其他同样出现经济过剩的国家也无法独善其身。例如，在 1720 年，劳约翰成立了投机性公司"密西西比公司"，几乎在同一时间英国南海公司泡沫破灭了。一个半世纪以后，德国、中欧各国和美国同时进入经济高涨阶段之后，很快就爆发了 1873 年的经济危机。很多国家陷入了无情的经济衰退，首先是奥匈帝国，其次是美国，后来便是欧洲其他大部分国家。100 多年后，在亚洲的新兴经济国家，由海外投资引发的投机繁荣局面接连恶化，重创了韩国、泰国、印度尼西亚和马来西亚等国的经济。和简单的危机传播一样，各个国家再次呈现出相同的缺陷。

许多在当前的经济危机中陷入困境的国家有着和美国类似的缺陷，这一点也不令人奇怪。首先，美国不会是唯一一个出现房地产泡沫的国家。近期，阿联酋、澳大利亚、爱尔兰、新西兰、西班牙、冰岛、越南、爱沙尼亚、立陶宛、泰国、中国、拉脱维亚、南非和新加坡等国的房地产价格均持续上涨。2005 年，《经济学家》杂志统计，2000—2005 年，全世界发达国家的住宅房地产总值翻了一番。增值部分令人震惊地高达 40 万亿美元，相当于上述国家 GDP 的总和。《经济学家》杂志评论道："这看起来是历史上最大的经济泡沫。"

上述国家的房地产市场价格涨幅之大令人难以置信。《经济学家》杂志指出，1997—2005 年，美国的住房价格上涨了 73%，澳大利亚上涨了 114%，西班牙上涨了 145%。迪拜出现了更加惊人的房地产泡沫，根据物业顾问公司高力国际（Colliers International）的分析，仅仅在 2003—2007 年，迪拜的房地产价格就上涨了 226%。亚洲和东欧的房地产升值数据可信度较低，但是证据显示这些地区的泡沫也很严重。美国的确有问题，但即使它的不良贷款问题比其他任何国家都严重，也很难说它就是罪魁祸首。

无论房价上涨多少，产生房地产泡沫的原因始终是类似的。大多数国家实行宽松的货币政策，因此融资成本创出历史新低。同时储蓄资金的过度充裕增强了这一趋势。截至 2006 年，所有发达国家和发展中国家的抵押贷款利率下降到了历史上首个个位数。和美国一样，大多数国家都没有采取措施来调控抵押贷款和金融市场。结果是相同的：住房价格上涨，这些国家的家庭更加富裕，他们增加消费，降低储蓄。紧随而来的房地产投资热潮提高了这些国家的 GDP。

但是，正如美国一样，这掩盖了一个更深层次的问题。低储蓄、高投资率意味着经常账户（即一国总储蓄和总投资之间的差额）开始出现赤字。和那些经常账户盈余的国家不同，经常账户赤字的国家需要其他国家的储蓄资金来为投资提供资金支持。美国和其他出现房地产泡沫的国家正属于后者：它们越来越依赖于海外资本来保持账户平衡。这反过来又引起通货膨胀，并且导致这些国家的经常账户赤字进一步扩大。

当美国的房地产市场开始崩溃，其他国家即便没有这么糟糕，也好不到哪里去。与传统观念相反，这些国家的房地产行业陷入萧条并不是直接由美国的次级贷款危机引发的。美国经济危机可能起到了催化剂的作用，但是那并不是问题的根源：

> 即便不是所有出现房地产市场过热局面的国家都陷入了经济危机，至少大部分是。这些国家所需要的不过是一个催化剂而已，2008 年的全球性经济危机和大范围的经济萧条正是起到了催化剂的作用。

如果说美国处在房地产泡沫的阴影下，那么其他国家也无法幸免。以杠杆率和风险敞口为例，尽管美国的金融机构不计后果，其他国家的金融机构也难辞其咎。例如，截至 2008 年 6 月，欧洲银行的杠杆率创出历史新高，声名卓著的瑞士信贷银行（Credit Suisse）杠杆率为 33 倍，而荷兰国际集团（ING）的杠杆率达到了 49 倍，德意志银行也负债累累，杠杆率高达 53 倍，巴克莱银行的杠杆率高达 61 倍，创了历史新高。比较而言，惨遭厄运的雷曼兄弟杠杆率为 31 倍，相对适中，而美国银行的杠杆率仅为 11 倍。

欧洲许多银行热衷于参与融资、抵押贷款证券化和其他类型的贷款。在美国房地产市场开始崩溃时，欧洲银行持有大量的抵押贷款支持证券和 CDO。当这些证券陷入困境，许多欧洲银行发现自己的潜在损失已经达到了惊人的程度。截至 2009 年年末，欧洲中央银行将资产减值准备提高到 5 500 亿欧元，远高于以往的预测值。

这些资产并非全部来源于美国，许多欧洲银行也从事资产证券化业务，将抵押贷款进行分类重整，这些抵押贷款大部分来自于英国、西班牙和荷兰。仅 2007 年，就有 4 967 亿美元的欧洲贷款成为资产支持证券、抵押支持证券和 CDO 的标的资产。与美国相比，欧洲证券的市场虽然规模较小，但是标准十分宽松。更糟的是，银行证券化的大量贷款和证券大都以管道工具和结构性投资工具（SIV）的形式存在。当危机来袭，这些银行不得不和美国一样，将这些资产重新计入资产负债表。

最后，许多欧洲银行对欧洲新兴经济体发放了高风险的贷款，这些新兴经济体的代表有拉脱维亚、匈牙利、乌克兰和保加利亚。当危机来袭，这些新兴经济体中有许多国家的货币大幅贬值，这在一定程度上导致了它们无法清偿贷款。瞬间，欧洲银行，特别是奥地利、意大利、比利时、瑞典和德国的银行，发现自己的贷款投资组合出现了巨额亏损。正如一位丹麦分析师在 2009 年年初评论的那样，"市场表明新兴经济国家是欧洲次级贷款集中的地区，现在人人都想夺路而逃"。这与美国的次贷危机根源是相同的：出现了过多的高风险贷款。

美国并不是唯一一个陷入危机的发达国家，许多欧洲的金融机构比美国的金融机构更早地陷入了困境。2007 年夏天，法国巴黎银行成为首批无力偿付对冲基金的银行之一。德国工业银行（IKB）同时发生了危机，它是结构性投资工具的受害者。不久之后，另外一家德国银行萨克森州立银行（Sachsen LB）也垮掉了。这仅仅是一个开始：冰岛的整个银行体系最终土崩瓦解。英国的大多数银行都是以国有化收场。爱尔兰、西班牙和其他许多欧洲国家最终都出现了相似的问题。2009 年12 月，房地产泡沫的破灭最终迫使深陷高风险房地产开发的迪拜国有企业"迪拜世界"（Dubai World）向阿布扎比寻求紧急援助。

经济危机自始至终是沿着常规路径发展的。许多经济体，特别是西欧国家，无法避免陷入危机，因为它们有着许多共同的弱点：房地产泡沫、过度依赖廉价资金和杠杆，以及热衷于高风险资产和金融创新。

这反映了经济危机中的一个更加普遍的现象：由于存在共同的弱点，不同地区几乎在同一时间陷入了类似的经济危机之中。在绝大多数情况下，市场观察员将金融危机称为"传染病"或其他疾病，但未意识到一个基本的事实：疾病最容易在那些虚弱、缺乏免疫力的人之间迅速传播。在当前的经济危机中，欧洲许多经济体存在和美国相同的缺陷。那么，当美国一打喷嚏，这些国家就感冒了，或者更准确地说是得了流感，这一点也不奇怪。

但是，很显然并不是所有国家都病入膏肓。以印度为例，虽然受到经济危机的冲击，但其经济仍迅速地恢复了活力。在经济危机孕育的数年时间里，与大多数国家不同，保守的印度中央银行家们选择了不同的道路。印度的政策制定者拒绝降低金融体系的监管标准，要求银行计提大量准备金。当其他国家推行自由市场政策时，印度对其金融体系实行着严格的监管。结果，源自美国的经济危机对它的影响较小。

令人遗憾的是，世界上其他新兴经济国家并未走和印度一样的道路，其中许多国家经历的是从繁荣走向衰退的传统轨迹，特别是那些中欧和东欧国家。同样地，这些国家的命运并非完全是由它们内部的弱点造成的，相反，发达经济和欠发达经济紧密交织，相互产生了负面影响。

新兴经济体的问题

新兴经济体通常依赖于发达国家的资本。在经济景气时期，这种依赖性对双方都有利。但当出现反转，这种依赖性就如同自杀契约。在 1825 年的经济危机中，英国投资者纷纷涌入刚刚独立的墨西哥和其他几个刚刚脱离西班牙控制的拉美国家。在独立的第一年，大约有 15 亿英镑资金流入这一地区，其中大部分狂热地投向金银矿藏的开采。随着投资者的涌入，这些新国家的经济开始繁荣，当投资者哄抬了其采矿行业股票和债券的市场价格后，伦敦的投机商们也从中获利不菲。不幸的是，许多冒险活动最终以失败告终，或者从头到尾都是一场骗局。投资者纷纷抛售秘鲁、哥伦比亚和智利等国家的股票，并撤回资金。这些拉美国家最终无力清偿债务，1826 年，秘鲁债务违约，导致伦敦陷入所谓的"大规模恐慌"。随后，其他国家也纷纷仿效。

在 19 世纪，新兴市场中最有可能发生经济危机的正是美国。欧洲，特别是英国的投资者将大量资本投入美国，抢购州政府债券、运河和铁路证券以及大量的其他资产。资金的大量涌入推动美国经济高涨，进一步引起欧洲投资泡沫的形成。最终，这些繁荣的局面多数都崩溃了，于是海外投资者着急地抛售了"危险的"美国资产。

每一次危机的结果都在意料之中：处于大西洋两岸的国家，经济都从繁荣走向了衰退。在美国，许多受惠于充裕的海外资本的银行和企业倒闭，欧洲的银行和企业也遭受重创。在 1837 年的经济恐慌过后，海外投资者集体撤出。美国有数以百计的银行倒闭，1/4 的州政府无力清偿债务，与此同时伦敦也陷入了恐慌之中。1857 年，出现了类似的集体撤资事件。之后一位评论家有些夸张地称："几乎所有的海外投资者对于美国的未来都存在极大的不信任，以至于海外投资者几乎不惜任何代价地抛售手中持有的美国证券。"1873 年，历史再次重演，随着铁路泡沫的破灭，欧洲投资者再次纷纷撤出美国市场。

其他新兴市场的情况也很类似。在 20 世纪 90 年代，新兴市场遭受了一系列经济危机的冲击：1994 年的墨西哥，1997 年的韩国、泰国、印度尼西亚和马来西亚，

1998—1999 年的俄罗斯、巴西、厄瓜多尔、巴基斯坦和乌克兰，2001 年的土耳其和阿根廷。这些国家的资本先是蜂拥而至，一旦有风吹草动，便集体撤出，结果使这些新兴市场国家陷入了外汇危机，大量的银行和企业倒闭，政府无力偿还债务。在国际货币基金组织和世界各国中央银行的及时干预下，才避免了一场全球性的经济危机。

在当前的危机中，尽管新兴市场受冲击的程度较弱，但也不能幸免。和以前的新兴经济体一样，欧洲新兴国家往往拥有一个共同点：大规模的经常账户赤字。有时，这些赤字是由房地产行业的繁荣、消费性开支的大幅上升以及私人储蓄的下降共同引起的。有时，它们是由财政赤字甚至是企业融资导致的。但无论是出于什么原因，这些国家都曾大量地从发达国家的投资者和银行那里借款：2002—2006 年，海外借款增长了 60%。更加糟糕的是，大部分负债是以外币计价，当本币在经济危机期间开始贬值时，问题就变得愈发严重了。

尽管许多国家受到了经济危机的影响，包括罗马尼亚、保加利亚、克罗地亚和俄罗斯等，但是波罗的海三国（拉脱维亚、爱沙尼亚和立陶宛）以及匈牙利和乌克兰遭受的冲击最为严重。当那些易冲动的投资者逃离了"危险的市场"（新兴经济国家），转而寻求更为安全的避难所时，这些国家资本大量流出。结果虽然很残酷，却是在人们的意料之内。匈牙利、冰岛、白俄罗斯、乌克兰和拉脱维亚被迫向国际货币基金组织寻求紧急援助。波罗的海三国的失业率均出现了大幅上升，银行业也陷入了危机。截至 2009 年春天，失业率达到了两位数。拉脱维亚可能是遭受冲击最为严重的国家，它经历了暴乱、政府倒台和信用评级的下调。

这些国家遵循的是新兴经济国家传统的发展路径：随着海外资本的流入，经济呈现繁荣景象，但投资者撤离后，经济随即崩溃。但是，有些新兴国家也有所不同，它们的经常账户处于盈余之中。中国是其中最为典型的代表，而巴西和中东、亚洲以及拉丁美洲的一些小国家也都属于这种情况。

大多数经常账户处于盈余状态的国家通常会出现货币升值压力。但是，在经济危机发生之前的数年时间里，这些国家的政府通常会积极地干预外汇市场，以保持本币的低估。这是因为其中有许多国家依赖于贸易出口，其货币价值越低，它们在国际市场的竞争力越强。这种干预政策有助于贸易出口，但同时意味着本国的美元和其他外汇资金的不断累积，并将最终导致货币供应量的增长。

特别是在股票市场，廉价资金和低利率水平引发了通货膨胀和资产泡沫。2007年年末，印度等国的股票市盈率最高达到了40~50倍，毫无疑问出现了泡沫。这些国家在美国陷入危机之前就已经出现了经济过热的现象，因此它们变得格外脆弱，在遭受外来冲击时非常容易受到影响。在某种程度上，这些国家自身脆弱性的形成与美国的过剩并无关联。最终，它们陷入经济衰退，这与美国的经济危机也并不存在直接的联系。相反，经济衰退的诱因是这些国家在危机前的数年里所采取的经济政策。它们最终成为经济危机的受害者，然而这种不幸在很大程度上是它们自己造成的。

共同灭亡

2008年年初，经济危机愈演愈烈，尽管所有的历史数据和同期数据都显示一场全球性的经济恐慌已经迫在眉睫，但是大多数美国以外国家的政策制定者们依然无动于衷。许多政策制定者仍然坚信可以不受影响，他们担心的只是经济过热，以及由此引发的通货膨胀。一些新兴经济国家的中央银行提高了利率水平，试图收紧银根。发达国家的银行家们也如法炮制，2008年，欧洲中央银行提高了基准利率，这一方向完全错误的措施，注定会遭遇失败。

更糟糕的是，欧洲的政策制定者们拒绝采取积极的刺激政策。最有条件可以实行经济刺激计划的欧洲国家，特别是德国，最初几乎未采取任何行动；而最需要经济刺激计划的国家，如西班牙、葡萄牙、意大利和希腊，缺乏资金来落实这一政策。这些"地中海俱乐部"（Club Med）国家已经出现了巨额赤字，公共债务大大超过其经济规模，没有多少刺激经济的余地。

这些错误的决定使发达国家和新兴经济国家的政策制定者们在应对逐步蔓延的经济危机时准备不足。经济危机让他们感到吃惊，由于他们错误的判断，世界经济陷入了自 20 世纪 30 年代以来最为严重的萧条之中。在 2008 年第四季度和 2009 年第一季度，无论经济紧缩的规模还是深度，都可以与 1929—1931 年（大萧条开始之年）的经济危机相提并论。

那年冬天，这些与美国不太相干的国家遭受的损失实际上比美国还要严重。2008 年第四季度和 2009 年第一季度，美国经济以 6% 的年率收缩，而其他国家的形势则更为严峻。本来应该与美国互不相关的国家，遭受危机冲击的程度更深。人们最初认为日本不会受到美国经济危机的影响，但是在 2008 年第四季度，日本经济以 12.7% 的年率收缩，韩国的经济下滑甚至达到了 13.2%。中国想方设法避免陷入彻底的经济衰退，即便如此，其经济增长速度也下降到它可以接受的水平以下。大多数其他国家可没有那么幸运，在随后各国的相互指责中，许多市场观察员将注意力集中在雷曼兄弟的倒闭上。即便是现在，仍然有人认为雷曼兄弟的倒闭是此次危机的催化剂。

这种或许会令人感觉安慰的说法实际上并不成立。截至 2008 年 9 月雷曼兄弟倒闭，美国的经济萧条已经持续了 10 个月的时间，世界上其他许多国家也差不多。全球信用恐慌已经如火如荼地蔓延了超过一年的时间，全球股票市场几乎也下跌了如此长的时间。美国的经济危机在雷曼兄弟倒闭之前一年半的时间就已经开始了，它沿着不同的渠道向其他国家蔓延：金融体系、贸易联系、商品和货币。

美国的经济危机并非偶然地波及到其他国家。多年来，这些国家中有许多已经出现了房地产和股票泡沫、信用泡沫、杠杆过度、风险过度及消费过度。即便是那些更为谨慎的国家（大部分亚洲国家）也过度地依靠出口来推动自身的持续发展。这些国家经济同样是脆弱的，只不过方式不同：它们持续的经济繁荣取决于地球另一端的泡沫，而这些泡沫在雷曼兄弟倒闭之前就已经破灭了。

雷曼兄弟这家知名投行的倒闭只是让政策制定者们关注到一个事实，那就是一次大萧条正步步逼近。2008 年年末，这些政策制定者审视了这次经济危机，终于幡然醒悟。他们开始用尽手段应对经济危机。有些采取了传统的方式，如下调利率水平。有些所采取的措施则似乎是来自另外一个世界，甚至另外一个时代。对于外行人而言，这些措施让人感到莫名其妙，包括"定量宽松"、"资本注入"和"央行换汇"等。这些用以应对经济危机的非常规措施，有些曾经被使用过，有些则是首次尝试；有些发挥了作用，有些则没有。

然而，这些政策发挥了集合效应，阻止了此次经济大衰退演变为又一次大萧条。至于说这些应对措施的效果是否会让事情变得更糟，就是另外一个问题了。接下来我们要研究的是采用这些非传统政策措施来应对金融危机会产生什么样的风险和收益。

Crisis Economics

06

货币政策能否真正奏效

和危机中几乎其他所有问题一样，设计通货再膨胀，或更坦率地说，创造通货膨胀，并不像看起来那么简单。一旦通货紧缩的螺旋式上升占据了主导地位，常规的货币政策往往就失去了效力，它对于金融危机中产生的其他问题也同样无能为力。

20 07 年，美国遭遇了几十年来最为严重的一次金融危机，而就在一年前，本·伯南克刚刚被任命为美联储主席。这是一个不寻常的巧合，因为伯南克不仅仅是中央银行家，同时也是研究大萧条的全球知名学者。伯南克几乎比任何一位在世的经济学家都能更敏锐地觉察到隐藏于这一重大事件背后的复杂动因。在他的学术研究生涯中，伯南克揭示了美国历史上最严重的经济萧条的成因和影响。

伯南克在母校就读期间，阅读了货币主义者米尔顿·弗里德曼和安娜·雅各布森·施瓦茨的著作，他有意识地将自己的研究建立在这些货币主义学者的开创性研究的基础上。正如第 2 章中所述，这两位货币主义学者改变了人们以往对于大萧条的解释，他们认为由于美联储的失误，货币政策应当对这场灾难承担责任。根据这种说法，美联储的不作为和措施不当不仅未能阻止逐步蔓延的经济危机，反而令危机雪上加霜。伯南克详尽地阐述了这一观点，说明了由此而导致的金融体系崩溃是如何阻碍经济发展，进而使全国陷入残酷的经济萧条中的。

2002 年，伯南克出席了弗里德曼的 90 岁生日聚会，那一次他对于历史问题的深刻领悟以及对于弗里德曼的崇敬之情表露无遗。伯南克时任美联储理事会理事，他站起来向那位老寿星说，对于大萧条"您是正确的，我们确实是有责任的，很抱歉。但是，非常感谢您，我们不会再犯同样的错误"。

当危机袭来时，正是伯南克在负责货币政策。毫不奇怪，他依据 80 年的历史经验来分析当下发生的一切，并采取了相应的行动。规则重新制定，新的政策工具付诸于实践，大萧条的历史不会重演。正如伯南克在 2009 年夏天对一位记者所言："我不会做又一次大萧条期间的美联储主席。"

结果，伯南克对货币政策进行了彻底的改革，他对金融体系实行了一系列的经济干预措施，其力度之大即使现在也很少有人能够理解。一些结果被伯南克预测到了，而随着时间的流逝，通货紧缩的预期越来越强，出现经济萧条的可能性也在不断增加，因此他采用了其他一些措施。从传统的货币政策（如将利率大幅削减至零）到一些史无前例的措施，政策面面俱到，这预示着美联储对经济的影响力大大增强了。

这些经济干预措施可能有助于避免在 21 世纪出现经济大萧条的局面，但同时它们也给伯南克这位危机经济学者带来了不少麻烦。这些干预政策一旦实施，就很难再收回。不仅如此，事实证明很多政策容易导致大规模的道德风险。美联储仓促地援助金融体系走出了困境，同时挽救了那些缺乏流动资金和丧失偿债能力的金融机构。这种政府援助的先例以后可能难以打破，并且从长远来看，可能导致市场秩序混乱，反过来造成更大的经济泡沫，甚至是破坏性更强的经济危机。

还有一个事实同样严峻，伯南克实施的某些货币政策超越了民主选举政府传统的财政权力，比如财政开支的权力。在此次经济危机中，美联储超越了法律底线，或含蓄或明显地运用了多项权力，它可以用国债交换问题资产，或者直接购买问题资产，并计入资产负债表。即便这些措施被证明是有效的，它们也无法通过国会的审核。

伯南克和其他中央银行家精心策划了这些政策措施，从中可以窥见货币政策运用的一些非传统方式，目的是防止危机不受控制地迅速蔓延，当然这同时也是货币政策的滥用。

通货紧缩及其威胁

自第二次世界大战结束以来，美国的经济周期一直遵循着非常传统的路径，经济从萧条中复苏、扩张，最终进入繁荣局面；接着，美联储通过提高利率水平结束经济增长周期，其目的是抑制通货膨胀，更多时候是防止经济过热，经济将不可避免地开始紧缩，衰退随之而来。

有时，经济衰退部分是由经济学家所称的"外生供给冲击"（exogenous supply-side shock）引发的，最典型的是 1973 年、1979 年和 1990 年。在这 3 年里，中东地区的经济危机导致油价迅速上涨，引发了通货膨胀。这时，美联储再次提高了利率，以抑制物价上涨，结果经济开始紧缩。

不管是出于什么原因，尽管这些各种形式的紧缩措施并不能彻底消除通货膨胀，但都能使之得到缓和。产出或国民生产总值的下降（通常下降 1~2 个百分点）导致失业率在可承受范围内上升，以及经济萧条再次到来。

在某些情况下，经济仍然保持自然增长。其他情况下，政策制定者们会采用传统的政策工具来刺激经济复苏。他们会降低利率，有效地降低家庭和企业的融资成本，这将促进人们消费，增加人们对于从房屋到工厂设备等各种商品的需求。降低利率水平往往还会引发美元贬值，从而增强美国出口贸易的竞争力，同时提高进口成本，刺激人们对于国内商品的需求，最终有助于实现经济复苏。另外，扩张性财政政策也常常被用来帮助经济恢复增长。

第二次世界大战后美国出现的前 10 次经济衰退，大多数属于上述这种情况。其中大部分持续不到一年，除了伴随 1973 年石油危机而产生的经济衰退。那一次石油危机是由中东赎罪日战争引发的。当伊朗伊斯兰革命引发了 1979 年的第二次石油危机后，美联储提高了利率水平以抑制通货膨胀，导致美国陷入了更为严重的经济紧缩。尽管很残酷，但事实证明那一次的行动是成功的，它为著名的大稳健创造了条件。结果，1991 年和 2001 年的经济衰退都仅仅持续了 8 个月。尽管这些经济紧缩导致了严重的损失，但是得益于宽松的货币政策和财政刺激计划以及税收减免等一系列措施，最终经济都恢复了增长，重现繁荣景象。

在最近的这次金融危机之后，经济陷入了第二次世界大战后第12次衰退之中，但这一次情况有所不同。物价不仅仅保持平稳，在某些情况下甚至出现了下滑，这在近五六十年以来尚属首次。这种现象就是通货紧缩，它使得所有充满智慧的政策制定者都失去了信心。2008年秋天，《纽约时报》评论道，通货紧缩的再次出现"吓得经济学家直冒冷汗"。次年春天，伯南克解释道："目前我们非常激进，因为我们设法避免……通货紧缩。"

对于外行人而言，这样小题大做看起来有些令人费解。毕竟，物价下跌不应该是一件好事吗？消费品的成本相对较低，人们可以用自己的收入购买更多的商品，这有什么不好呢？实际上，在少数情况下，小幅、温和的通货紧缩与强劲的经济增长相伴而生，因为技术进步降低了商品的价格。例如，1869—1896年，铁路线的延伸和新的生产工艺的运用推动物价每年下降大约2.9%，与此同时，尽管周期性的经济危机不时出现，但经济却以平均4.6%的年率持续增长。

对于经济史学家来说，这种情形仍然令人有些不解，因为通货紧缩往往不与经济增长同步出现。因为在大多数情况下，引发通货紧缩的并不是技术革命，而是相对于商品供应量和经济的生产能力而言，需求总量的大幅下降。

更常见的通货紧缩会对经济的日常运行产生各种影响，它能够抑制消费者购买昂贵的商品，例如汽车或房产。同样地，在商品价格停止下跌之前，计划进行资本投资的厂家可能更愿意继续从事副业。不幸的是，延期消费不仅丝毫没有起到刺激经济增长的作用，而且正好相反。

由金融危机引发的通货紧缩，情况则完全不同，其危险性和破坏性要高得多。在19世纪，金融危机反复出现，这种通货紧缩较为常见，而这种情况在20世纪则要罕见得多。尽管伴随着20世纪30年代的全球性经济萧条，通货紧缩相应而生，但是在那之后就很少再次出现。仅仅在20世纪90年代，通货紧缩方才卷土重来，第一次出现在日本的资产泡沫破灭之后，接着发生于1998—2001年阿根廷的严重经济衰退期。

在最近的经济危机期间，此类通货紧缩的潜在影响让经济学家不寒而栗。他们非常清楚，这种通货紧缩的不良影响会对整个经济造成威胁。即便它不会导致彻底的经济萧条，也会在未来数年阻碍经济增长，最终导致所谓的"停滞通缩"（stag deflation）。那时经济停滞，甚至是经济衰退与通货紧缩同时出现，在这种情况下，货币政策的传统工具就失去了效力。

欧文·费雪是最早了解通货紧缩动态作用的经济学家之一，在 1929 年市场崩溃之前，费雪声称股票价格将"永远保持高位"，他也因为这个说法而臭名昭著。然而，他随后提出了一个令人信服的理论，阐述了金融危机、通货紧缩和经济萧条之间的关系，即他所称的"大萧条下的债务紧缩理论"，这一理论为他挽回了声誉。简而言之，费雪认为经济萧条因为两个因素而恶化：其一是在危机之前的过多负债，其二是在危机之后的过度通货紧缩。

一开始，费雪观察到美国历史上最严重的数次金融危机都是发生在整个经济债务过度累积之后，包括 1837 年、1857 年、1893 年和 1929 年的金融危机。当危机来袭，如 1929 年的股票市场暴跌，追加保证金的通知导致人们对清偿债务的狂热。费雪认为，尽管急于清偿债务、增加流动性储备是合理的，却损害了宏观经济的健康发展。如同他在 1933 年解释的那样："人们努力减轻他们的债务负担，结果适得其反，这是由于人们蜂拥清偿债务造成的巨大影响……债务人偿还的越多，他们欠债越多。"费雪明智地指出，从 1929 年 10 月至 1933 年 3 月，尽管债务人疯狂地将名义债务总额下降了 20%，通货紧缩实际上将他们的剩余债务提高了 40%。

费雪认为，之所以会出现这种状况，是因为债务人急于以过低的价格变现资产，而这导致了包括证券和商品在内的所有资产价格的下降。供给远远超过需求，价格因此下跌。与此同时，人们支取银行存款，用以清偿债务或预防银行破产倒闭。这些存款的支取将导致经济学家所称的"存款通货"的减少，甚至引发货币供应总量的下降。而货币供应总量的减少又进一步压低了价格，随着价格水平的进一步下降，全部资产的价值将下跌，这使得持有这些资产的银行和企业净值相应下降。结果，更多的资产被低价抛售，通货紧缩也进一步加剧，这使得市场流动性降低，市场上一片愁云惨雾和悲观情绪，更多的人持币观望，更多的资产被低价抛售。

由此引发的通货紧缩将造成严重的后果。由于债务人急于清偿债务（同时，由于商品总需求在严重的经济萧条中开始下降），商品和服务价格水平的下降反而提高了美元的购买力，甚至会增加剩余债务的实际负担。换言之，通货紧缩增加了名义债务的实际价值。人们希望提前偿还债务，结果适得其反。费雪称此为"大悖论"，即人们偿付得越多，债务给他们造成的负担越重。

这就是"债务紧缩"。为了更好地理解它，我们以所谓的"债务膨胀"（debt inflation）来进行对比考虑。设想一下，如果你是一家企业或一个家庭，承担着 10 万美元的贷款债务，期限 10 年，年利率 5%，而通货膨胀率约为 3%。如果通货膨胀保持在这一水平，你每年实际支付的贷款利率为 2%，这是名义利率或原始利率减去通货膨胀影响后的净值。如果通货膨胀率上升至每年 5%，利率实际上就变为 0，相当于你借的是无息贷款。但是，如果通货膨胀不受控制，年率达到 10%，那么你借的不仅是无息贷款，而且贷款本金也在贬值。这个例子说明了如何计算"实际利率"，即它等于名义利率与通货膨胀率的差额。

还有一个更加极端的例子。设想一下，您承担了同样的 10 万美元贷款债务，同时通货膨胀完全无法控制。商品价格和工资水平迅速上涨到惊人的程度，以往花费 1 美元可以购买一个面包，现在需要花上 1 000 美元。同时，原来只需支付微薄薪酬的最低工资标准，现在每年需要支付好几百万美元，复杂的工作则需要支付上亿美元。再来看看您欠的 10 万美元债务，以原先价值较高的美元来计算，债务数量丝毫未变，本金数量并没有随通货膨胀而发生变化。但现在您可以更加容易地清偿贷款了，这只不过相当于一个月用来购买杂货的钱。

问题的关键在于，和您当初欠下债务时相比，您用来清偿债务的美元贬值了。就是因为这个简单的原因，通货膨胀成为债务人的朋友：它有效地降低了原始债务的价值。

然而，通货紧缩可不是债务人的朋友。让我们回想下刚才的例子，10 年期贷款，年利率 5%。与预期的相反，经济的通货紧缩率为 2%，这意味着，您实际支付的贷款年利率为 7%。如果通货紧缩率为 5%，您的实际融资成本就翻了一番，达到 10%。换言之，和您当初欠下债务时相比，您用来清偿债务的美元升值了。不幸的是，即便美元的价值提高了，现在您持有的美元量却下降了，因为您的工资减少了。

通货紧缩导致的结果是债务人（家庭、企业、银行和其他）发现自己的融资成本不断提高，并远远超过了当初的预期。在一次大规模的金融危机期间，失业率上升，恐慌情绪不断蔓延，惜贷现象也愈演愈烈，所有债务人的债务清偿都变得更加困难，或者说，再融资的成本增加了。投资者抛售风险资产，寻求流动性和安全性更高的资产，如现金和国债等。人们持有现金，拒绝借出资金，这加剧了流动性困境。随着信贷的枯竭，越来越多的人无法清偿债务，使得经济又陷入通货紧缩、债务通货紧缩和进一步债务违约的循环中。

最终的结果是经济萧条：经济严重崩溃，宏观经济以 10% 甚至更高的速度收缩。大萧条期间的经济崩溃是史无前例的，大萧条既让欧文·费雪精神受创，也让他深受启发。从高峰到低谷，股票市值缩水了 90%，经济收缩了将近 30%，有 40% 的银行破产倒闭，失业率急剧上升到近 25%。通货紧缩时又会出现怎样的情况呢？价格一落千丈，一打鸡蛋在 1929 年时的价格为 0.53 美元，而在 1933 年的价格为 0.29 美元，下降了近 45%。从工资到天然气，所有价格都出现了类似幅度的下降。

费雪的观点非常悲观，这毫不奇怪。在 1933 年经济陷入严重危机期间，他写道："除非出现某种抵制性因素可以防止价格水平的下降，否则这一次的经济萧条……会延续下去，愈演愈烈，形成恶性螺旋式上升，持续数年时间。航船会不断倾斜，直至倾覆。"尽管费雪承认"在几乎所有的银行破产倒闭之后"，局势最终可能稳定下来，但是他认为这是"没有必要和残酷的"。相反，他建议政策制定者通过"通货再膨胀"方式将价格恢复到危机前的水平。正如他所言，"如果大萧条下的债务通货紧缩理论在根本上是成立的，那么控制物价水平的问题便具有了新的意义，美联储和财政部长等经济掌舵者需要在未来担负起新的责任"。

这些话很可能给本·伯南克、亨利·保尔森和蒂莫西·盖特纳造成了困扰，因为他们面对的似乎是大萧条的再次出现。不幸的是，和金融危机中几乎其他所有问题一样，设计通货再膨胀，或更坦率地说，创造通货膨胀，并不像看起来那么简单。一旦通货紧缩的螺旋式上升占据了主导地位，常规的货币政策往往就失去了效力，它对于金融危机中产生的其他问题也将同样无能为力。因此，必须开发出其他的政策工具并付诸实践。

流动性陷阱

经济学家讨论常规货币政策的失灵问题时,他们会提到"流动性陷阱"(liquidity trap)。要了解政策制定者为什么担心出现流动性陷阱,我们有必要审视一下中央银行是如何控制货币供应量、利率水平和通货膨胀的。

在美国,联邦储备委员会主要通过公开市场操作来控制货币供应量。就是说,它可以进入二级市场,买卖短期国债。在操作过程中,它可以有效地增加或减少联邦银行体系的货币量。由此,它改变了所谓的联邦基金利率,即银行同业之间运用在美联储的存款资金进行隔夜拆借的利率。在正常时期,联邦基金利率代表的是任何经济层面的融资成本,它是美联储可支配的最为有效的政策工具之一。

我们来看一下公开市场操作是如何运作的。假如美联储担心通货膨胀,希望预防经济过热。于是美联储进入二级市场,抛出 100 亿美元的短期国债,由此,它有效地减少了银行体系的货币量。为什么?因为债券买方必须从各自的银行开出支票,然后美联储将支票兑现,持有现金。这样一来,银行体系和宏观经济都流出了 100 亿美元,不仅如此,由于银行是运用存款资金来发放更多的贷款,因此银行体系乃至货币供应量受到的实际冲击可以达到近 250 亿美元或 300 亿美元的规模。

美联储收紧了货币供应量,并且促使信贷规模缩减:它有效地提高了融资成本。和其他商品一样,货币同样遵循供求法则,随着供应量的下降,融资成本相应上升。换言之,由于贷款人现在要求更高的贷款利率,所以利率水平上升了。媒体常常宣布美联储"提高"了利率,事实上更确切的说法应该是,它是通过这些公开市场操作来提高联邦基金利率。

现在我们设想一下,美联储不再担心通货膨胀问题,而是担心经济开始走向衰退。因此,美联储计划通过买进短期国债来降低联邦基金利率,为经济增长提供充裕的资金。那么它从何处获得资金呢?美联储开出了一张 100 亿美元的支票给国债的卖方,卖方再将获得的支票存入各家银行。现在,这些银行可以运用这些存款来发放数倍的贷款,货币供应量突然大幅提高了,因此贷款更容易获取。更重要的是,融资成本降低了:增加货币供应量对经济的净效应是联邦基金利率下降和利率水平的普遍下降。

上述情形发生于正常时期。相比之下，流动性陷阱并非正常情况。当美联储无力再进行公开市场操作时，流动性陷阱便出现了，即当美联储驱使联邦基金利率下调至零时，噩梦就开始了。在正常时期，将利率调整为零可以放松银根，增加流动性，刺激经济快速增长。但是，在金融危机之后，将利率下调至零，可能不足以重塑市场信心和促进银行间同业拆借。银行非常担心自身的流动性需求，并且同业间相互不信任，这导致它们宁可持有全部的流动性资金也不愿意将之贷出。在充满恐慌的氛围中，政策利率可能已降为零，但是银行愿意贷出的实际市场利率要远高得多，这使得融资成本更加高昂。如果银行贷出资金会受到惩罚，可别指望它们会这么做。因为政策利率几乎不可能下调到零以下，政策制定者会感到困惑不已，他们已经陷入了可怕的流动性陷阱。

在最近的经济危机期间，全球的中央银行发现自身正是陷入了这种局面。随着危机的恶化，他们大幅削减利率水平。截至 2008 年年末和 2009 年，美联储、英格兰银行、日本银行、瑞士国家银行、以色列银行、加拿大银行，甚至是欧洲中央银行几乎都把利率下调到接近零的水平。与以往的金融危机相比，货币政策的实施非常迅速，并且从某些方面来说是协调一致的。但是，考虑到银行、家庭和企业的恐慌情绪和不确定性，这种集体降息对于增加贷款投放、拉动消费、投资和资本支出意义不大，市场利率仍然非常高。这些降息行动也未能遏制通货紧缩的发展趋势。传统的货币政策不再具有市场支配力，实施货币政策就好比"推绳子"，丝毫不起作用。

这种现象出现的原因非常简单：联邦基金利率（或其他国家的类似利率）的下降并未渗透到更为宽泛的金融体系。银行有资金，但不愿意贷出。金融危机引发了不确定性。同时银行担心现有的大部分贷款和投资将最终变为坏账，因此变得厌恶风险。传统货币政策的失灵恰好印证了一句古老的格言：牵马河边易，逼马饮水难。美联储可以为银行业注入充裕的资金或流动性，但是不能强制银行贷出资金。如果这些银行运用了自身的超额准备金，它们投向的是与现金最为接近的资产：无风险国债。

为了理解流动性陷阱问题，我们可以分析安全性极高的投资或其他固定投资的回报率与风险投资回报率之间的差额，可以采用多种方式来测量这一差额，例如"泰德利差"（TED spread）。泰德利差是美国短期国债利率和 3 个月 LIBOR 之间的差额，是银行同业间 3 个月期的拆借利率。在正常时期，泰德利差在 30 个基点附近浮动，这反映出一个事实，即市场认为银行同业拆借风险仅仅比政府贷款稍高一点。

在危机顶峰时期，泰德利差达到了 465 个基点，因为银行同业间不再相互信任，不愿意贷出 3 个月期的贷款，除非利率足够吸引人。与此同时，风险厌恶的投资者转而持有最为安全的资产——美国国债。这些因素导致在银行融资成本上升的同时，美国政府的融资成本下降了。利差的扩大反映出这种动态影响：利差越大，市场承受的压力就越大。因此，尽管美联储愿意发放低息贷款，银行同业间实际的市场拆借利率，如 LIBOR 仍然很高。更糟糕的是，由于许多其他短期贷款和浮动抵押贷款的利率在某种意义上是盯住 LIBOR 的，因此私营企业和家庭的融资成本仍然保持高位。

诸如"泰德利差"这样的测量指标有点类似于血压计：它们能够反映经济体系潜在的健康程度。这些指标揭示出货币资金在经济体系内的流通便利性或在既定时刻市场的流动性。在正常环境下，市场流动性相对较强，人们相信市场规则，愿意互相借贷，融资成本维持在合理水平。在经济危机时期，当病人（金融体系）实际上已经病入膏肓，尽管已经采用了常规的措施来保持健康（通过公开市场操作降低利率水平），系统的血脉（资金）却未能流通。这使得通货紧缩具备了非常大的现实可能性。

那么，我们应该如何应对这类问题呢？回溯到 2002 年，当伯南克讨论到通货紧缩的危害时，他暗示可能会采用一些干预措施。当时他认识到由于"我们对实施这些政策的经验相对不足"，这些实验性措施的风险非常高。20 世纪 90 年代，日本推行了其中的一些措施，但是这些政策工具仍然非常具有争议性。

当危机来袭时，伯南克推行了上述一系列措施，旨在缩减由市场决定的短期利率（接下来是长期利率）与政策制定者设定的短期利率之间的差额。为了完成这一目标，美联储建立了一系列"流动性"工具，使任何有低成本融资需求的人都可以获得低息贷款。实际上，政府的做法远远超越了流动性注入的传统机制（即降低隔夜联邦基金利率），它直接对市场进行干预，并且直接为陷入困境的金融机构发放贷款。政府成为典型的最后贷款人，为不断扩大的金融体系投放贷款、提供资金流动性。

最初，美联储的政策实施目标是储蓄机构或银行，这些机构有权从美联储直接融入隔夜资金，也可以通过贴现窗口进行融资。贴现窗口是指在早些年代，缺乏资金流动性的银行会去美联储融资。很少有银行运用这种权利，主要是因为在正常时期美联储对于到贴现窗口进行融资的任何一家机构都实行惩罚性利率。贴现窗口旨在投放小额的紧急贷款，而不是用于应对经济危机的。然而，随着经济环境的恶化，美联储降低了惩罚性融资利率，允许银行融入更长期限的贷款。截至 2008 年 3 月，银行可以从贴现窗口融入不超过 90 天的资金，并且几乎无须支付罚金。

随后，美联储也引入了新的流动性工具。定期拍卖工具的实施对象是储蓄机构，它为这些机构提供了另外一种融资渠道，以确保它们可以融入比隔夜期限长得多的资金。但是，定期拍卖工具对于抑制流动性危机、资产低价甩卖的恶性循环、强制性清盘以及费雪预言的资产价格下跌等都无能为力。美联储不得不采用其他政策工具，旨在援助那些原来无权通过美联储进行融资的机构。

因此，美联储采用了"一级交易商信用工具"（primary dealer credit facility，PDCF），为一级交易商，即美联储进行公开市场操作的交易对手——银行和经纪自营商提供隔夜拆借。另外一种工具是"定期证券借贷工具"（term securities lending facility，TSLF），即以同一类机构手中持有的低流动性证券为交换，为这些机构发放中期贷款。因此，自经济大萧条以来，美联储首次运用紧急权力为非储蓄机构提供融资。自此开始，政策工具种类增多，以首字母缩略词的方式区别于新政期间设计出的政策工具：CPFF（商业票据融资工具）、MMIFF（货币市场投资者融资工具），以及最拗口的 ABCPMMMFLF（资产支持商业票据货币市场共同基金融资工具），通常简称为 AMLF。

这些以首字母缩略词表示的融资工具作用方式各式各样,政策目标也各不相同。有时,这些政策工具允许金融机构直接从美联储融资。有时,它们允许金融机构以低流动性资产(优质的资产支持证券、企业债券和商业票据)交换安全性高、流动性强的国债。另外,这些政策工具直接或间接地为买进低流动性的短期债务工具提供资金支持。无论采用何种机制,目标是一致的:为那些显露出危机迹象的特定市场注入流动性。这种史无前例的政策干预并不像表面看来的那样一视同仁,美联储不接受垃圾债券或其他低级债务作为抵押。理论上来说,它仅接受优质债务。

美联储的这些努力最终有所成效:2008 年年末,在雷曼兄弟倒闭之后,美联储和其他国家的中央银行为金融市场注入了数千亿美元的流动性,短期市场工具和安全的国债之间的利差开始缩小。尽管这些政策工具烦琐复杂、手段激进,但是它们成功地为短期信用市场提供了流动性。然而,这是付出了惨痛代价之后取得的胜利。美联储和其他国家的中央银行设置了类似的政策计划,它们不仅仅是最后贷款人,而且同时承担了第一、最后和唯一的贷款人角色。在此过程中,美联储一次又一次地破釜沉舟。

在正常时期,最后贷款人帮助各家银行解决流动性问题。但是,在这场特殊的危机期间,中央银行最终几乎为所有的银行提供了援助。它不仅像往常一样简单地为各家银行提供隔夜拆借,还为之提供期限长达数周,甚至数月的贷款,因为这次流动性危机已经非常严重了。除此以外,对于以往从未成为援助目标的金融机构,如包括非银行金融机构在内的一级交易商和货币市场基金,美联储也为其提供了融资支持。美联储甚至通过商业票据融资工具直接为企业提供融资,另外,它还以特殊的低成本贷款方式为许多原本被认为“大而不倒”的金融机构提供了流动性支持,包括美国国际集团、房利美、房地美以及花旗银行。欧洲的中央银行家们也采用了类似的政策措施。

这些干预措施在中央银行历史上几乎是史无前例的,它们增强了政府对于金融体系的支持力度。但是,这些只不过是开始而已,事情远远没有结束。

最后贷款援助

和典型的危机蔓延一样，银行和其他金融机构陷入了挤兑风潮。墨西哥的存款人要求支取存款，日本的投资者要求收回他们贷出的日元。这种局面并不乐观，但是这些国家的中央银行可以力挽狂澜，因为它们可以发行货币来满足资金需求。如果本国货币供不应求，为了平息恐慌情绪，各家中央银行都可以增加本国货币供应量。

但是，如果金融机构、企业、家庭，甚至政府的债务是以外币计价的，那么局面就难以收拾了。新兴市场经济体可能最终从其他国家的银行和其他金融机构获取大量外币融资，这里所说的外币主要是美元，但是也可能是欧元或其他货币。

如果由于某种原因，在贷款到期时，新兴市场国家的债权人决定不再提供债务展期，那么美元债务人不得不清偿债务。这使得债务人陷入了困境：它们没有美元可以还债。它们可以求助于中央银行，但是中央银行也不可能贮存有如此大量的外币储备，因此它同样无能为力。同时，中央银行也不能发行美元，那可是伪造假币行为。因此，这些债务人变得异常脆弱。这种困境是近年来一系列新兴市场危机的核心问题，包括1994年的墨西哥危机、1997—1998年的东南亚金融危机、1998年的俄罗斯和巴西危机，以及2001年的土耳其和阿根廷危机。

下面让我们来了解一下国际货币基金组织的情况。该组织成立于第二次世界大战末期，其主要职责之一是充当各国政府和中央银行的国际性最后贷款人。20世纪90年代，各国政府和中央银行都曾承担过这一角色。在那10年间，国际货币基金组织任务繁重。但是到了21世纪，这个全球经济的紧急援助者却无事可做，直到金融危机来袭。随后，国际货币基金组织再次成为许多新兴市场国家的最后贷款人。

国际货币基金组织以两种方式提供援助。它将传统的政策工具"备用信贷安排"（Stand-By Arrangement，SBA）广泛应用于14个国家，其中规模最大的是匈牙利、乌克兰和巴基斯坦。和20世纪90年代为新兴市场提供的援助一样，只有当接受援助的国家实行了理论上有助于未来稳定的经济改革之后，国际货币基金组织才会为这些国家发放外汇贷款。那些已经实行过金融改革,经济更为稳定的国家(墨西哥、波兰和哥伦比亚等)采用的是非传统的流动性工具,即"灵活信用额度"(Flexible Credit Lines,FCLs)。与备用信贷安排不同,灵活信用额度是一种预防性的信用额度:国际货币基金组织承诺给予援助,但是实际上并未立即支付现金。

国际货币基金组织提供的贷款规模相当惊人。截至 2009 年夏天,国际货币基金组织批准了超过 500 亿美元备用信贷安排和 780 亿美元的灵活信用额度,这些额度远远超过了前 10 年的援助总额。例如,1997 年韩国接受了不足 100 亿美元的经济援助,以应对后来席卷亚洲的金融危机。相比之下,乌克兰的经济规模远低于韩国,但是它于 2008 年接受了高达 164 亿美元的经济援助。

国际货币基金组织并不是唯一的最后贷款人。美联储除了对国内经济进行了大量的干预,还通过"互换额度"(swap lines)在全球扮演了重要的角色。在互换额度协议下,美联储以美元交换一些其他国家的货币,这使得其他国家中央银行可以在本国为美元需求者提供美元融资。例如,2009 年 4 月墨西哥启用了美联储提供的 300 亿美元互换额度,资金的流入为市场提供了美元流动性,成功地帮助那些美元债务人清偿了贷款或进行贷款展期。

这些援助行动本身规模相当惊人,但是当前的经济危机具备一个奇特的、前所未有的特点,那就是与以往新兴市场国家遭受的流动性危机相比较而言,即便是最稳健、最发达的经济体面对的流动性危机程度也有过之而无不及。欧洲的许多金融机构负担着巨额的短期美元债务,以应对大量的投机活动。在危机高峰时期,银行间市场冻结,这些金融机构无法对以美元计价的债务进行展期。所有人都想要美元,因此,美元迅速升值。这种情况非常具有讽刺性,美国是此次金融危机的发源地,但是其货币却在 2008 年出现了大幅升值。

伯南克的解决方法不过是最后贷款援助的一个翻版。美联储不可以直接贷款给他国的金融机构,但是它可以为别国的中央银行提供融资,而这些中央银行接着又可以将这些资金借给本国急需美元的金融机构。作为回报,美联储从那些融入美元资金的中央银行那里获得了等额的外币。这样,大量的美元通过美联储流向了欧洲中央银行、瑞士国家银行、英格兰银行,以及瑞典、丹麦和挪威等国的中央银行。

相应地，美联储获得了等额的欧元、英镑、法郎和其他货币。截至 2008 年年末，这些互换额度总计达到了 5 000 亿美元，直到 2009 年春天，总额才开始下降。

由于采用了大量的措施来恢复市场的流动性和稳定性，危机逐步被平息下来。但是，政策制定者们发现，通过短期贷款避免直接的、戏剧性的危机是一回事，使经济免于通货紧缩和衰退则是另外一回事。

激进的选择

美联储和其他国家的中央银行还采用了一种非常规工具，即"定量宽松"政策来应对经济危机。伯南克称之为"信贷宽松"政策，而经济学家保罗·克鲁格曼（Paul Krugman）则认为应该叫作"定量宽松"政策。无论怎么称呼，日本曾经在 20 世纪 90 年代尝试运用过这种工具的温和模式。其基本原理在于，中央银行像干预短期债务市场一样干预长期债务市场。

为什么要采用信贷宽松政策呢？因为至今为止已采用的措施都未产生显著成效。幸好隔夜联邦基金利率有所下降，银行可以获取大量现金。随着一系列新的流动性工具的采用，各个国家的金融机构可以融入现金，最终促使以 LIBOR 利率为标准的短期融资成本下降。但是，尽管接受了种种的慷慨援助，银行业仍然拒绝为那些急需资金周转的企业发放期限较长的贷款。银行从美联储获得了无息贷款，但是市场利率仍然维持高位。金融机构继续持有现金，避免损失进一步扩大，或者，它们将资金投入安全性最高的资产——国债、公司债券以及房利美和房地美债券中。

银行倾向于将资金投向国债、公司债券，尤其是长期债券，这一点是可以理解的。银行以接近零的政策利率从美联储融入资金，然后投资于 10 年期或 30 年期国债，回报率为 3%～4%。这样，银行可以从中获取可靠利润，并且避免了向那些急需资金周转的高风险借款人发放贷款。尽管这种策略对于缓解信用危机毫无益处，但是从自保的角度而言，这样做也无可厚非。

通过运用定量宽松政策,美联储可以从多方面解决上述问题。它介入金融系统,购买 10 年期和 30 年期的长期国债。这立即为市场注入了大量的流动性,因为美联储可以通过凭空发行货币来购买这些债券。由于美联储购买了数千亿美元的债券,现金大量流入持有债券的银行。现在,银行有了足够的现金,也有了贷出这些资金的动力。

美联储之所以采用定量宽松政策,是希望可以产生另外一个积极的影响,即降低这些债券作为长期投资的吸引力。之所以如此,是因为债券的价格和收益率呈反向走势,如果价格上涨,债券收益率就会下降。当政府通过购买债券来刺激债券需求,债券的价格就会上涨,其收益率就会下降。这意味着作为银行的一个投资方向,债券的吸引力下降。理论上说,银行将寻找其他的投资渠道,譬如向那些迫切需要资金周转的人发放贷款。

2009 年 3 月,美联储宣布实行定量宽松政策,并购买大量其他资产。当天,美联储宣布将购买不超过 3 000 亿美元的长期国债,同时还宣布购买 1 万亿美元的抵押贷款支持证券和 550 亿美元的公司债券。和决定购买国债一样,美联储早在前一年的秋天就尝试介入这些市场。这些经济干预措施的规模和范围令人震惊,尤其是在抵押贷款支持证券市场。同样,美联储宣布购买 1 万亿美元的"定期资产支持证券贷款工具"(term asset-backed securities loan facility,TALF)以支持美联储贷款、信用卡债务的证券化和汽车贷款。

通过拓宽资产持有范围,美联储试图提供各种各样的长期债券以支持市场发展。美联储所推行的 TALF 计划是其帮助资产证券化市场复苏的温和尝试,但是美联储介入房地产市场的目的绝不仅限于此。它购买抵押贷款支持证券,实际是给了了房利美和房地美喘息机会,并为更多的抵押贷款和抵押贷款系列产品提供担保。这一战略是和美联储降低 10 年期和 30 年期国债收益率的政策同步实施的。由于长期利率往往相互影响,这种干预可能导致抵押贷款利率下降,从而助推抵押贷款市场发展。同样,它也有助于降低企业的融资成本。

并非只有美联储实行了定量宽松政策。在英国,英格兰银行同样陷入了流动性陷阱。它将基准利率削减到接近零的水平,这是自 1694 年该银行成立以来的历史最低水平。与此同时，英格兰银行创造了一些与美国类似的流动性工具。但是，这些举措均未能阻止债务通货紧缩的步伐，因此，2009 年 3 月，作为其定量宽松政策计划的一部分，英格兰银行承诺购买大约 1 500 亿英镑的国债和企业债券。两个月之后，欧洲中央银行如法炮制，承诺购买 600 亿欧元的一种名为"资产担保债券"（covered bonds）的抵押债券。

上述所有的经济干预政策表明中央银行承担的角色已经发生了极大的变化。在以往的经济危机中，中央银行尽量不承担最后贷款人的职责。然而这一次，随着政策措施的不断升级，各国中央银行开始扮演一个新的角色：最后投资人。它们开始创造一些流动性工具，允许金融机构以问题资产交换安全性较高的国债。因此，它们实际上为那些不受欢迎的资产人为地开辟了一个市场。与此同时，当这些中央银行直接发放贷款时，它们可以接受的抵押物范围非常宽泛，从企业债券到商业房地产债券，再到商业票据等等，照单全收。这也提高了一系列资产的价值。

美联储和其他中央银行采用的定量宽松政策，标志着它们在公开市场直接购买长期债券的规模达到了顶峰。结果，中央银行的资产负债表发生了巨大变化。例如，在 2007 年，美联储持有大约 9 000 亿美元资产，几乎全部是美国国债。但是截至 2009 年夏天，美联储的资产负债表迅速扩张到大约 2.3 万亿或 2.4 万亿美元，其中大部分资产是在经济危机期间累积的，部分资产相对安全，如房利美和房地美债券，其他资产的安全性相对较低，尤其是那些从家庭抵押贷款、信用卡债务和汽车贷款衍生出来的资产。

在全部的资产中，风险性最高的是担保债务凭证和其他潜在问题资产，这些资产是在援助贝尔斯登和美国国际集团期间获取的。2009 年 2 月，美联储在报告中提出，这些资产是"美联储资产负债表上最令人费解的部分"。这种说法明显是轻描淡写。与其持有的大多数资产不同的是，美联储是通过控制 3 家有限责任公司即 Maiden Lane I、Maiden Lane II 和 Maiden Lane III 来持有上述高风险资产的。上述 3 家有限责任公司都是由贝莱德公司（BlackRock Financial Management）私下进行运作的。这一非同寻常的安排引发了人们的责难和怀疑，这在美联储历史上也是前所未有的。

总之，传统和非传统货币政策的运用共同构成了对金融体系大规模、史无前例的干预行动。在危机蔓延过程中，伯南克和其他中央银行家们试图运用 3 种政策工具来应对金融危机的冲击。

- 第一种方式是最传统的，是为包括银行、经纪自营商，甚至是外国中央银行在内的金融机构提供流动性支持，即最后贷款援助。
- 第二种方式较为少见，即采用特殊的政策工具购买某些特定的短期债务工具，如商业票据，或者为买入这些债务工具提供资金支持。
- 第三种方式是美联储承担最后投资人角色，这是最为激进的一种政策工具，即美联储承诺干预长期债务市场，包括形形色色的资产支持证券和长期国债。

尽管这些政策工具的影响从某种意义上来说是难以想象的，但是与金融危机期间采用的措施相比，它们并没有那么激进。例如，美联储可以直接干预股票市场，购买那些不受欢迎的股票。在 1998 年的亚洲金融危机期间，这一政策得以应用，那时香港地区的货币当局购买了当地证券交易所交易的全部股份的 5%。这一政策在当时饱受争议，但是它挫败了某些大型对冲基金的"双杀"计划（即同时做空外汇市场和股票市场），从而成功地阻止了一场外汇危机的发生。当然，政府也从其投资中获取了可观的利润。同样地，日本银行于 2002 年采纳了一项类似的政策，尽管其政策力度要比香港小得多。日本实行该项政策的目的仅仅是为了提高某些银行股票的价格，乃至提高这些银行本身的价值。2009 年，出于同样的目的，日本再次运用了这些政策工具。

美联储没有沿着这条道路继续走下去，这样做合情合理：如果沿用以往的做法，会使得人们更加担心政府在操控世界上最大经济体的市场，由此会进一步降低其岌岌可危的信用。

正是出于同样的担心，美联储对其他的经济干预政策也设定了一定的限制。它仅接受高投资级别的资产作为贷款抵押物，当它介入特定市场时，它拒绝购买低等级的商业票据。美联储在采取行动阻止经济危机方面是有所节制的。

美联储也没有实施其他一些备受争议的极端政策工具。它更为广泛地采取了定量宽松政策，操控外汇市场以实现美元贬值。美联储甚至还采用了另外一个政策，是由弗里德曼半开玩笑地提出来的：政府印刷纸币，然后从直升机上撒下去。弗里德曼从未预计到政策制定者们真的会像天女散花一样分发货币，但是他们推行的政策作用相同。例如，单纯依靠印发纸币来降低税赋。2002 年，伯南克接受了这一观点，但是在危机期间并没有付诸实践。

然而，伯南克和其他中央银行家的确采用了一些非常少见的政策工具，试图阻止危机蔓延。不幸的是，在危机期间实行的激进补救计划必然会产生令人意想不到的结果。最初，美联储向金融市场传递了一个清晰的信号，即它几乎会不择任何手段地来防止金融危机陷入不可收拾的局面。这种信号非常鼓舞人心，但是它导致了大规模的道德风险。当下一次金融危机来临之时，银行和其他金融机构都将相信美联储会再一次伸出援助之手。这也情有可原，事实上，美联储曾经在全球金融体系中采用了一系列特殊的流动性工具，同时提供了最后贷款援助。既然已经有先例可循，那么当经济再次显露危机端倪时，企业有理由相信美联储会故伎重施。

这是一个问题。正如 20 世纪 80 年代初东方航空（Eastern Airlines）总裁富兰克·波尔曼（Frank Borman）所言，"没有破产的资本主义就像是没有地狱的基督教"。然而，美联储的干预政策保护了那些因缺乏流动资金而无力清偿债务的企业，使得大多数大型银行和金融机构破产倒闭。那些缺乏流动性或者监管者无法容忍的金融企业依然在继续运转。和那些成为日本"失去的十年"标志的臭名昭著的银行一样，这些企业必须破产，而且越快越好。

但是，这在很大程度上取决于另外一个问题：如何放松和废止美联储在危机中期推行的各项特殊的政策工具。早在 2009 年 1 月，伯南克就充满信心地提到了美联储的"退出战略"。很明显，他相信，随着信用环境的改善，金融体系对于宽松货币政策的依赖性将逐步减弱。或许如此吧，但是，在伯南克和其他中央银行家们监管下实行的经济救援计划的规模是空前的。如此多的环节在运转，人们很难了解，在消除部分金融体系对于宽松货币政策的依赖性时，金融体系的其他部分是否也会受到影响。伯南克给焦虑的议员们吃了一颗定心丸，他表示计划确实会有，但是我们身处大航海时代，经济干预程度是史无前例的。

伯南克开创的货币政策工具还有鲜为人知的另外一面：严格地说，其中很多政策已经不单纯是货币供应量管理工具。相反，美联储已经介入了金融体系并给予了援助，由此可能引发的损失最终将由纳税人承担。换言之，美联储采用了一些货币政策工具，悄无声息地渗入财政政策的传统领域，即政府的征税和支出。这些都属于立法部门的特权，但是在危机期间，伯南克的政策超越了界限，将美联储发放贷款的权力转变成了在金融体系进行消费的一种途径。在金融体系陷入困境时，美联储及时给予援助，购买了一些潜在的高风险资产支持证券。即使是购买长期国债，最终也有可能出现亏损：到了必须出售这些债券时，美联储不得不亏损抛售。

然而，侵入财政政策管辖领域是不可避免的。毕竟，用纳税人的钱来挽救金融体系的计划曾遭遇大量的政治性抵触，比如试图为"问题资产救助计划"（TARP）提供充裕的资金，结果以失败告终，2009年春天的经济刺激计划同样也遭到了强烈反对。从危机初期开始，就有人反对运用财政政策来应对金融危机。

很不幸，政府的征税和支出是应对金融危机的最为有力的武器之一，尽管并非总是立竿见影。即便如此，这种权力的运用会造成许多严重的后果，特别是在最近的经济危机期间，议员们滥用了这种权力，不仅将税收用于传统的财政支出，而且运用这些资金进行了经济援助和担保，包括银行、汽车制造企业、房产所有者，而正是这些经济主体遭遇的麻烦首先触发了经济危机。

Crisis
Economics

07

财政刺激政策的拯救之路

完美无缺的财政刺激政策只是一种幻想，糟糕的是，某些
财政政策虽能刺激当前的需求增长，但却以未来的需求减
少为代价。减税和公共工程建设只是一个起点，政府还有
很多复杂而花销不菲的方法来抵御无法逃避的危机。

1930 年，赫伯特·胡佛总统发表年度国情咨文时，美国陷入严重的经济危机已达一年之久。但是，他还是特别强调："经济萧条不能靠法律或行政手段解决，经济创伤应该由经济机体的细胞，即生产者和消费者自己来愈合。"他鼓励"大家要坚定信心、鼓足勇气、自食其力"。

通过此番言论可以看出，胡佛总统仍然是放任自由和不干预政策的坚定支持者。实际上，真实情况要更为复杂，也更为有趣。他在那次演讲中指出，在经济衰退时期，公共工程项目支出计划往往都会取消。他骄傲地说，这一次为了抵御经济衰退，联邦、州和地方政府已经特别加大了基础设施建设投入。事实上，他声称：

> 为扭转颓势，联邦政府针对水运、港口、防洪、公共建筑、高速公路以及机场建设等实行的改善项目，是有史以来规模最大的一次。

在这位"不干预"总统的主持下，美国联邦政府在这些项目上的支出最终翻了一番。

虽然胡佛支持这些支出计划，但他也觉得应该有个限度。他声称："我不能太过强调政府支出的绝对重要性，而批准其他所有的增支计划。"只有"厉行节约"才能保证联邦预算的平衡，这种说法的意思很明确，即在他当政期间不会采取赤字财政政策。

遗憾的是，胡佛总统赶上了危机经济学的历史性转折点。他的言论说明，他陷入了两种完全不同的危机应对范式而难以自拔。一种范式注重过去的观点，认为耐心和预算平衡是最好的药方。另一种范式却主张赤字开支和大量公共建设项目，后来这种主张成为主流。胡佛本可以预见未来，但他却为过去所束缚。他试图协调多个相互矛盾的目标：鼓励自食其力，在危机时提供政府救助以及保持严格的财政政策。但这是不现实的。

胡佛总统在国会发表演讲 6 年之后，凯恩斯清晰地阐述了即将成为新主流的学术观点：在以后的危机中，政府将依靠财政政策来刺激经济增长，从而增加对产品和服务的需求，并唤醒资本主义实现最终复兴所需要的"动物精神"。换言之，政府将依靠赤字财政政策，积极扩大支出，并在较小的程度上降低税负。相反，让经济自我调整的传统办法，被认为是让病人受罪。在随后的几十年，财政政策成了抵御经济下滑的武器，无论这种下滑是不是由危机引发的。

如果说胡佛生活在财政政策发展历程的一个分水岭，我们则可能活在另一个这样的转折时期。凯恩斯主义的"工具箱"已经从最初几个可信赖的"工具"，发展成为今天一系列让人迷惑的"成套设备"，并成为完成政府干预经济目标的一种途径。在美国和其他很多国家，政府支出不仅包括公共项目投资，还包括为银行贷款、债务和储蓄提供担保等项目。政府有时甚至还会动用税收来购买产业巨头和大型银行的股权。就像货币政策已经复杂得让人摸不着头脑一样，财政政策也已成为一个代价高昂的戏法。

胡佛时代所面临的困境，也让今天的政策制定者感到进退维谷。他们可能想削减税收和扩大支出，以鼓励就业及增加需求和产出，但多数政府已经有巨额的预算赤字，公债数额也不断增长到难以持续；他们希望"生产者和消费者"实现胡佛所说的自我治疗，但是却在用比以前更多的支出去救助他们；他们想防范道德风险，却又不断地给家庭、金融机构和企业提供新的激励。

简单来说，21 世纪的财政政策内核，有许多自相矛盾的地方。尽管我们现在的情况可能不像胡佛时代那么可怕，但是传统的财政政策和新的现实已难以兼容。

传统的财政政策

凯恩斯是第一个主张政府运用税收和支出权力解决经济困境的重量级经济学家。他的分析简单而直接：在经济低迷时期，产品和服务的需求远小于供给，从而导致失业和产出下降。凯恩斯在大萧条时期的著作中曾写道：

> 这种循环如果不被遏制，可能会自我循环往复。如果危机足够严重，经济中的"动物精神"将消失，恐惧使生产者和消费者大幅削减支出，从而使经济形势更加恶化，收入进一步减少。虽然存在许多走投无路的失业工人以及闲置的工厂，但是需求、就业、产出和物价都处于持续下降的恶性循环中，经济将陷入通货紧缩陷阱，并带来长期的停滞。

凯恩斯认为经济不会自己走出低谷。政府只有以直接或间接的手段弥补由供给过剩和产能闲置所产生的需求相对不足，经济才可能稳定，并回归繁荣。凯恩斯坚持说，这需要实行赤字支出政策，但最好还是运用政府投资来阻止危机恶化，而平衡预算的工作可以等危机过去以后再进行。事实上，凯恩斯认为过早追求财政平衡目标可能会扼杀复苏的势头。

虽然凯恩斯的思想在他 1936 年出版的著作中才表述出来，但事实上，美国政府早在 10 年前就开始实行他所主张的政策了。从胡佛时代的实践，到罗斯福新政时呈现的高潮，大大小小公共项目的启动，使人们重新获得了工作机会，促进了产品和服务需求的增加。甚至在今天，这些建设项目的数量都是令人叹为观止的。

公共工程、工程执行、公民保护团体修建了大约 38 600 公里的排水管道线、480 个机场、78 000 座大桥、780 所医院、92 万公里的高速公路，以及 15 000 多所学校、法院及其他公共建筑。失业率从 1933 年的 25% 左右下降到 1937 年的不到 15%。这种结果就算称不上奇迹，也是很令人吃惊的。

但到了 1937 年，美国政府继续追求预算平衡的承诺使经济又一次陷入了严重衰退，并长达一年之久。罗斯福政府重启赤字支出政策，推行新政。第二次世界大战爆发后，为了帮助美国经济驱散大萧条的阴霾，实现持续性复苏，政府需要花钱的地方更多。

凯恩斯成为第二次世界大战后的主流经济学家。他的主张不仅成为应对危机的方法，也成为对付各种不同程度的经济危机的工具。虽然凯恩斯在 20 世纪 70 年代受到了批判，但是在 90 年代初期，日本房地产泡沫破灭，经济举步维艰，日本政府再次起用了他的思想。在接下来的 10 年中，日本政府提出了 10 个以上不同的刺激计划，花费超过 1 万亿美元。这些努力使日本的赤字创下了纪录，结果却喜忧参半，既上马了大量改善基础设施的项目，针对农村的许多支出也造成很多浪费并且作用不大。经济学家们继续着让人厌烦的争论，讨论政策是否有用。很多人相信这些政策的失败不是因为公共工程支出政策出错，而是因为具体项目的选择失当。另一些人则坚称是因为政府支出不够，或者退出太早。

但是这种财政刺激只是政策制定者所运用的若干方法中的一种。除了刺激需求的直接支出，财政政策还包括税收减免和返还。理论上讲，这将给消费者带来更多的收入，从而鼓励他们支出。但这并非 20 世纪 30 年代的财政策略：胡佛曾经加税，罗斯福也是如此，大部分税收负担落在了富裕阶层和中产阶级身上。但是在第二次世界大战之后，各种税收减免和授信已经成为衰退和危机时期财政政策一个不可或缺的部分。例如，日本就将税收减免作为危机应对措施的一部分。

财政政策还有第三种形式，即所谓的转移支付。政府向特定的低收入群体（穷人和失业者），或者经济困难的州和地方政府转移财政收入。转移支付从 20 世纪 30 年代起就成为财政政策的支柱，很多"新政"项目对这些群体来说如救命稻草。和减税一样，这些举措也是抵御经济危机和衰退的常规性措施。转移支付有很多形式，比如失业金、食物券或者就业培训基金等。

从 2006—2008 年这次危机中，我们不难看出政府对这三项传统财政政策的极大的信任和倚重。在 2008 年 1 月，立法者打响了救援行动的第一枪，批准了一项针对企业和个人的高达 1 520 亿美元的减税计划，但这与 2008 年的《经济刺激法案》（*Economic Stimulus Act*）及 2009 年的《复苏和再投资法案》（*American Recovery and Reinvestment Act*）相比又逊色不少。后两者总预算高达 7 870 亿美元，并与财政政策的每一个目标相配合。政府在商品和服务方面的支出不菲，在基础设施和能源项目上的投资高达 1 400 亿美元，在渔业、防洪系统等其他项目上的支出总和也达到了数十亿美元。

立法机构批准了大量税收减免和转移支付资金。事实上，税收减免占用的资金最多，家庭部门因此得到了大约价值 2 370 亿美元的好处。有些政策是面向全体公民的，人人都可以申请，而另一些政策，例如首次购房税收减免和购买新型节能汽车的税收减免（旧车换现金计划），则是针对特定群体的。最后，政府将数十亿美元直接投向了失业者、老年人及其他弱势人群，同时也将更多的金钱支付给了州和地方政府。

世界各国都采取了不同规模的财政刺激政策。始于 2008 年秋季的《欧洲经济复兴计划》（*European Economic Recovery Plan*）为各种工程项目提供资金约 2 000 亿欧元，同时各国又单独出台了自己的小计划。起初日本也设计了一套规模巨大的刺激计划，但由于政治原因，最终实行了相对温和的减税和支出政策。中国的政策则更具扩张性，金额共达 5 860 亿美元，其中大部分投向了公共工程，包括铁路、公路、水库和机场，一部分被用于四川地震灾区。而韩国和澳大利亚等国虽然支出规模较小，但也都实行了刺激政策。

这些财政干预措施确实有效地阻止了经济衰退，但是也有人认为应谨慎为之。首先，财政政策不是免费的午餐。如果政府增加了支出并实行减税，那么税收收入会随之下降，预算赤字就会高涨。政府将被迫发行更多的债券，而这最终是要偿还的。如果政府还不起这些债务，并且赤字规模逐年上升，那么就必须提高利率诱使投资者买更多的债券。最终过高的债券收益率将使其他投资，如抵押借款、消费信贷、企业债券和汽车贷款的利率上升，从而抬高了借贷成本，这将减少那些依赖债务融资的企业资本支出和家庭消费支出。

飙升的公共债务最终会束缚政府的手脚。随着公众对违约风险担忧的增加，利率可能会上升。在这一点上，政府的选择余地有限。只要公债发行以本国货币计价，政府就倾向于一种"注水"的办法，通过印钞来偿付赤字，这就是所谓的"货币化"赤字。一般而言，购买债券与通货膨胀没有太大的关联性，除此之外这种机制和量化宽松政策完全相同，都是为了消除债务。不过，当货币追逐商品时，物价就会被推高，通货膨胀是不可避免的结果，这就意味着更高的利率，因此对私人部门的支出也将被大量转向支持公共部门。

证据表明纳税人也会考虑到这种风险，在一些已经实行了刺激政策的国家，消费者会意识到无论这种措施的短期收益如何，政府最终必定会增加税收。考虑到必须为了这种可能性而增加储蓄，消费者会在财政刺激政策推出的同时减少支出。在这个过程中，他们对短期支出和长期消费所作的有效预期，部分挤出了财政政策效应。

减税作为财政政策的另一主要工具，在实行中也会碰到问题。家庭部门不是将从减税和长期税率优惠中节省的钱花掉，而是存起来还债。这就是发生在 2008 年和 2009 年的事，两轮所得税减免省下的钱大部分都没被使用，消费者从政府那里得到的每 1 美元收入，只会消费掉 25~30 美分，余下的都用来改善家庭收支平衡了。尽管这种做法是积极健康的，但是这种谨慎对增加需求来说毫无用处。它只会使债务从一个经济体转到另外一个经济体：私人债务下降，公共债务上升。

更糟糕的是，某些财政政策虽能刺激当前的需求增长，但却以未来的需求减少为代价。很多减税和补贴政策以具体项目的支出增加为目的，比如汽车、住宅、企业部门资产状况的改善等，一旦这些补贴政策终止，需求就会随之减少。换句话说，这些政策是在"透支"未来。这在许多实行各种"旧车换现金"计划的国家中都有体现：汽车销售量达到峰值后又降至谷底，抑制了未来的需求。

完美无缺的财政刺激政策只能是一种幻想，至少在大多数民主国家是这样。它不像货币政策那样不用承受选民投票的压力，能被中央银行立即实施。财政政策的启动需要时间，会被无用的民意工程及其他无效的资源配置项目所累。通过重新修建落后的基础设施带动未来经济的增长，这样一个完美的刺激计划将会带来巨大的回报。但是就像日本的经历以及《美国复苏和再投资法案》中一些让人怀疑的集资项目所揭示的那样，说起来容易做起来难。能从财政政策中获得指导意义的也许是中国这样的国家，它为了应付最近的危机实行了比较有效的刺激计划。这主要缘于中国政府可以撇开狭隘的政治考虑，通过加快实施基础设施现代化方针，十分简单地实现刺激目标。即便是这样，一些支出也可能导致浪费和无效率，或者是滋生未来的泡沫。

在传统的财政政策中，政府运用税收和财政支出权力，帮助经济走出危机。但是减税和公共工程建设只是一个起点，政府还有很多用来抵御金融危机的复杂而花销不菲的方法。

启动救市计划

政府可以直接支出，也可以为他人资金提供担保。因为担保最终花的常常是纳税人的钱，所以担保可以作为一种财政政策看待。虽然大量的担保项目面临着一定的道德风险，但在平息这场危机的过程中仍发挥了重要作用。

最典型的政府担保是在银行破产时，为存款人提供保险。尽管这种担保理念可以追溯到 19 世纪，但是直到 1933 年美国才有了国家存款保险制度。1866—1933 年也曾有过类似的尝试，国会曾经考虑过 150 个左右的存款保险方案。部分议案要求银行购买担保债券，这是一种第三方保险制度；还有一部分议案提出由联邦政府直接为存款人提供担保；第三种方式是设立一种普通保险基金，进行存款理赔支付。

在大萧条时期，美国采取了将联邦担保和保险基金结合起来的存款保险制度。这种制度在"新政"开始的前几周就已出台，之后成立的联邦存款保险公司不是依靠纳税人的钱运行，而是靠从它的会员商业银行那里收取的评估费，它为那些倒闭银行的存款者偿还存款。政府为联邦存款保险公司雇用和配备职员并对其进行管理，这有利于监督会员银行的运行情况，也便于破产清算并安排资产状况较好的银行作为接管者。一个类似的机构——联邦储蓄和贷款保险公司（FSLIC）于 1934 年成立，旨在保护互助储蓄银行中的存款。

这两个机构一直运行良好，直到 20 世纪 80 年代，超过 1 000 家互助储蓄银行的破产，压垮了联邦储蓄和贷款保险公司。它破产后，联邦存款保险公司接管了它，用纳税人的钱进行了注资，金额达到 1 530 亿美元。这个事件充分说明，银行体系的系统性危机足以压垮为满足银行偶然破产之需而设立的保险基金。联邦政府本可以袖手旁观让存款者损失这些钱，但是政府没有这么做，而是非正式地为这些资金统一提供担保，因为一家银行破产会对所有银行产生系统性的冲击。

但是这个事件引发了对道德风险的惶恐。因为救助银行，政府给人留下了这样的印象：如果有需要，政府会再次救助它们。银行高管不必担心愤怒的存款者，而存款者也不必担心金钱损失，因为只要银行被联邦存款保险公司担保，他们的钱就是安全的。联邦存款保险公司一再表示它保护下的存款是"以美国政府的信念和信用作为支持"。

这种担保在2008—2009年期间再次成为一个问题。危机爆发前，联邦存款保险公司的存款保险上限高达10万美元。尽管各国"上限"不同，但类似的担保在其他国家普遍存在。不幸的是，并非所有的存款都能被覆盖到，因为很多人的账户金额超过了最高限额。仅在美国，就有超过40%的存款没有保险而且非常脆弱，这一点通过美国国家金融服务公司、因迪美银行和华盛顿互助银行遭受的挤兑可以清楚地看出来。

更多的破产威胁在全世界引发了新一轮政府担保潮。2008年9月，爱尔兰开始被迫将存款保险上限增加至10万欧元，并对6家大银行的所有存款提供了完全担保。在美国，反对道德风险的主张很难站得住脚，在爱尔兰宣布实行全额保险后不久，联邦存款保险公司将银行存款保险的额度上限提高到25万美元。两天后，德国为所有私人银行的账户提供了担保。第二天，瑞典扩大了担保范围，为所有存款提供高达50万克郎的担保，约合7.5万美元。一天之后，英国将其担保上限提高至5万英镑。一个星期后，意大利宣布任何一家银行都不能破产，每位存款者也不会有任何损失。接下来的一个月，瑞士增加了存款保险的上限，其他国家也跟着实行了类似的措施。

这些行动有点类似军备竞赛：爱尔兰宣布实行全额担保，这迫使其他国家也得这样做，或者至少要提高上限。原因很简单，储户可以很容易地将资金从有限担保的国家转移到更安全的地方。所以，政府不可能坚决地反对道德风险，因为这是一场"竞底"比赛。

其他类型的存款最终也被置于政府保险计划的保护伞之下。在美国，国家信用联盟署（NCUA）作为为信用社提供担保的联邦存款保险公司的一种，接管了两家陷入困境的成员银行：美国中央联邦信用社（U.S. Central）和加州西部企业信用社（Wescorp），接着又承诺提供覆盖全美所有信用社和全部 800 亿美元存款的担保。

存款保险计划只是一个开始。美国和欧洲的许多银行靠发行无担保债券借入了大量资金，在金融危机最猛烈之际，这些债务若刚好到期，几乎不可能再继续展期，这种形势在雷曼兄弟破产之后更加严峻。但若这些债务不能展期，就将导致和存款挤兑危机相同的后果，银行会面临破产之灾。因此，欧盟在 2008 年 10 月宣布对银行的抵押债券进行担保。当月，联邦存款保险公司宣布把银行和银行控股公司发行的债券担保总额提升至 1.5 万亿美元。

上述所有担保都是有代价的。在 2009 年第三季度，联邦存款保险公司的留存基金已下降为负数。如同在储蓄和贷款危机的复苏进程中所扮演的角色一样，纳税人几乎是不可避免地成为救市行为的责任承担者。虽然这种情况有很多先例，但抵御这次危机的许多方案所占用的纳税人的资金数量是空前的。

这些超大型救助计划始于对房利美和房地美两家公司的接管。为了对这两家抵押贷款公司巨头进行接管，财政部承诺提供 4 000 亿美元的援助资金，而这些资金仍然不足。在这一关键步骤中，联邦政府明确指出这两家公司的债务由其"充足的信心和信用"担保。

要到很多年后，我们才能知道救助房利美和房地美所花费的全部财政成本。要对这两家公司进行接管，政府需要承担两家公司名下的大约 5 万亿美元的担保责任和它们发行的 1.5 万亿美元的债务。显然，政府不希望再有任何令上述责任金额上涨的事情发生。但如果房地产价格继续下降，抵押贷款丧失抵押赎回权，政府最终要承受的损失将难以估量。

政府支撑房地产市场方面的努力也大致如此。2008 年 7 月通过的《住宅和经济恢复法案》（*Housing and Economic Recovery Act*）承诺提供大约 3 200 亿美元为困难的房主提供再融资帮助，以使其能够参与美国联邦住房管理局提供的抵押贷款保险。虽然起初这个计划失败了，但奥巴马总统还是利用其中的资金提出了一项750亿美元的，旨在保证抵押品赎回权的计划。不用说，这些计划都算是一种工作进展，当然有一点是可以肯定的，就是它们会耗费掉数十亿美元的纳税人资金。

危机中最大的救市行动其实是问题资产救助计划所提供的诸多援助和担保项目。依照原来的国会法案，有7 000亿美元的资金可用于购买不良资产。然而，这些资金已被用来帮助众多的"行乞者"，包括汽车制造企业通用公司、克莱斯勒公司以及它们旗下的金融公司——通用汽车金融服务公司和克莱斯勒金融公司。众所周知，对汽车产业的救助金额高达800亿美元。其中，一部分资金被用来发放贷款，剩余资金则被政府用来购买这些公司的股权。

不幸的是，对汽车企业的救助只是一个开始。问题资产救助计划基金中，3 400亿美元左右的巨额资金被注入到约700家各类金融机构和金融巨头企业中，例如花旗集团、美国银行、美国国际集团和很多小一些的银行。多数情况下，政府对这些银行的救助支出是以秘密"注资"方式进行的，政府会购买银行的优先股。这些股份会带来潜在的股权收益以及稳定的股息收入。看起来这像是政府的直接支出，但结果与期望截然不同，它将财政政策带到全新但却容易招致破坏性冲击的方向上了。

注　资

银行业是一个神秘的行业。因为不了解银行的资产负债表，很少有人真正明白银行及其他金融机构是如何运转的。虽然存款保险和最后贷款人等支撑银行体系的措施很容易理解，但是另一些援助方法，如资本注入，就很容易让人困惑。要了解这些，就一定要明白银行是如何运转的。

让我们从一个假想的银行资产负债表开始，它的右侧代表负债，左侧代表资产。什么是银行的负债？简单地讲，当银行为从事相关业务而接受资金时，增加的就是负债。取得资金的方式主要有两种：

- 发行股票，投资者购买股票，从而成为该银行的股东。该银行并不承担对股东出资的偿还责任，但"欠"股东股息。这就是股票被认为是负债的缘由，因为股东对银行有索取权。

- 银行借钱而增加负债，最常见的方式是从大众、其他银行和金融机构那里借款。例如，当你在一家银行存款时，其实你正在贷款给它。你的存款是银行的负债，你可以决定什么时候取回钱，银行必须及时还给你。其他银行也可以用同样的方式向该银行"贷款"，那些"贷款"也是负债，银行只是借用这些钱。银行也可以用其他方式融资，例如发行债券，这同样是负债，或者说是给银行的"贷款"。银行要为这些"贷款"支付成本，比如要为存款或债券支付的利息。

银行如何运用从股东和贷款人那里筹来的资金呢？这就涉及资产负债表的另一部分：资产。例如，贷给其他银行、企业或购房者的贷款就是资产，它们是银行的投资。从长远来看，这将为银行赚取利润并使银行富有价值。银行其他类型资产的增值方式也是一样，可能会对有价值的政府债券或其他证券进行投资。剩下的银行资产就是存放于金库中的现金、银行大楼及其他有形资产。但是后面这些只占小部分，而且它们不具盈利性，不能为银行赚取更多金钱。

简而言之，银行的运作方式就是通过发行股票和从一系列存款人手中借入资金，先增加负债，然后发放贷款，增加资产，通过低借高贷，赚取利润。

现在要阐述一些重要内容。银行的价值是多少？这也相当简单：资产与负债的价值之差。换句话说，就是银行的资产额减去负债额。按银行业内的说法，这个价差是银行的"净值"，也被称为"股本"或股权。它属于某些人：银行所有者、股东或那些有银行资产剩余索取权的人。银行的存在主要依靠这些股东，他们或是在银行初始建立时就投入了资金，或是在增发时买入了股权，他们以红利方式分得银行赚取的各种利润，还可从银行股票价格的上涨中获利。

现在让我们来看看银行是如何陷入金融危机困境中的。我们先来观察，当银行不能再借钱，或借钱要付出昂贵成本时，资产负债表的负债会如何。当存款者产生恐慌要取出他们的资金，或其他银行拒绝给该银行提供展期贷款，或无人购买该银行的债券时，这种情况就会发生。在此次危机中，美联储找到许多巧妙的方法让银行借到钱，同时确保借钱给银行的人不会有损失。政府对资产负债表的负债部分，给予了大力支持，包括补充了资本注入的权益要求权规定，为存款负债提供了大面积的担保，为无抵押银行债务提供全额担保等。

但是，资产负债表中的资产会怎么样呢？美联储全力以赴地在使银行的借款保持畅通，但如果银行的资产价值每天都在贬值，那么银行资本或净资产也还是在下降。当银行的负债超过其资产时，银行净值为零。这就是资不抵债，或者叫破产。

随着金融危机的恶化，银行资产负债表中的资产价值开始缩水。其中一些是贷出去却已成坏账的资产，另一些是抵押贷款和其他种类贷款的证券化产品。由于业主拖欠偿还按揭贷款，其中的损失影响了整个金融链条。从贷款到本地房地产开发商再到抵押债务，有关价值都开始下降。随着这些资产价值的下降，剩余股本价值也萎缩了。

因此，美国和欧洲的银行需要筹集更多的资金或者资本。最初，政府的主权财富基金对它们施以援手，购买了其新发行的"优先股"。虽说这些股票的名称如此，但是投资者并未被赋予投票权利，而只可以得到银行目前和未来利润中的一定份额。资金流进银行的库房，使其在某种程度上暂时恢复了健康运行的状态。但随着资产价值的继续下降，银行被迫通过发行股票使私募股权公司获取更多的资本。不过，这还不够。在2008年秋季，银行资产价值继续下降，没有人再有兴趣向银行进行任何注资了。

在这个问题上，政策制定者有很多选择。他们本可让银行（以及其他非银行金融机构，如银行控股公司和经纪公司）破产。随后，银行通过或不通过法院进行重组。或者，启动联邦存款保险公司接管程序。一种典型的情况是，当危机发生时，一些银行的无担保债权人，例如债券持有者，同意将银行欠他们的部分资金转换为银行的股份或股权。这些"债转股"不是真正的公平交易，但它比一无所获好得多。一旦银行恢复营业，那些借钱给银行的人，将得到一大笔收益。银行能够恢复营业，因为它的债权人豁免了其一部分债务，它的负债下降到与资产相当的水平。于是银行有了一些资本用来恢复贷款业务。

这种方法相当于用市场手段来解决问题，"坏银行"倒闭、重组、重生。如果由联邦政府单方面宣布某些银行破产然后接管它们，将其安排在政府确定的受托人的监护下售出优良资产，处理掉不良资产，并重启银行业务，也会获得同样的结果。这是瑞典在 20 世纪 90 年代初处理银行危机的"国有化"方法，美国运用这种方法成功地接管了伊利诺伊州大陆国民银行（Continental Illinois），它是一家在储蓄和贷款危机前破产的大银行。

但是此次危机中，这些方法都没有被采纳。雷曼兄弟倒闭后，使债券持有人承担一些损失的想法失去了吸引力。财政部选择使用问题资产救助计划获得的约 7 000 亿美元资金购买银行股权从而"注资"给银行。最大的受益者包括美国银行、花旗集团、摩根大通、高盛银行和美国国际集团等巨型银行，它们都获得了数百亿美元的援助。其他几百家规模较小的银行也在排队等待政府援助。在这个过程中，政府，更进一步地说，是美国的纳税人，最终成为一部分金融机构的所有者。

这相当于部分地对金融体系进行国有化。伴随着其他救助计划的实行，长期成本不可估量。在写这本书时，多数大银行已经偿还了问题资产救助计划资金，政府已从中脱离出来。另一部分包括小型的、地区性的银行仍依赖于问题资产救助计划，它们也许永远不会偿还资金，这将给纳税人带来巨大的财政负担。

对于那些尚未还款的银行，主要的问题是一样的：不良资产继续贬值，给它们未来的财务状况投下了阴影。政府将不断扩大它在银行的股权，但这并不能从根本上改变银行资产的基本状况，甚至可能是赔了夫人又折兵。

有毒资产

对如何处理银行不良资产这一问题的讨论，从危机开始时就从未中断。只要贷款继续出现坏账，或者贷款的证券化产品继续贬值，银行就无法或不能继续提供新的贷款。为了避免银行在这些有毒资产中殊死挣扎，决策者提出各种建议，多数建议的目标都是剥离和处置掉这些资产，从而将银行解救出来并恢复开展业务。

最好的提议是对银行做根治手术。这就要将一个问题银行拆分成两个：一个"好银行"，包括所有可靠的资产；而另一个"坏银行"，承接其余所有不良资产。"好银行"继续发放贷款，吸引资金和资本，并恢复营业。为了使不良资产顺利剥离，银行的股东和无担保债权人需要将一定比例的损失放入"坏银行"。接着，"坏银行"将由私人投资者经营，他们希望能从资产清算中获得利润。

这种模式在 1988 年被操作过一次。历史悠久的梅隆银行（Mellon Bank）在房地产和产业贷款业务上出现了大量坏账，陷入了困境。通过从投资银行融资，梅隆剥离了它的可疑资产，并将之存进格兰特街国家银行（Grant Street National Bank）。风险偏好型的私人投资者为这家新机构注资，员工们去集合不良贷款，清算资产，以使投入的资金获得最大的回报。甩脱了不良资产之后，重生的梅隆银行在短期内站稳脚跟，吸引资金并开始继续发放贷款。而格兰特街国民银行在 1995 年完成了它的工作后关上了大门。

上面的方法无疑是处理这个问题的最有效方式。另一个退而求其次的方法是像原来的问题资产救助计划那样，由政府购买银行的不良资产。价格通过一个"反向拍卖"程序来决定，其中出售方对剥离具体资产喊出他们能接受的最低价。这个方法类似于政府对特定项目的招标。在理论上，投标人之间的动态竞争有助于标的物价格的下降。

这是一个有趣的想法，但是人们对这个制度能否真正合理地评估资产价值存有争议。银行参与拍卖过程，完全有理由抵制价格下跌太多。银行可能与其他投资者合作或勾结，确保避免价格暴跌情况的出现。另外，很多资产，特别是结构性金融产品非常独特，只能被极少数的银行持有。这严重削弱了"反向拍卖"的定价能力。由于这些原因，政府最后可能会为这些资产支付高价而导致重大投资损失，最终等于用纳税人的钱去资助了银行错误的投资决策，这种损失可能会和银行救助成本相当。

还有一个办法是政府与经营不善的银行形成一种保险合作伙伴关系。比方说，一家银行的不良资产原来价值约 500 亿美元。在操作过程中，银行会同意支付一些将来可作抵扣的金额，例如，银行在处理损失上先花 30 亿美元，政府负责额外的 470 亿美元损失。这相当于银行预支 30 亿美元，并获得政府担保，作为交换，银行要向政府支付保险金。作为一种替代性选择，在银行全部损失等于或超过 30 亿美元之后，政府也可以获得银行的股权。

这种方法在英国已被广泛采用，而在美国，政府也担保了美国银行和花旗银行的数千亿美元的减值资产。那么，在实践中它是如何实施的呢？例如，在美国银行的案例中，不良资产池中的资产总计达 1 180 亿美元，扣减金额为 100 亿美元。在经过了预支步骤后，美洲银行摆脱了困境。当然，它要按损失金额的 10% 缴纳"共同保险金"，政府承担其余的 90%。作为回报，政府获得银行的大量股权。

"反向拍卖"的方法虽好，但政府补贴私人银行的做法也隐藏着风险。在美国银行的案例中，政府其实是假定无须为美国银行所支付金额部分以外的损失提供保险，但是如果为这些损失作保的成本超过了政府从这桩交易中所获得的收益，最后的结果就与政府高价购买不良资产相同：政府在这个交易中损失了资金，资助了私有银行家的错误决策，纳税者将为这些错误埋单。

目前，还有另外一种处理不良资产问题的方法。它的基本思路是政府资助那些购买不良资产的个人投资者，以使不良资产从身陷困境的银行中转出。这就是"公私联合投资计划"（Public-Private Investment Program, PPIP），也被很多人称为"Pee-Pip"。该计划于 2009 年开始实施，事实证明，这个方法是所采取的方法中最无力的之一。1 万亿美元的低息贷款被提供给那些愿意购买有毒资产的个人投资者，政府通过向参与这一过程的机构注资，增加交易的吸引力。

不过，这些政府低息贷款是无追索权贷款，这意味着，若事情发展不利，投资者可以转身离开而不受任何惩罚。在实践中，投资者受到充分的激励，投标价被抬高。毕竟是政府在为购买资产提供资金援助。如果这是无法回收的投资，最终政府将受困于这些不良资产；如果投资顺利，私人投资者将获得所有的荣耀和利益；如果投资不顺利，政府——或者更准确地说是纳税人将承担着财政负担。

到目前为止，"公私联合投资计划"没有吸引太多投资者，主要是因为政府以另一种方式成功地资助了银行，即批准银行放弃按照市场公允价值评估不良资产的规则。多亏这项干预，银行才可以把不良资产的价值提高到远高于理性的评估价值的水平。这就像把口红涂到猪嘴上，但只要资产可以被高估以实现账务目标，银行便很少有兴趣管它们。

这些方法没有一个是十全十美的，但其中剥离不良资产进入"坏银行"的方法相对比较好。这个方法将困难留给了个人投资者而使政府成本最小化，它也守住了道德风险，给重生的银行提供了很多促进其重新开展贷款业务的激励措施。但是，它需要投资者承担损失，这迟早会令他们感受到痛苦。当前，政策制定者和政治家们并不愿意提前考虑这个问题，但把垃圾资产一脚踢开只能使银行慢慢陷入僵化，变成依赖公共信用的僵尸。

回顾起来，这种依赖达到了惊人的程度。在此次危机过程中，各国政府一次次地抛出救生圈，把资金注入银行或其他金融机构，扩大存款保险规模。它们甚至为银行债务提供担保，以阻止肆虐的市场力量损害贷出方。它们使中央银行花巨资买进失去流动性的银行资产，为银行兑换安全的政府债券。所有这些措施都在被同时使用。在美国，政府仍在为一些金融机构的不良资产做着担保，而最终将会直接或间接地购买这些资产。所有这些措施都是在对金融体系实行惊人的、前所未有的干预。然而，在决策者遇到的所有难题中，救助金融体系比培育真正的复苏要容易得多。

救助的后果

20 世纪 30 年代初，金融危机带来了通货紧缩和经济萧条的无情交替循环。在美国，成千上万家银行倒闭了，3/4 的房屋所有者拖欠着抵押贷款，失业率飙升。罗斯福新政姗姗来迟，经济停滞不前。其他许多国家的情况也类似，在 30 年代以后举步维艰，直至后来第二次世界大战发生，一部分迎来了复苏，一部分则遭到了彻底的破坏。

在这次金融危机中，美国政府没有让事情失控，而是发动了"震慑"性的措施来应对危机。领导者废寝忘食地研究大萧条时期的情形，思考先辈们扩张性政策失败的原因。他们分析了每一个问题，从先辈们那里汲取思想和那些从未见效的政策措施。

他们以传统的货币和财政政策为开端，从减税到减息，将那些思想应用到现在这场战争中。当这些政策未能发挥作用，通货紧缩和经济萧条出现时，美联储扮演了曾担任过的角色，即为一家家的金融机构和需要进行商业票据展期的普通企业抛出流动性的救生圈。其他国家的中央银行也纷纷效仿，甚至采用更加激进的方式运用它们手中的权力。

这些救助措施的规模史无先例，超越国界。国际货币基金组织也投身进来，与美联储一起给其他国家的央行提供借款，并向世界各地处境艰难的银行和企业直接注入大量资金。这场金融救助的规模，如果不是整个历史上最宏大的一次，至少在近代史上堪称第一。

这仅仅是一个开始。政府购买股票、注入资金，换取了股权，成了企业的股东。政府还为存款、货币市场基金甚至银行债券提供担保。这似乎还是不够，在几个著名的案例中，它为投资者的预期损失也提供了担保，接着对银行、业主及其他一些人实行了直接救助。有时，为了帮助投资者恢复信心，政府甚至会提供不良资产购买补贴。

然而，即使这样也还是不够。贷款、担保和吸收损失是一回事，而恢复市场信心则是另一回事。美联储及其他央行甚至成为最后的投资者，采用量化宽松政策涉入政府债券市场，为金融系统注入更多的流动性。在其中最激进的干预措施中，央行试图为已完全丧失需求的领域提供需求，购买抵押贷款支持证券以及由从汽车信贷到学生贷款等各类资产所支持的结构性金融产品。

美国和其他国家的立法者也参与其中，腾出资金帮助这些计划的实施，向困难的业主提供帮助。他们批准了数万亿美元的赤字开支，实行以改善基础设施为目标的传统财政刺激政策，以及救助从地方政府到失业者等所有挣扎于危机中的贫困者。

伴随着巨大的争议、怀疑，以及对其不公平、不完善的指责，这些货币和财政政策走过了两年多的时间。应对金融危机的措施如同一次漂亮的战斗撤退，最终还是发挥了作用：资本主义没有崩溃，冰岛遭遇的严重危机也没有在世界范围内扩散，中央银行、政府及立法者采取的政策成功地将危机引入尾声，金融市场表面上恢复了平静，许多国家的经济虽然遭受创伤，但在2009年年末已在为实现超预期的好成绩而努力。一年前像世界末日般的灾难，现在似乎已经结束了。

这是个好消息，而坏消息是这种稳定是以巨大的代价换取的。基于所有的救助、担保、刺激计划和控制危机的其他成本，美国国债占GDP的比例增加了1倍，财政赤字在未来10年预计将达9万亿美元或更多。凯恩斯主义经济学家倾向于弱化这些风险，并指出在罗斯福新政和第二次世界大战期间，美国发生了巨额赤字，其后努力进行偿还，也没有出现问题。国债规模在1946年达到了历史最高，相当于GDP的122%。相比之下，虽然今天的负债规模可能会变得更高，但是目前的预测表明，负债占GDP的比例将在不久的未来下降到90%。

这种对比似乎让人宽慰，但它有很强的误导性。1946年，美国处于实力鼎盛期，制造业基础未受到战争的损害，这令各国羡慕不已。而它的竞争对手日本和德国，却处在一片废墟之中。美国凭借经常项目顺差成为世界上最大的债权国和贷款人，美元也成为全球储备货币，它能够轻松偿付债务这一点几乎没有人怀疑。但这一切在今天能否实现却是个疑问，美国有些制造行业的实力已经下降，并且存在巨大的经常项目逆差。它成为世界上最大的债务国和借款人，而其中大部分贷款来自它的竞争对手中国。今天的美国不是1946年的美国，认为仅通过赤字开支就可以摆脱危机的阴影无疑是天真的想法。

应对危机造成的财政负担仅仅是问题的开始。在危机中的许多重要关头，各国政府选择了忍让和救助，而不是更积极地解决问题。美国没有将问题银行国有化，而是向这些银行提供宽裕的资金，弥补它们的亏损，让它们存活下去。尽管其中的大部分仍继续处于资不抵债的状态，但救援工作并未区分"好银行"和"坏银行"。如今，金融体系的稳定仍是当务之急。

同样，那些被援助的房地产业主、汽车制造企业和其他受益者的情况也是如此。

到目前为止，此次危机没有产生所谓的"创造性破坏"，熊彼特将其看作是判断资本主义制度从长期来看是否健康的关键。减税、"旧车换现金"激励和房地产市场的支持方案仅仅是在拖延一场不可避免的清算。最终，债务不得不被免除，银行不得不关闭，汽车制造企业不得不停产，房主如果负担不起支出，也不得不离开。

从某种程度上讲，相对于赫伯特·胡佛时期采取的方法，我们对此次危机的应对只是部分不同。事实上，我们通过实行积极的财政刺激成功地阻止了危机的失控，但我们仍在试图调和不可调和的矛盾。我们不可能看着蛋糕而不去享用；我们也不可能既对危机前作出错误决策的所有人提供救助，同时又将资本主义经济恢复至先前的活力。这是一个遗憾的事实，从危机中救赎一部分人还是所有的人，只能选择其一。

这种一刀切的方法也无法克服日益严重的道德风险问题。在过去的几十年中，中央银行已经在积极地对付潜在的经济危机。在格林斯潘的领导下，美联储在1987年股灾、储贷危机、"9·11"事件后都进行了市场干预。2006—2008年的危机不经意地测试了"格林斯潘对策"或"伯南克对策"的有效性。其中最引人注目的事件是允许雷曼兄弟破产。但在大多数情况下，还是表现出了中央银行和政府的无所不能。如果说还有什么是不能的，那就是为了拯救金融体系，政府没有什么是不能做的。

尽管如此，黑暗中总会有一丝光亮。比如说，许多在危机的应对中预算平衡表承受重击的国家，在应对危机之初，其负债正处于历史低水平时期，这为它们配置资金以抵御危机留有了余地。另外，如果各国不付出那些资金，尤其是各种刺激计划所用资金，缘于税收收入的崩溃和覆盖大量人口比例的失业金及其他救济金的数额的上升，会使长期成本增加。虽然在未来的几年中，近期的财政政策可能会使许多国家背上沉重的包袱，但在很多发达的工业国家中，虽然公共债务的规模和再融资风险（如果没有违约）都已引起金融市场的重点关注，但债务压力尚未达到临界点。

救助行动和道德风险的深层次问题有点复杂，对贷款人和借款人的轻率救助，在将来极易产生更多的轻率行为，这反过来将带来更大的泡沫和危机。但更重要的是要多展望一下未来，在危机中，纵容道德风险将产生严重的连带损失。试想，如果公寓大楼里的一个人做了一些不负责任的蠢事，比如在床上吸烟，并导致公寓失火，他应该被帮助吗？换句话说，消防队应该去解救他吗？如果消防队不去救他，那么整幢大楼可能只剩片瓦，被火灾夺走的，不仅是纵火者，还有数以百计无辜的生命。

这是在这场危机中，中央银行和政府所面临的首要难题。是一些投资银行和保险公司对全球经济纵火，造成了衰退吗？答案是肯定的。但是，如果随后的熊熊大火吞噬了整个金融体系，全世界普通劳动者的生活将被摧毁，局面往往会在随后的混乱状况下失控。尽管一些财政措施是浪费的，一些救助行动是没有必要的，但是，当私人需求急剧下降时，财政刺激和对金融体系的救助阻止了经济从大衰退步入大萧条。

当前的危机已经渐渐过去，是研究道德风险和金融体系缺陷的时候了。不要浪费金融危机为我们提供的机会：尽管它很快驶过，但却同时开启了全球金融体系真正、持久的改革之门。正如大萧条带走胡佛时代的争论，而代之以一致的凯恩斯主义一样，"大衰退"引领和开辟了理解，尤其是预防危机的新路径。这正是我们接下来要谈论的重要问题。

Crisis
Economics

08

什么样的金融改革才最有意义

资产证券化改革最重要的一点就是提高所用材料的质量。即使材料被切整得面目全非，也比最开始就用糟糕的材料带来的问题少得多。换一种说法就是，"发起并配售"的问题，更多地出自"发起"，而不是"配售"，即最重要的是原始贷款的信用。

毋庸多言，金融危机与金融体系的管理和改革密切相连，其带来的惨痛教训激励人们思考政府能做什么和应该做什么，以及如何预防另一场灾难。哈佛大学经济学家杰弗里·弗兰克尔（Jeffrey Frankel）曾在2006—2008年危机开始阶段语带揶揄地评述道："如果说散兵坑中没有无神论者，那么也许金融危机中也没有自由论者。"

与危机经济学中的很多话题一样，这个话题一次又一次地重现。英国1826年投机泡沫破灭后，创下了银行破产纪录，国会通过了彻底改革整个银行体系的法案。美国1907年的大恐慌，让许多议员思考这个国家是否缺少一个中央银行，从而促成了几年后美联储的成立。

众所周知的大萧条引发了一系列灾难，可谓所有金融危机之最，它激发了一场彻底的全球金融体系改革。在美国，《格拉斯-斯蒂格尔法案》创造了联邦存款保险制度，并在商业银行和投资银行之间设立了防火墙。随后的法案赋予了美联储管理银行储备金的权利。政府也对股票市场进行了重要改革，《1933年证券法》规定，证券发行人要进行注册并公布招股说明书，招股说明书中如存在错误或误导性陈述，负责承销的投资银行要承担刑事责任。1934年，证券交易委员会成立，负责监管证券买卖业务。其他许多国家也采取了类似的措施，但美国是实行最全面改革的国家之一。

根据这段历史，我们有理由期待美国会再一次率先改革金融体系。金融危机暴露了美国和欧洲金融市场的内在弱点和现行监管体制的严重缺陷，但步入 2010 年，迫切希望进行改革的呼声渐渐退去，要求彻底修改监管制度的立法工作看不见曙光。就像战火一旦停息，散兵坑中的士兵就会抛开他们的誓言，去享受美好的生活，国会议员和政策制定者对现状似乎也比较满意。

这是一种讽刺。如果像大萧条时期那样，决策者没有控制住这场危机，那么在今天，改革的呼声将震耳欲聋。要知道没有什么会比高达 25% 的失业率和遍布各处的排队等待救济的赤贫者更能让立法者聚精会神的了。但是，因为这场灾难被化解得娴熟而迅捷，金融体系进行深层结构化改革的动力已经消失。相反，生存下来的银行正在发放数额创纪录的奖金，尽管实际上它们是靠政府的救助才得以存活的。

不能进行改革是巨大的不幸。我们生活在一个危险的时代，引发危机的结构性问题仍然存在，危机的余震也在不断地冲击着各国的经济。虽然现在金融系统在政府大规模的干预下已经恢复了信心，但是为了保持这种信心和防止再次发生危机，我们仍必须进行必要的改革。

什么样的改革才最有意义？国内外多家机构提出的多项建议现在都在审议中，其中有来自美国财政部和美联储的，也有来自英国的金融稳定委员会、金融服务管理署及其他政府机构的，还有来自 7 国集团、国际清算银行和国际货币基金组织的。一些研讨会、智囊团及学术机构，也提出了许多长远的建议。

我们并不是要去评估每项建议的优劣。实际上，发现世界金融体系的基本弱点和畸变，并提出务实的解决方案，才更有意义。这里，我们强调"基本"这个词。金融系统中存在着很多问题，但并非所有问题都是关键性的，许多仅仅是深层次问题的表面反映。

遗憾的是，"基本"并非总是"简单"的代名词，衍生工具、资本金要求等问题相当深奥。困难是事实，但是要揭开事情的内幕，我们就必须弄懂这些晦涩的概念。危机已经充分暴露，恶魔就在这些细节之中，随后的讨论会让读者对一些需要认清的核心和复杂问题有真实和清晰的了解，以预防未来危机的发生。

改革薪酬体制

每当华尔街的薪酬问题被提出时，对银行家们本能的恼怒常常会阻止人们更认真地思考潜在的本质问题。但其实，义愤填膺时，退后一步，作出理性的抉择才是最明智的。

首先，与传统观念不同，我们认为薪酬涉及的最大问题不是金额，而是报酬的架构和交付方式。很多有关公司治理的研究表明，任何一种企业环境都容易遇到委托代理问题。现代企业不是由股东（委托人），而是由经理（代理人）来经营的，双方的意见并不完全一致，股东想要实现长期回报的最大化，经理却想要实现其短期收入、奖金和其他形式补贴的最大化。

正如我们前面提到的，如果股东可以对经理进行有效监督，那么一切都没有问题。但这对于任何公司来说都很困难，尤其是对于此次危机的中心——金融机构来说，几乎是不可能的。这是为什么呢？简而言之，交易商和银行家们比他们要汇报的对象——股东知道更多的事情。所有的交易商都有自己的盈亏预算，也有一套自己的在市场上赚钱的策略。外部股东或董事会很难知道这些"小细胞"中的哪一个发生了什么事情。在一个大银行或金融公司中，搞明白数千个职员在做什么是基本不可能的。这种困境被公司治理界称为"信息不对称问题"，意思是一方比另一方知道得多。

下面，再加进一个被称为"双重代理冲突"的问题。许多金融公司的股东（委托人），自己也被困扰在委托代理问题中。他们在一个大的机构投资者如养老基金那里拥有股份，这些基金管理人是他们的代理人，正如很难监管交易商的行为一样，他们也很难有效监管这些基金管理人。更糟糕的是，这些机构投资者并不是最终管理者，而是常常出现在公司董事会上的人。

如果这可以被视为一面镜子，那就离发现真理不远了。整个金融体系充斥着这样的问题，一方委派了另一方，而另一方又去委派另外的一方，难怪没有人知道和在乎交易席位上到底发生了什么。

结果就是，由于没有受到来自股东的任何直接或间接的监督，交易商和银行家们有充分的动力去做最大化他们短期利润和奖金的疯狂事情，比如创造一批有问题的债务抵押证券，并将它们附加在银行的资产负债表上。当银行出现危机时，交易商和银行家们已经将钱花在名车和汉普顿的假期中了。如果以近期的故事作对比的话，可以说从伯纳德·麦道夫那儿得到退款，也比从交易商那儿夺回奖金更容易些。

在理想化的世界里，股东和他们的代理人应该能意识到这一问题，并创建一个"激励相容"（Incentive Compatible）的薪酬机制，以阻止交易商从事过多的杠杆和风险活动。从理论上讲，这个制度应符合股东的利益，并使每个人都为银行的长远利益而努力。一种方法是，公司用限售股（限售股在流通前必须要持有一段时间）向那些为公司工作的交易商们支付报酬。这样，每个人都会考虑公司的长远利益。

如果事情仅是这样就简单了。事实上，贝尔斯登和雷曼兄弟的员工持有 30%以上的公司股份，但这两个公司都采取了自我毁灭式的交易策略，最终导致破产。这就暴露了一个令人沮丧的可能——问题会超出一群不道德的交易商损害股东利益的范围。从根本上，它指向了一个严峻的现实：有时候破坏性后果的发生是来源于股东和交易商利益的一致。

有些时候，股东更愿意看到交易商从事杠杆和风险活动。他们愿意让交易商这样做，因为实际上他们在游戏中并没有付出多少成本。他们为银行投入了一些资金，但那不是银行资金的全部。虽然他们也不想失去这些钱，但当交易商玩骰子时，他们仍是睁一只眼闭一只眼。因为实际上交易商经营的大部分资金是借来的，也就是说，这些资金其实属于其他人。如果交易商在轮盘赌中赢了，股东也就赢了。如果交易商输了，负担就落在借钱给银行的人身上。如果以此次危机为例的话，那就是政府承担了这些损失，股东遭受的只是小小的打击。

无论在顺境中还是在逆境中，这个思路都是正确的。在繁荣时期，为保持对养老基金、捐赠基金管理人和其他投资者的忠诚，银行有实现高投资回报的压力。即使经理和股东都认为采取的交易策略有风险，但他们也清楚如果不采取这些策略，投资者就会转向其他银行以获得更高的回报。在 2007 年，花旗集团前首席执行官查克·普林斯（Chuck Prince）很好地概括了这个问题。他指出："只要音乐响起来，你就一定要站起来跳舞。"

当形势恶化的时候，交易商和股东并不一定要从风险中撤退出来。相反，他们可能会助推这艘巨轮下沉，且很有信心地豪赌下沉的巨轮会自己恢复正常。在银行界，这被称为"赎回博弈"。这种做法有时会获得成功，但它无助于增加风险意识。由于他们假定如果问题爆发，政府会赶来救援，这种行为还会被进一步助推。这种思路虽然在此次危机中也经受了一些考验，但仍然一次次被成功实施了。

从这一点上看，即使读者想把整个金融系统付之一炬也是可以理解的。一方面，假使金融公司的股东是有道德的，并且真正想着公司的长远利益，他们也缺乏监控交易商的能力。另一方面，如果他们是不道德的（因为他们并没有投资很多或者只是寻求过高的回报），就不会做任何阻止交易商的事。更何况避免委托代理问题基本上是不可能的。无论哪种情况，金融机构都很容易放纵自己的行为，这对全球金融体系的稳定十分有害。

那么该怎么办呢？显然，这样一个复杂的问题不会有简单的答案。但是，在处理这种混乱时，使用一些基本和常识性的方法还是可以解决核心问题的。其实，核心问题就是薪酬机制，那才是问题的起源，也是解决方案应该关注的重点。

首先，当金融机构的员工获得以限售股方式支付的报酬时，他们应该被限制必须持有比当前惯例更长的时间。目前，许多限售股的限售期仅为几年，应该延长这个期限。比如，规定雇员们直到退休才可以出售他们的股票，或者至少超过10年期限才可以出售。

这是解决问题的一个良好开端，但却只迈出了一小步，更待解决的大问题是华尔街的奖金文化。当华尔街职员的冒险行为取得了良好的效果时，他们会获得报酬；但当他们造成了公司的资金损失时，却不会受到惩罚。这个制度很少考虑长期结果，而是鼓励了那些短期内会获得巨大的高风险回报的投机行为。

这个问题的一种解决之道是，建立一个基于长期收益水平（比方说，3年左右）而非短期回报的奖金池。对员工实行奖励，并不是因为他们某项精明的策略成功了，而是看他们数年的平均表现。比方说，一个交易商的冒险行为第一年产生了巨大回报，而第二年造成了同样大的损失，根据现行制度，交易商在第一年可以得到数量可观的奖金，第二年无所得；而在长期标准下，损失和利润相互抵消，交易商会一无所得。

拉古拉姆·瑞占还提出了另一种奖金池方案。在他的方案中，交易商会因为他们所创造的高额回报获得报酬，但奖金会被代管数年。如果交易商在以后的几年带来了损失，那么损失将会从现有的奖金账户中扣除。在这种奖惩机制下，奖金可以根据交易商长期业绩的上下波动，被扣回或取消。奖金被代管的时间越长，交易商越有可能认真考虑以长期收入为代价所承担的风险。

如果是在个人层次上实施这种制度，效果会是最佳的。但遗憾的是，这种制度中的奖金数额往往是在机构层面上计算出来的。当高风险行为获得成功时，每个人都能分享收益。交易商和银行家们并不直接承受其错误决定的后果，而基本是由整个奖金池来承担。但是，集体扣回，即全面收回奖金却可能让全部交易席位都蒙上谨慎的影子。

还有一种更残忍的解决薪酬问题的方法，不是用钱或股票向交易商和银行家们支付报酬，而是用那些他们自己在实验室中设计得非常复杂的证券作支付。换句话说，交易商和银行家将得到形式非常特殊的奖金，比如他们一手制造的债务抵押证券。如果交易商设计不良证券，他们也要承担同样的后果。这里的假设是，如果交易商们知道，这些众所周知的"小鸡"将返回并栖息在他们的奖金包中，他们可能会多在乎一点它们可以产出的蛋。

该计划的一个版本已经在实施。2008年年末，瑞士信贷银行宣布将把资产负债表上约50亿美元的不良资产转移到一个特别基金中去，并从这个基金里出钱向员工支付奖金，以基金股份作为报酬，从而取代通常的以公司股票支付报酬的方式。这引起了一些抗议，毕竟许多报酬与那些高风险项目无关。虽然这种方法并不完善，但它是一个好的开端。

实际上，从以上这些建议中，我们还能得到另一些形式的报酬方案。举个例子，与其将那些高风险行为的后果追加到员工身上，还不如一开始就澄清，银行家和交易商们的奖金会以他们自己发起的证券作支付。而更好的办法是让他们对这些证券奖金实行几年的代管，预留出足够的时间来确定它们是不是不良资产。最后，禁止员工对这些未来的奖金套期保值以规避潜在的损失（毕竟他们是交易商，无论在什么样的市场环境下，赚钱都是他们最擅长的）。

最终，无论薪酬机制实行怎样的改革，都应该全面实施。因为如果一家大金融公司实行了某种形式的奖惩制度，而其他公司没有这样做，那么比较保守的公司的员工就会涌向大胆的公司，以得到更多的报酬。

这意味着政府必须参与。在美国，只有联邦政府有权力全面改革薪酬机制。政府有充足的理由这样做：政府，进一步说是纳税人成功地救助并支撑了整个金融体系，有切实的利益驱动去保证这类故事不再重演。此外，考虑到委托代理问题的错综复杂，不可能指望股东改革薪酬机制，但是政府可以按照上面所说的方法进行全面改革。

让我们来明确一点：我们并不是建议政府设定薪酬上限，尽管政府在权力范围内这样做一定会取得较好的效果，尤其是当银行仍依赖政府的支持才能生存时，就更是如此。我们的建议是采取一种更激进的方式，即全面和彻底地改革薪酬机制，以减少冒险行为，从而进一步降低全球金融体系发生另一次系统性崩溃的可能性。

除此之外，消除交易商追求短期利益的动机（或以扣回的形式抑制动机），可能会降低交易商的报酬。这并不是一件坏事，近些年来，随着金融自由化、金融创新、资本约束的解除和金融全球化，金融服务业及其薪酬都经历了非理性的快速增长。在这个过程中，金融业对美国 GDP 的"贡献率"——假如词能达意的话，从 1947 年的 2.5% 猛增到 1977 年的 4.4% 以及 2005 年的 7.7%。当时金融公司的收入占标准普尔 500 家上市公司总收入的 40% 以上，并且它们在标准普尔 500 指数总市值中的份额也翻了一番，接近 25%。更令人吃惊的是，全国排名前 25 位的顶级对冲基金经理的总收入超过了标准普尔 500 家上市公司 CEO 的报酬总和。2008 年美国薪酬总额中的约 1/13 流到了金融从业人员的口袋里，相比之下，第二次世界大战后，这一数字还只是 1/40。

这个庞大且发展迅速的金融体系并没有为投资者带来任何"增值"。当许多对冲基金、投资银行、私人股权基金以及其他资产管理者声称，他们可以为投资者提供高于市场正常回报率的收益时，这些野心勃勃的资产管理者总是能够获得较高的回报，但是投资者却得不到。因为管理者们为了收取高额的费用，宣称自己会提供一流的服务。

金融系统中的各类参与者以不同的方式从投资者那里分得利益。以证券化为例，抵押贷款经纪人、发起银行、评估师、交易商、债券发行商、评级机构等每一个环节都会为他们的服务收取高额费用，并向下一个环节转移信贷风险。少数几家投资银行寡头利用操作的不透明性从轻信的投资者那里取得利润。而这些利润大部分都落入这些公司员工的口袋，而不是分给公司股东。

金融业的病态式增长也带来了巨大的社会成本。由于大量优秀人才流向华尔街，创新与创造力已经远离制造业和其他传统工业。事实上，正如我们的同行托马斯·菲利普（Thomas Philippon）所揭示的那样，从 20 世纪 70 年代起，金融业已经吸引了越来越多的高智商和受过高等教育的人。随着报酬的激增，名校的毕业生越来越愿意去华尔街工作。事实上，2007 年对哈佛大学四年级学生的调查结果显示，高达 58% 的毕业生想从事金融或咨询工作。这就形成了一个奇怪的现象：美国现在有太多的金融工程师，却没有足够的机械或电脑工程师。

无独有偶，在美国历史上，我们只有在 1929 年之前的一段时期才能看到金融部门类似的扩张现象。20 世纪 30 年代，金融部门的薪水开始暴跌，这是危机调整下的产物。原本十分受人尊敬的、专业的银行业开始令人讨厌。改革今天扭曲的薪酬体制是非常必要的第一步，它将使银行业再次令人生厌。

生产更优质的香肠

亟待改革的并非只有薪酬机制。导致此次危机发生的复杂的资产证券化也必须被修正。资产证券化的"发起和销售"模式是将相类似的潜在风险资产，比如次级抵押贷款，集合在一起构成证券池，然后再将其出售给能够并愿意承担风险的投资者。

这个制度的一个明显缺陷是，它实际上降低了所有人去关注借款人信用状况的积极性。相反，证券化的各个环节都收取了一定费用，并将全部或至少大部分风险转移给了他人。证券化链条上的每个参与者是一个共同体，包括原始贷款的按揭经纪人、有充分理由做出增值评估的住宅评估师、最初开办抵押业务并形成抵押贷款支持证券的银行、将这些证券打包变为债务抵押证券的投资银行、进行进一步投资的投资银行、在这些环节里给出 AAA 评级结果的评级机构，以及那些为不良资产作担保的保险商等等。

很显然，迫使参与者更认真地考虑所涉风险，是所有资产证券化问题解决方案都必须重视的。换言之，必须以某种方式激励所有市场参与者去更多地关注原始贷款的质量。其中一个办法就是促使中介机构，即发起银行和投资银行保留一些有问题的抵押支持证券和债务抵押证券。这里的假设是，强制它们保留部分风险，会促使其更好地监测初始借款人的信誉（依靠抵押贷款经纪人和资产证券化链条初始环节上的其他服务者）。

目前，有很多提议支持这一思路。其中一些来自国际方面，包括 20 国集团的提议，另一些来自美国本土，如 2009 年 10 月众议院通过的《信用风险保留法案》。这个法案建议，涉及发起资产支持证券（不仅是抵押贷款支持证券，而是所有贷款支持证券）的银行，必须保留它们所发起证券的 5%。参议院的一个独立计划将这一比例提高到 10%。同时，这两项提议还英明地禁止了银行涉足任何试图对冲或转移这些保留证券导致的风险行为。

不幸的是，最低风险保留额的规定可能不足以改变参与人的行为。从此次危机中的一些事实可以看到，许多银行及其他金融机构对他们自己发起的各类证券保持了充足的风险敞口。例如，对 CDO 中大部分的 AAA 级优等证券，金融机构并不出售给投资者，而是自己持有。事实上，金融危机发生时，美国大银行总资产的 34% 都和房地产有关，而在小银行中这一比例更高，约有 44%。"发起并销售"模式的治理方式可能转移一定的风险，但不能转移所有的风险。大多数金融机构在这场游戏中投入巨大，否则它们也不会遭受损失了。

交易员将风险留给公司，是因为这么做他们会获得收益。基于这个道理，将保留风险或增加自身的资本投入作为资产证券化改革的主要方法，效果值得怀疑。虽然这个方法必然会使参与者格外关注因持有这些资产所承担的风险，但它不可能是万灵丹。交易员可能会很愿意遵守保留风险的要求，尤其是当他们找到方法来通过这样做获得更大数额的奖金时。但是，正如我们先前强调的，"更大数额的奖金"并不能保证稳定。

强制企业保留风险，对解决一个更加紧迫的问题不会有太大的帮助。尽管有政府资助，资产证券化业务也几乎停止。而它之所以还能够垂死挣扎，是因为即使是现在，人们也不十分清楚到底是什么被放进了制造繁荣的资产证券化系列产品中。事实上，去年的资产证券化有点类似食品和药物管理局建立前的香肠生产线，没人知道香肠是用什么制成的，而肉的质量就更不用说了。因此，现在的情况是：金融机构仍然可以扩大香肠的生产，但如果投资者能知道什么可能或不可能被放入，那么，他们对产品保持多大的兴趣就很难说了。

有人认为资产证券化业务应被取消，这是一种短视的观念。如果能实行恰当的改革，资产证券化将是一个有价值的工具，它可以减少而不是加剧系统性风险。不过，为了让它更好地发挥作用，必须使它能以比现在更为透明和规范的方式运作。如果没有这样的改革，要对证券进行准确定价，更进一步地说，要振兴资产证券化市场，几乎是不可能的。我们需要的是改革，并带来美国食品和药物管理局创建和运行时所产生的那种安心。

让我们从标准化入手。目前关于资产证券化的标准很少。"交易结构"报告的形式五花八门，月度交易报告（月度执行报告）在详细程度上也差异很大。这些信息必须被规范地集中到同一处，这可以通过私人渠道完成，但更好的办法是由联邦政府主持。例如，美国证券交易委员会可以要求发行资产支持证券的每个机构，对一系列标准信息作全面披露，从资产或初始贷款的情况，到向发起证券的个人或机构支付的款额，都要作出披露。

这些信息具体是如何标准化的并不重要，更重要的是必须认清这些不同的证券，以对它们进行准确地定价。目前，我们遇到一个没有标准，就无法准确地比较的问题。换句话说，现行制度没有给我们一个评价风险的标准，一切存在太多的不确定性。

一旦实现标准化，就能为这些证券创造出一个流动性更强、透明性更高的市场。这一切都很好，但仍有一些问题需要注意。首先，简单而普通的资产支持证券的透明化可能相对容易，但那些高度复杂的证券的透明化就比较困难了，比如 CDO，以及那些凌空而造的 CDO^2、CDO^3。

想一想典型的 CDO^2 是由什么构成的。假设有 1 000 笔不同的个人贷款，它们是商业按揭贷款、住宅按揭贷款、汽车贷款、信用卡贷款、小企业贷款、助学贷款或公司贷款，将它们组合成一个资产支持证券（ABS），并与其他 99 个 ABS 结合在一起，即有 100 个 ABS，这就是你拥有的 CDO。现在将这个 CDO 与其他 99 个不同的 CDO 相结合，其中每个 CDO 都是 ABS 及基础资产的单独组合。算一下，理论上这个 CDO^2 的买主应该得到一个由 1 000 万个基础贷款组成的良好集合。现实中，这会发生么？答案当然是否定的。

出于这个原因，像 CDO 这种证券，如果不被禁止，也必须受到严格监管。从目前的情况看，这些证券远离了基础资产的价值，几乎不可能被标准化。个体的复杂性使得它们的风险被隐藏于面具之下，不能被转移出去，最终误导风险管理策略。

事实上，CDO 及其他不良证券这些奇怪的东西，会让人想起另一个不太好的缩写：GIGO，也就是"垃圾进，垃圾出"（garbage in，garbage out）。或者，回到香肠制作的比喻：如果把老鼠肉和病猪肉放到香肠中，然后再将其与其他香肠掺和起来，这样一来，每根香肠里都充满了一样肮脏的东西，你并没有解决任何问题，剩下的只是一堆会严重致病的香肠。

资产证券化改革最重要的一点就是提高所用材料的质量。即使材料被切整得面目全非，也比最开始就用糟糕的材料带来的问题少得多。换一种说法就是"发起并配售"的问题，更多地出自"发起"，而不是"配售"，即最重要的是原始贷款的信用。

这就是为什么改革的重点要放在贷款的源头。这并非是说监管机构的运作不当，在美国，美联储、联邦存款保险公司、互助储蓄银行监察局、货币监理署和全国信用社管理局，都有权力监管组成各类资产支持证券的各种贷款。真正应该做的是完善现有的规章制度，并加大力度确保证券化链条各环节无害。

在这方面，美联储已经作了部署，提议对《美国诚实借贷法案》(*Truth in Lending Bill*)作重要改革。改革将使得潜在的借款人更容易辨认他们所承担的抵押贷款的真实成本，原始贷款也被作了限制，按揭经纪人和信贷员的报酬将不再与贷款利率及任何其他项目挂钩，按揭经纪人和信贷员为增加报酬，引导消费者作更大金额或更高利率的贷款的行为被明确禁止。

这些改革是明智的，但整顿资产证券化还需要政策制定者考虑"香肠制作"的另一重要方面，即肉质的监督者，也就是对产品进行评级的人。金融领域的评级机构，和他们在美国农业部的同行一样，一直以来并未履行好责任。

改革评级制度

在美国，标准普尔、穆迪及惠誉这三大私人评级机构拥有巨大的影响力。它们出具的评级报告涉及从抵押贷款到公司债券再到整个国家的主权债务的各个领域。这些评级反映了借款者债务违约的可能性，也是确定金融市场风险的核心。实际上，评级是一种外包性的调查方式：如果穆迪说某一CDO是超级安全的，并给出一个AAA级评级，那么其他人可能就不会再对证券化产品从最上端到下面的基础资产进行调查了。

评级机构兴起于20世纪30年代，其前身的主要职责是为联邦监管者出具评级报告，评估银行持有债券的质量。政府的认可增强了评级机构的影响力，尽管评级机构的力量在战后初期有所减弱，但到了70年代又有所上升，当时债券违约数量增多，评级结果对于风险评价的重要意义日益明显。

1975年，美国证券交易委员会创建了"全国认定的评级组织"(NRSNO)，惠誉、标准普尔和穆迪均为其成员。实际上，任何出售债务的一方都必须获得评级机构的评级。虽然美国证券交易委员最终承认了7家代理机构，后来又批准认可了几家鲜为人知的公司，但最终它们被合并成目前这3家为人熟知的公司。

评级机构在发展中经历了重大的变革。在最初的几年里，它们替投资者评估潜在的投资项目，并收取费用。随着时间的推移，它们的收入模式发生了改变。其中，部分由于一些投资者开始影印朋友们的评价手册，而不是向评级机构付费来获得资产评级。对此，评级机构采取了一种新的商业模式，它们将自己的服务出售给债券的发行者，而不是投资者。同时，证券交易委员会的改革，也导致了任何人只要发行证券就必须获得评级报告。到了20世纪80年代，变革彻底完成，由债券发行者支付评级费用成为一项规定。

但是，这样一来就出现了一个巨大的利益冲突问题。银行希望高估证券价值，所以会比较各家评级机构并寻找最佳评级。评级机构如果对金融产品给出次级评价，就有可能失去业务。逐渐地，评级机构开始按照客户的要求进行评级。

更糟糕的是，评级机构又开辟了另一条同样问题重重的收入渠道。具体而言，银行组合好一个资产证券化产品，然后付费给一家评级机构并咨询如何安排设计这个产品，以期从最终的证券评定代理机构那里获得最佳评级。这些服务被称作"咨询"或"模塑"。事实上，这就像一个教授告诉学生如何在考试中获得A，并收取一定的费用，这是不正当的。

那么，应该如何对评级机构进行改革呢？至少，必须禁止它们提供任何"咨询"服务。评级机构的存在应该只为一个目的，即评定一个债务工具的等级，多重目标会导致利益冲突。尽管美国证券交易委员会已发布规定，禁止评级机构为它们所测评的企业做咨询服务，但这个禁令很难执行。相反，美国证券交易委员会应当禁止评级机构为任何人提供"咨询"服务。

在垄断领域引入竞争是有意义的。10年前，三大评级公司的声誉完好，这一建议可能很难实现，但现在就容易得多了。遗憾的是，美国证券交易委员会很难认可新公司成为"全国认可的评级组织"成员，新公司可能要运行好几年才会有较多的大客户。但是，如果一开始没有踏进这一道神圣的门槛，就很难获得大客户。为了解决这个问题，美国证券交易委员会必须降低准入门槛，在这个非常重要的行业引入更多竞争——如果愿意的话，也可以实现自由市场竞争。

更激进的做法是取消评级机构现在扮演的半官方角色。从美国证券交易委员会的制度到《新巴塞尔协议》的资本金要求，各种规则都只承认"全国认定的评级组织"出具的评级结果。评级机构被赋予的权力太多，太不相称，将特权取消会带来更为开放的竞争。

一种更为全面的改革是强制评级机构回到原来的业务模式，即从债务投资者而不是发行人处收取评级费。然而，这也并非易事。其中的一个障碍就是"搭便车"问题：假设一些投资者支付了评级费用，并在评级基础上做出决策，其他投资者会推算出评级结果，"免费"做出决策。

对这个问题的一种解决途径是，规定所有机构投资者都要交纳费用到一个由监管当局管理的"公共池"中。新债发行时，可用池中资金向受认可的代理机构购买评级。这个方案要求金融系统中的所有参与者都要向"池"中付费，即便是对冲基金这样很少受监管的机构也不应例外。

这种改革颠覆了评级机构的收入机制。但重新想想，由债务发行人去支付评级费用，确实滑稽可笑。再回到我们前面的比喻，这就像让学生给教授付钱获得评定。想象一下，假设学生可以选择教授，正如债券发行者可以选择评级机构，那些常给学生 F 级评价的教授就会发现，随意给学生 A 级评价的同事会吸引更多的学生，获得更多的收入。但是，所有这些 A 级评价就像房地产强泡沫时期的 AAA 级评定一样，是虚假的。

确定无疑的是，评级机构在金融体系中占有特殊的地位，针对评级机构的改革，不会是件容易的事。但是，只要上面的改革尚未落实，利益冲突问题就一定会继续。

不过，此刻让我们先假设，这些矛盾可以解决，评级机构从此可以为抵押贷款支持证券之类的产品作准确的评级。那么遗憾的是，那些不透明的、神秘的、令人困惑的金融衍生品可能连评级机构也弄不清楚。

管理金融衍生品

2002 年，沃伦·巴菲特向伯克希尔 - 哈撒韦公司的投资者们出具了一份现在看来极具传奇色彩的年度报告。他对越来越多的衍生品工具使用表示了谴责，并先见性地将衍生品描述为"交易双方和整个经济体系的定时炸弹"。巴菲特毫不留情地将衍生品定性为"大规模杀伤性金融武器"。他警告说，衍生品携带有危险因素，"虽然现在是潜伏的，但却可能是致命性的"。更有预见性的是，他警告说："现在衍生品魔鬼已经跑出了瓶子，一定会进行大规模多品种的繁衍，直到它们的危害性大白于天下。"

巴菲特是正确的，但实际情况却更加复杂。衍生品已经存在几个世纪了，在给全球金融体系带来此次严重灾难之前，一直表现良好。毕竟，衍生工具只是对某一事件未来结果的赌注，如利率、石油价格、玉米价格、货币价格或任何其他变量的走势等。衍生品有各种名称，如互换、期权、期货等，几十年里一直来都在努力帮助人们"对冲"风险。在衍生品发展初期，农民利用衍生工具，在收割前就对农作物的价格波动做对冲，享受着难得的心灵平静。

但是近些年来，由于某些新品种，如信用违约互换的诞生，衍生工具已完全不同于以往。信用违约互换有时被比作保险合同，但实际上它们是非常不同的。信用违约互换允许买家购买保险，以防债务人拖欠债务，而如果发生拖欠，"保险"的卖方将有责任为买方弥补损失。从表面上看，这类似于保险，但与保险合同不同的是，信用违约互换的买方不需要实际拥有一项资产作为标的。更糟糕的是，投注于违约的人，被充分激励促进违约的发生。这样，购买信用违约互换产品就类似于为一个不拥有所有权的房子购买房屋保险，然后试图对房子放火。

信用违约互换市场从几乎没有交易量迅速发展到大得令人吃惊的地步，2008年金融危机爆发时，其名义价值（投保的金额）突破 60 万亿美元。罪恶的信用违约互换市场的快速增长，归咎于自由市场狂热分子、参议员菲尔·格拉姆（Phil Gramm）。1995—2000 年，他主持参议院银行委员会的工作。他在主持工作的最后一年，成功地在《商品期货现代化法案》（*Commodity Futures Modernization Act*）

中插入了一条规定，将信用违约互换和其他柜台交易衍生品从商品期货交易委员会（CFTC）的监管下豁免出来。

这里的关键词是"柜台交易"，它似乎和"私下交易"相反，但事实上，私下交易和任何一种柜台交易都差不多。在柜台交易中，衍生工具合约由两个私人当事方签署，这是典型的"双边合约"，没有其他人知悉内容。这种交易完全缺乏透明度，没有人知道其风险暴露程度，更别说了解风险集中在何处了。创造这些衍生工具的金融公司都愿意对细节保密，毕竟它们的交易策略是专有信息，并且交易费用非常高。但是在危机期间，这种保密性会腐蚀投资者的信心。

同样麻烦的还有交易对手风险：已经卖出"保险"的机构可能不会兑现承诺，尤其是在系统性金融危机发生时。这正是此次危机猛烈发作时的状况。大部分金融机构不相信它们会被挤兑，没有留出所需的储备金，这就给整个金融系统带来了风险。美国国际集团的例子就比较典型。它通过信用违约互换交易为超过 5 000 亿美元的问题 CDO 作了保险。由于它无力补偿这些 CDO 产品的亏损，而它的失败会使资产受其保险的公司面临破产，因此美国政府介入并提供了救助。结果，交易对手风险创造了一个不仅是大而不倒更是亲而不倒的金融体系。

衍生工具也在其他金融危机中扮演过重要角色。1987 年的股灾涉及一种被称作投资组合保险的衍生品，1994 年的衍生品投资损失导致加利福尼亚奥兰治县濒临破产，1998 年衍生品在长期资本管理公司的惨败中扮演了重要角色，在 2008 年和 2009 年助推了石油价格的大起大落。此外，衍生工具还在其他方面肆虐，像隐藏负债、逃避税收、妨碍债务重组，甚至被用来故意引发银行、公司和国家违约服务。

鉴于这些恶行，禁止衍生工具交易似乎是一个好主意，但结论并非如此，大部分衍生工具并没有产生不良效应，我们需要做的只是控制某一些衍生品规模的无限扩张。像对付其他一切困难一样，说总比做容易，很难找到灵丹妙药。但是，一些合理的建议应该立刻被采纳。

首先，我们必须解决透明度的问题。诚然，一些衍生品一直在场外交易，运行顺利并可以持续下去，如普通利率互换和货币互换。不过，信用违约互换的情况则不同，它必须实行公开交易，并接受美国证券交易委员会和商品期货交易委员会的严格监管。奥巴马政府遵循这种思路已经采取了一些措施，许多针对加强监管的建议也在讨论之中。

一种观点认为，应强制信用衍生工具在某种类似于简单衍生品交易场所的中心交易所里交易。这样，交易所就能保证衍生品以直接、透明的方式结算。同时，这个新机构也可以保证衍生品交易各方有必要的抵押来兑现承诺。

这种改革思路很有意义，但其难处在于，现有的金融衍生品中，虽然有一些能够被标准化并在中心交易所交易，另一些却很难达到这一要求。很多柜台交易衍生品是几乎不可能被标准化的，并且没有足够的交易量，其价格也不可能像股票或债券（或普通衍生品）那样，总是可以被定价。

这些更神秘的信用衍生品应该在中央结算所注册。针对一些简单衍生工具的此类机构已经存在，比如期权清算公司（Optinos Clearing Corporation），它处理很多股权和商品的衍生品交易，虽然是个私人机构，但已经得到证券交易委员会和商品期货交易委员会的认可。它的一部分工作就是确保衍生合同当事人有足够的抵押品兑现承诺。（换个说法就是，金融公司在没有足够抵押品的情况下，无法作出履约保证。）反过来，当交易对方违约时，结算所将承担合同责任。所有这一切都有助于降低交易对手风险。

成立结算所是个好主意，但也要注意一些问题。首先，如果市场发生系统性崩溃，结算所可能无法承担所有的合同责任，导致自身违约。虽然从某种程度上说，这种风险可以通过提高保证金要求而减小，但是，最近发生的事情表明，人们很容易低估系统性风险。因此，结算所必须在监管者的监管下运作，监管者负责保证结算所留有必要的储备金，以备不时之需。

此外，还有一个更大的问题，就是监管套利风险问题。如果结算所只处理简单、标准化的金融衍生品业务，金融工程师为逃避监管，可能故意制造出一些复杂的、结算所不能接纳的衍生产品。因此最好是结算所能够有能力容纳所有的衍生工具业务。

这种改革与其他有助于增加交易透明度的改革是紧密相连的。比如，信用违约互换交易要在一个对公众开放的中心数据库注册。像纽约大学的同行们曾建议过的那样，数据库的分类和排序，参照交易报告及合规系统（Trade Reporting and Compliance Engine，TRACE）的处理方法；数据库的管理，由金融业监督管理委员会（Financial Industry Regulatory Authority）负责。市场透明度的加大，有助于增强定价机制的竞争力，减少公司与系统的竞赛，而报出高于市场许可的价格。

在某些情况下，全面禁止某些衍生工具或严格限制它们的使用是十分必要的。例如，监管机构应考虑完全禁止信用违约互换合约业务。保险的基本规则认为，购买保单的一方必须有"可保利益"，即与结果有直接利害关系。大多数信用违约互换合同废除了这一原则，《金融时报》的一个记者曾有一个比喻，即信用违约互换合约成功地给了华尔街"去烧毁你的房子的巨大激励"。

如果不能直接禁止这些衍生品业务，也应该禁止保险公司出售这种担保。只有对冲基金和金融市场里其他的风险偏好者才可被允许从事这些衍生品的交易，而且它们必须遵守严格的保证金要求和抵押要求。如果一家对冲基金要从事这种保险业务，应当要求它毫无保留地证明其兑现义务。

最后一个建议是关于精简衍生品监管规则的。这意味着要改变美国证券交易委员会和商品期货交易委员会的相关职责，这尚有很长的路要走。这些机构分别监管着不同的衍生品市场，有效地划分了监管权。但是，加强单一机构监督全部衍生工具的责任，会更加系统地管理和监督好衍生工具，更重要的是，减少影响国际金融体系稳定的潜在威胁。

改革要解决许多问题，比如交易对手风险和价格的不透明，高额费用甚至成了神秘的衍生品柜台交易市场的特征之一。而正是这些特征使得业内人士可以获得巨大报酬，并从投资者那里诈取利益。

然而，这些建议并不能包治百病。衍生品监管是金融监管领域里最为棘手的事情，而且过去10年来它们爆炸式增长，使得监管工作难上加难。衍生品已从一种风险对冲方式发展成为纯粹的投机工具，使天真的投资者，如养老基金经理，承担了大量的杠杆效应和风险。它们越来越奇怪,越来越不透明,令非专业人士难以理解,给金融系统带来了严重的威胁。单纯依靠上面的改革,是不可能完全解决问题的。

为此,新生的衍生品应该受到监管机构更加系统、更加严厉的审查。换言之,这种情况下,监管部门无须担心对这些衍生品采取严厉措施会损害经济增长,相反,它们继续存在才会严重威胁到全球经济的稳定。立法者、决策者和监管者越早明白这点越好。

遗憾的是,经济的稳定必须在全球范围内得到巩固,这意味着应该重新审视一下银行经营的国际准则。

《巴塞尔协议》及改进建议

古色古香的瑞士城市巴塞尔有很多闻名遐迩的故事,它拥有瑞士最古老的大学、第一个动物园以及新竣工的最高建筑。对于思想巨人尼采来说,巴塞尔的学校就是他的家乡。巴塞尔具有悠久历史的化学和制药公司,为世界生产了从安定片到中枢神经致幻剂等各种类型的药品。巴塞尔的银行界为世界带来了一件不算激动人心但却十分重要的新事物:巴塞尔银行监管委员会。

这个不为人熟知的机构产生于 1974 年,它吸收了 10 个发达国家的央行为其成员,目的是想出更好的办法来管理和监督银行和其他金融机构。虽然该机构的建议不具有法定约束力,但有很重的分量。危机发生前,绝大部分现存的金融制度都是在《巴塞尔协议》的指导下建立起来的。

《巴塞尔协议》经历了数年的演变。最初的协议被称为《巴塞尔资本协议》(*Basel I*),它要求银行区分所持有的资产种类,以更好地评估其相关风险,这种风险评估会影响到银行应持有资本的数量。

举例来说,假设有两家银行,每家都从其他渠道借了 10 亿美元用于投资,但一家投资于低风险、高安全的美国国债,另一家投资于高风险的垃圾债券。根据《巴塞尔协议》，银行应对不同的资产赋予不同的风险系数，这些风险系数会告诉银行相对于这些风险应持有的资本数量。实践中，持有超级安全的政府债券的银行与持有垃圾债券的银行不需要持有相同的资本量。

《巴塞尔协议》还有另外一些规定，比如规定跨国银行应持有风险加权资产8%的资本金。在附加准则中，该协议明确指出这种资本或股本必须是普通股、优先股、其他优质资本（一级资本）以及所有的二级资本。

20世纪80年代，《巴塞尔协议》开始实施。到1992年，十国集团中大多数成员国都采纳了它的建议，许多新兴市场经济体也自愿遵守这一准则，以实现金融稳定和审慎监管。遗憾的是，那些对发达国家很有意义的标准，对新兴经济体来说却很难实行，在发生危机时尤其如此。

另一个问题是，巴塞尔协议没有预料到银行家们找到了隐匿风险的办法，例如资产证券化。这些精明而巧妙的办法使银行资产负债表从表面上来看是稳定的，而实际并非如此。银行家遵守的是《巴塞尔协议》的字面意思，而不是其精神。

这些失败推动了《新巴塞尔协议》的诞生。原来的协议仅有37页，而新协议几乎是它的10倍之多。新协议提出了衡量各种资产相对风险的更明确的技术标准，并给出了计算方法；它扩大了风险的定义以覆盖其他风险，比如在公开市场上资产价值的下跌风险；它设法堵住银行用来隐匿风险的各种漏洞；它要求监管机构采取更加积极的行动，监测银行资本储备要求的执行情况；它还规定银行应定期公布它们的财务状况。虽然许多欧洲国家希望《新巴塞尔协议》适用于所有银行,但美国、加拿大和英国声称它只适用于大的国际银行。

10国集团成员在2006年敲定了《新巴塞尔协议》的最终版本。在实施过程中，金融危机的爆发使《新巴塞尔协议》的严重缺陷很快显现出来。虽然《新巴塞尔协议》针对20世纪90年代的危机作了许多修订，但仍不能保护大银行免受重大金融危机的干扰。简单地说，《新巴塞尔协议》假定世界金融体系比现实更稳定，这是个严重的错误。

这次的危机突显出几点事实：

- 一是银行需要更多高质量的资本；

- 二是很多银行已建立了"资本缓冲器"，但还是远远不能抵挡房地产泡沫破裂和信贷危机所带来的冲击；

- 三是经济危机发生期间，一级资本和二级资本的资本质量都可能出现严重恶化。

对《新巴塞尔协议》的全面修订可能需要数年时间，但对其中几项的完善迫在眉睫。首先，应改革《新巴塞尔协议》中定义和划分资本等级的方法，不再按《巴塞尔协议》一级资本计算银行资本充足率，而是按有形普通股权益（Tangible Common Equity, TCE）或称有形资产充足率这一更为狭义的指标来计算。有形普通股权益在计算资本时，只将普通股包括在内，相反，《巴塞尔协议》定义的一级资本包括普通股和优先股。有形普通股权益使对银行所持有资本量的估计更为保守，因此，在危机中它可能是评价银行健康状况的一个更现实的方法。

《新巴塞尔协议》的框架中还隐藏了一个更深层次的问题，即其中的资本计算方法，在经济繁荣时期容易夸大银行所持资本量，而在经济危机到来时则正好相反，容易使银行以一种过度的、破坏性的方式减少风险敞口。这是因为在经济繁荣时期，银行持有的资产价格上升，对资本的需求量降低，从而鼓励银行承担更多的风险。经济危机中，情况则刚好相反，资产价格的下跌迫使银行突然需要增持更多资本，而此时正是最难获取资金的时期。

在经济学中，这种现象被称为亲经济周期效应（procyclicality）。这个术语听上去有点别扭但意思很简单：在一场繁荣与萧条的循环周期中按与经济周期相同的方向扩大经济波动。当涉及资本时这明显会出现问题。可能的话，人们会期待协议的目的不是去扩大经济波动，而是保护银行免受其危害。为了避免亲经济周期效应，可以采用另一种办法计算资本，即所谓动态配置。动态配置不强制银行保持一个静态的资本额，比如《巴塞尔协议》中规定的8%，而是允许银行随时间的变化对所持资本额进行调整。经济繁荣时期，资本要求提高；情况恶化时，资本要求降低。西班牙银行已经使用了某种动态配置方法，它虽然不能解决所有问题，但值得在《新巴塞尔协议》中进行尝试和推广。

引入或有资本可能是解决亲经济周期问题的另一种思路。这种思想虽然也有些问题，但受到许多支持，值得密切关注。它的作用原理是：在繁荣时期，银行发行一种被称为"或有可转换债券"的特殊债券，它不同于普通的债券，如果银行的资产负债表恶化至一个特定的"触发点"，它将会"转换"为银行的股份或权益。

或有资本可以带来几个好处。首先，在银行真正需要时可以获得更多资金来维持运营。银行以一定的代价换得了生存，先前的债券持有者失去了资金而获得了大量的股权。当然，外部股东的突然涌入会削弱现有股东的权力。这对原始债券持有人和股东都不利，所以双方都有动力去密切关注银行在做什么，以使自己不会被动地处于这种不幸境地。理论上讲，如果债券持有者认为银行在朝着错误的方向发展，他们会提高借款成本，实行市场性约束。同样，股东也会遏制银行的危险行为，避免其陷入困境。

这种想法在实践中可能不如理论上有效。毕竟它要求银行必须发行足够的或有可转换债券，否则，它所鼓励的自我约束将会不足。尽管如此，它仍是一个值得讨论的好建议，并且可能解决《新巴塞尔协议》的另一主要问题。《新巴塞尔协议》的核心构想是，如果银行的监管者、股东和经理不能抑制风险行为，银行的债权人会被鼓励代行其职。债务购买者通过提高高风险银行的借贷成本，实行了"市场化约束"。

遗憾的是，此次危机发生时，并没有足够的银行实行了有意义的市场化约束。即便有的话，各国政府也已将市场化约束抛到九霄云外，它们决定担保全部债务，致使银行很容易借到较多资金。或有资本可能也是解决这个问题的一种办法，即将债务转换为股权，而不用实行担保、支持和救助，它有可能（也许真的会）守住道德风险。

另一个需要《巴塞尔协议》制定者关注的问题是流动性不足问题。此次危机充分表明，无论是传统的银行还是影子银行体系的成员非常容易出现流动性紧缩。过去，巴塞尔委员会很少注意到这个问题。正如前面章节所阐述的，此次灾难是银行业危机的扩大造成的。形形色色的金融公司将借入的短期流动资金投资于长期非流动资产，当恐慌降临时，商业银行和影子银行（虚拟银行）都无法再对短期借款做延期，而这造成了流动性不足。

因此,更加重视对流动性风险的管理应成为全体金融机构（包括银行和非银行）未来监管的重要内容。约束方法之一是要求金融企业避免短期借款，换言之，就是要大大延长其负债的期限。每年需要进行一次借款展期的银行，比每天都要进行借款展期的银行发生流动性紧缩的风险更小。当然这个办法也不能解决一切问题，就像此次危机中所发生的情形，即使一家金融机构基本只作短期投资（如货币市场基金），但仍会由于少量的低流动性资产投资而陷入危机。

《新巴塞尔协议》的另一个缺陷是赋予了金融机构过多使用内部风险管理模型的权利。其中一个模型是风险价值公式 (VaR)，用来计算公司资产损失的可能性；另一个是 Gaussian copula 模型，一个用来为复杂的资产如 CDO 做定价的统计工具。这两个模型都忽略了危机和其他破坏性事件发生的可能性，使银行在危机来临时变得很脆弱。解决途径绝不是简单地去设计更好的模型，模型只是在用时是良好的，如果人们想要忽视风险而扩大短期利润，会为需要的结果去篡改公式。

因此，我们应该考虑将风险最小化的其他方法。首先，应该反思一下金融机构是如何管理风险的。目前，占据主导地位的方法是，每个部门或业务流程单独考虑风险，而从来不思考各部门之间投机行为的交叉影响。美国国际集团是一个典型的例子。一个位于伦敦的仅有 375 名员工的小分支公司，由于担保了大量问题抵押贷款债券，使超过 10 万名其他部门的员工陷入了困境。

同样让人担忧的是，许多风险管理经理正被边缘化。毕竟，他们妨碍了人们追逐更多的利润，要他们去有效控制与其一起工作的交易员十分困难。为此，今后的风险管理应尽量站在整个组织的高度"鸟瞰"风险。这就意味着要任命一个权力更大的首席风险管理官，直接向首席执行官和董事会报告，同时需要一个能监测多个部门运行，能阻止冒险行为发生的工作组。

即将到来的危机

金融危机以一种有趣的方式让一场彻底的改革看起来合情合理。2008 年金融危机之前，本章所阐述的很多改革都显得极端而没有必要，但现在情况不同了。

我们所强调的这种改革将会踏上一个漫长的征程，通过改革薪酬机制、规范证券化、将衍生品置于公众监督下、严格约束系统的"监护人"即评级代理机构，金融系统将朝着更加稳定和透明的方向前进。改革会确保银行和其他金融机构拥有足够的资金。实际上，对于安全渡过一场严重的金融危机来说，拥有充足的流动性最为重要。

改革也将消除少数几家寡头银行和投资银行控制金融系统所带来的弊端。如果衍生品和其他金融工具更加透明，垄断者将很难向客户收取高额的费用和获得巨大的买卖价差。这些公司不愿意看见交易从交易商市场走向交易所是可以理解的，因为改革会削弱它们凭客户缺乏信息资源而赢利的能力。在现有的体系下，由于价格缺乏透明性，公司很容易获得高额买卖价差利润。它们能够成功地提前获得信息，这意味着可以运用客户的投资信息在其他地方获利，比如做市和交易行为中，而更高的透明度会阻止这些行为的发生。

怀疑论者也提出了合乎情理的一点，即如果投资者愿意冒风险为 alpha 或 schmalpha 回报付费，这是他们自己的事情。但是个别极具势力的不透明的金融公司的崛起，会带来很多麻烦。这些公司的金融职能千差万别，令人吃惊：从证券发起和承销、作价买卖、私人股权投资、对冲资金、资产管理到基础金融，应有尽有。各种业务相互联系，加之少数幸存公司间的相互联系，产生了极高的系统性风险。

将大部分交易从依靠市场做市商／经纪人的场外交易转为交易所交易，将会使寻租行为大幅减少。更重要的是，这还会大大减少造成金融机构"亲而不倒"的交易对手风险。事实上，越多交易发生在交易所，就越能降低交易对手风险。我们不但要压缩每个机构的规模来限制"大而不倒"，还要规定金融机构的金融业务应分类交易，限制"亲而不倒"。在交易所内，交易员只能为客户执行有效的交易，而不能进行利益冲突盛行、价格透明度极差、系统性交易对手风险甚高的作价买卖交易。因此，我们必须回到《格拉斯－斯蒂格尔法案》上来，甚至超越它，使金融体系中无论是机构还是业务都是分离的，避免发生"大而不倒"和"亲而不倒"。

　　总之，金融权力的集中会制造出一个"亲而不倒"的系统，这一章中所提出的建议只是解决问题的第一步，实行更加彻底的改革是未来金融系统保持稳定的关键。

Crisis Economics

09

"大而不倒"的银行不应再存在

"大而不倒"的企业不只是因为太大而不能倒、太大而不应再存在，还因为它们过于复杂，很难得到妥善的管理。坦率地说，它们不应该存在，至少应该被拆分。

20¹⁰年1月初，本·伯南克曾为美联储在最近这次危机中的应对措施作辩护。他提出的教训直接而简单：更好的监管可以防止危机。正如他所说："这次危机带给我的重要教训是，金融监管在控制新出现的风险方面并非是无效的，只是监管必须执行得更好、更聪明。"

伯南克说得没错，但如何才能使监管机构在履行职责时"更好和更聪明"地完成工作呢？在本章中，我们将对实现这一目标的几项重要的障碍性因素进行分析：故意逃避监管造成的监管套利；多头监管即监管者众多，缺乏协调，从而无法对金融系统进行有效的监督和管理；监管人员素质问题等。最近的金融监管历史表明，无论监管规章和条例多么严谨和周密，其效用都可能因上述问题而锐减。任何成功的金融监管改革都需要对上述问题做出有效应对。

这与前一章中提出的常识性的折中建议一样，都仅仅是一个开始。然而就现状而言，仅仅提出一些新的监管措施是远远不够的，有时，一些监管"创造性破坏"是恰当的。本章中，我们提出了一些更加彻底的改革措施，如拆分大银行、为金融系统构建新的防火墙等。在不久的将来，这些建议可以而且应该被实施。

在本章的最后，我们权衡比较了一个完全不同但同样激进的想法。那就是运用货币政策来阻止投机性泡沫。虽然这种措施简单而直接，但大部分经济学家和政策制定者通常认为这种观点属异端邪说，而且非常危险。事实上，伯南克在他的事后辩护演讲中也明确拒绝了这种观点，他认为更好的金融监管为防止投机泡沫提供了"外科手术式"的方法。

我们认为，如果运用得当，货币政策将是控制资产泡沫和金融危机最有效、最有力的选择之一。在效果上，这不是外科手术，而是切中要害：货币政策能够对投机气氛产生广泛的系统性影响，进而在第一时间阻止泡沫产生。因此，这为政策制定者提供了一个有价值的备选方案。

接下来，本章对未来金融业的可能性变化和远景进行了描绘：除非决策者和政治家们认识到，解决全球性金融危机需要大智慧和彻底的变革，否则，就等于在国际金融体系这艘泰坦尼克号邮轮上简单地重新排列座次而已，死亡仍然不可避免。

杜绝监管套利

当人们谈及新的金融监管准则，通常是指具体规则、指导方针，以及旨在结束不良行为、鼓励稳定和防范危机的法律。这都很好，然而银行家和交易商们却总能想到各种有趣的方式去回避这些精心设计的监管条例，这就是所谓的"监管套利"。如果要使改革措施产生实质性的效果，那么监管套利就是决策者所必须面对的问题之一。

在金融危机之前，普通银行得到了合理的监管，作为交换条件，它们可以从政府得到存款保险和明确的最后贷款人支持。然而这种交易对于喜欢自由和冒险的银行家们来说，却是令人窒息的。于是它们不断地将越来越多的银行业务转移到影子银行：这些机构的投资活动看起来和银行类似，但却不受监管。

在危机发生之后，有一种共识认为诸如此类的非银行金融机构，即所谓的"影子银行"需要像普通银行一样受到监管。在金融危机中，它们中的大部分都曾得到政府前所未有的援助，而现在则是它们向政府偿还援助资金，俯首接受更多监管的时候了。此外，最近的金融危机证明这些非银行金融机构往往具有系统性影响：它们的失败会冲击整个金融系统，这是它们应该受到监管的另一个原因。

这一切听起来不错，是吗？不幸的是，许多决策者从历史中吸取了错误的教训。他们关注这些像美国国际集团一样的巨无霸影子银行，认为只有大机构才值得监管。这种哲学也深深体现在当前一些公开讨论的政策建议中。例如，奥巴马政府金融监管改革的具体目标就是"系统重要性金融企业"。

这种对监管规则的选择性应用将是彻头彻尾的错误，只会为更多的监管套利打开大门。这一次，金融中介又将通过瘦身变成不太重要的金融机构而摆脱新的监管。然而在总体上，这些小的、受较少监管的机构会对大的系统产生愈发显著的影响，它们的集体性破产事件也会带来相同的后果。例如，在20世纪80年代的美国储贷危机中，约有1 400家小型储蓄机构破产。单独而言，它们之中的每一个都不具有系统重要性，但是它们集体的贷款承销失败和损失却是具有系统性影响的。

基于这个原因，金融监管改革的新方案必须无差别地涵盖一切机构，而不仅仅是那些被认为会产生系统性风险的大机构。监管准则包括资金、流动比率、遵从性以及信息披露标准，这些准则必须被毫无例外地执行，考虑到具有系统重要性的金融机构拥有潜在的系统性影响，它们更应该被严格监管。总之，金融监管不应有例外，否则会滋生更多的监管套利和更多的金融危机。

平心而论，近年来基于"自我监管"原则，监管套利成为一种容易操作的游戏。所谓自我监管是指监管者为金融机构提供一般性原则，并要求它们使用一定的模型和方式来满足这些原则标准。这种被讥讽为"软接触"的方法几乎不可避免地导致了更多的套利行为。

由于自我监管要求企业根据自己的条件管理风险，因此它们总是倾向于选择那些低估防范危机所需资本金的模型。

为了解决自我监管问题，监管部门应立即着手为所有金融结构化产品制定具体的监管准则。否则，监管将成为愚蠢的差事：一种金融产品的监管准则只不过迫使套利者在其他产品上寻找监管套利机会而已，因为金融工程师总能设计出略微不同的金融产品以规避法律约束。

然而在另一个层面上，过于具体的监管也可能没有意义：金融创新时刻在以惊人的速度发生着。这一点可以通过金融衍生品行业指南手册的大幅增厚加以衡量。1989年该书的原始版本（名为《掉期金融》）只有700页，而2006年的最新版本（更名为《掉期金融衍生品文库》）已经超过了5 000页。

因此，跟上金融创新的步伐是极为困难的。但是，这并不意味着监管当局可以放手不管，回到那种通过设计一些原则，并相信金融企业的交易商能够自律的旧模式。相反，监管方的重要任务应是为金融系统的关键特征设计一系列稳健而简单的规则参数。例如，对绝对杠杆率上限应有清晰的设定。同样的具体化指标也适用于对资本充足率和流动性的要求。此外，按照惯例，拥有对规则条款解释权的应是监管者而非银行家。

然而，这也引出了另一个令人头痛的问题：如何管理监管者？什么样的官方机构应该承担这项职责？这些机构之间如何协调一致？这远非一项具体改革措施所能解决的问题。

实施与协调

在美国，承担金融体系监管责任的联邦和州级机构令人眼花缭乱。一个多世纪以来，这些监管机构的演变过程也同样混乱不堪、充满随意性。

我们就从州级监管机构开始。在整个19世纪和20世纪，美国50个州都成立了各自独立的州级银行和保险委员会。这些机构以不同的方式运作，在其管辖范围内对州立银行和国家银行行使不同程度的监管职权。许多州级监管机构还拥有类似于美国证券交易委员会的证券监管机构及信用社监管机构。所有这些监管机构在经费来源、复杂程度和规则执行方面都有很大的差异。

美国联邦监管机构凌驾于这些分散的州级机构之上，有时候它们共享监管权力，有时候联邦机构则跨越州级部门独自行使监管职责。美国联邦监管机构数量多得令人吃惊，包括美国货币监理署、美联储、商品期货交易委员会以及其他许多机构。这些监管机构在同一范围内行使多头监管，职责重叠严重。然而，似乎这些还不够混乱，美国还拥有许多政府批准成立的民间监管机构，它们负责向政府谏言，为金融机构设立规则，甚至直接管制它们的会员机构，美国财务会计准则委员会（FASB）就是这样的民间监管机构。

在某种程度上，这样一个东拼西凑的结构安排是美国联邦制度的自然产物，在整体上刻意划分了州和国家的权利。同时这也反映了罗斯福新政时期的监管思路，该思路促进了政府机构的实质性扩张，使得监管权力在多个机构之间划分。多年来，随着新的金融公司和金融工具的不断增加，这种监管体系所固有的缺陷和无效性也与日俱增。近年来，那些旨在放松金融系统监管的各种"改革"则制造了其他一些新的问题。

尽管存在这些问题，许多决策者却在为这个重叠和分层的监管体制辩护。他们认为许多不同的监管机构有利于引入"竞争"机制，从而使最优监管实践得到最广泛的应用。不幸的是，金融公司并不会寻求最佳监管，它们只会寻求最少的监管，或者寻找那些对银行核心业务活动不予限制的监管。

如果银行不能选择谁来监管它们，那就不存在这个问题。但在现行制度下，它们的确有选择，这取决于它们以什么样的方式成立公司。例如，一家商业银行可以选择在某一特定的州级法律而非联邦法律下获取执照，这样就可以选择是否要成为美联储的会员银行。这些选择在事实上决定了它是否接受货币监理署、美国联邦储备委员会和联邦存款保险公司的监管，而在对州级监管机构的选择上，则更不在话下。

当然，这些选择并不是随意的。比如，大量证据表明，美国的商业银行可以通过改变监管的司法管辖区来承担更多的风险。这并不奇怪，银行的目标是寻求收益最大化，它们没有理由自觉服从于那些可能使它们处于竞争劣势的规则。因此就有了"竞次"比赛，银行和其他金融机构会寻找最少的监管。

近年来，监管机构自身也加剧了这个问题。这是因为，如果银行选择它们自己的监管者，并倾向于选择实施最少监管的部门，那么许多更严格的监管机构会发现它们的势力范围受到了侵蚀。况且一个没有监管对象的监管机构是没有理由存在的。这意味着监管者有充分的激励睁一只眼闭一只眼，从而吸引更多的金融机构进入他们的监管领域。在这里，我们再一次看到了"竞次"比赛，这就是选择悖论或监管悖论。

2009年，奥巴马政府提出了一项严格的金融监管改革政策，其中包括设立三个新的联邦监管机构：一是金融服务监理署，将充当超级监管者，负责协调各监管机构，消除监管漏洞，并且致力于识别那些可能对金融体系构成系统性风险的机构；二是国家银行监管局，负责监管所有持有联邦牌照的银行；三是国家保险局，负责监管保险公司。但令人忧虑的是，提议没有解决州级和联邦监管机构混乱的根本问题，只是额外增加了监管机构或者合并了其他机构，最终的实际效果会很有限，目前的混乱局面也很难改观，尽管增加了一个"委员会"来收拾这个烂摊子。

然而可以确定的是，这非常符合金融业的利益。如果说我们能从过去的几十年经验中学到点什么，那就是金融业正是在当前这种监管架构下茁壮成长起来的。因此，维持现状非常符合它们的利益，这可以为之提供足够的监管漏洞以逃避有效的监管。

说到改革，英国金融服务局（FSA）可以为我们提供有益的借鉴。这个组织成立于1997年，并在单一架构下有效地制定了一系列的监管制度。该局负责银行、保险公司、证券、衍生工具甚至抵押贷款的监管。最终，不同部门的监管者问责于同一领导层，理论上这种中央集权式的监管体系既可以防止套利，也可以阻止金融公司随意选择对自己最有利的监管方，而这些问题恰恰是在美国这种分散的监管系统中存在的弊端。

美中不足的是，为了确保这种总揽全局的权力，金融服务局甚至取消了英国中央银行、英格兰银行的银行监管责任。这是一个潜在的问题，历史上，作为最后贷款人，英格兰银行一直保留着对银行和其他"系统性重要"的金融企业的监管权力。如果中央银行要放弃这个权力以维护金融服务局的权威，那么当务之急是，中央银行和监管当局要协调行动并保持适当的信息交流。

尽管如此，相对于监管权力分散于多种竞争性机构的美国模式，英国金融服务局模式是上选之策。因为联邦和州政府之间分享权力的悠久传统排除了这种可能性，短期内美国不太可能采取类似的安排。但是一些意义重大的合并和集中却是可取的，也是必要的。虽然这不太可能从根本上防止在此次危机中推波助澜的监管套利，但却会让这种行为变得更加困难。

遗憾的是，金融企业还有一条规避监管的途径。这是一种不同类型的套利方式，即所谓的司法管辖权套利，是指金融企业挑选并主动转移到较少监管和限制的司法管辖区域的套利行为。在这个金融全球化、资金流动频繁以及缺乏资本管制的时代，金融企业的司法管辖权套利也更容易成功。虽然这可能会让部分地区的监管者情不自禁地有种"拔了眼中钉"的感觉，并让那些制造此次危机的企业启程前往更加"宜人"的地方，然而这对于防止未来的灾难毫无益处。

出于这个原因，监管者有必要与其他国家采取协调一致的改革措施。然而这谈何容易，与恐怖主义和气候变化等其他全球性问题存在的磋商机制和平台相比，金融方面的全球合作架构发展远不尽如人意。由于缺乏协调，一些领导人开始呼吁建立一个"全球超级监管者"。正如德国财政部长施泰因布吕克所称："作为国际性权威机构为金融市场设立交通规则的全球监管框架。"

这个想法听起来不错，但是非常不切实际。国际机构如巴塞尔委员会制定可供各国监管者实施的准则是一回事，让所有监管者和立法者放弃部分或全部主权，让位于单一的全球监管者是另一回事。事实上，其他更加温和的建议也没有任何进展，例如，许多建议试图把欧洲中央银行打造成一个超级监管者，并负责约束欧盟成员国的金融业，但这种主张未引起丝毫回应。到目前为止，监管欧洲银行的职责仍然掌握在各国中央银行的手中。

即使所有的主要发达经济体都同意设立一个全球超级监管机构，那也未必是个好主意。虽然美国过于分散的监管制度并不理想，但是极端的集中也存在风险。这等同于把所有的鸡蛋都放在同一个篮子里，把过多的信任给予唯一的监管机构，而它却未必胜任这个艰巨任务。

这就提出了最后一个问题：如果他们执行不力，那么最一致和最全面的监管将毫无意义。换种说法，监管只有被监管者执行，才会有效。那么我们如何做到这一点呢？

谁来监管监管者

一句古老的拉丁语准确刻画了目前的困境：谁来监护监护人？我们可以把它变成"谁来监管监管者？"谁能保证获得权力的警察，就会心无旁骛地恪守职责呢？

这并不是一个新问题。柏拉图在其著作《理想国》中首次注意到了这个难题，尽管他当时谈论的是一个社会的监护人，而不是金融业的监管者，更不是在当时仍远未诞生的衍生品的监管者。柏拉图的答案耐人寻味：

> 监护人和芸芸众生会被告知一种"高贵的谎言"或"有益的神话"，即监护人比一般人更富有道德。他们对自己的美德深信不疑，他们鄙视自私自利，相反却会谋求理想国的福利。这就是幻想的为善最乐。

这一幻想常成为人们的笑柄，但却揭露了一个令人不安的真相。如果监护人或监管者不被认为拥有优势，并被认为是无能和腐败的，考虑一下会发生什么。这是一个不同类型的谎言，然而却是一个我们常被鼓励去相信的谎言。直到最近，仍有声音说监管者不去私营部门工作是愚蠢的做法。他们不过是一群无法与华尔街的金融天才们相抗衡的傻瓜。更糟的是，他们被认为是一个障碍，是勇敢地通向金融创新新世界的阻碍。

这个谎言被自由放任的狂热分子肆意散播，因此值得一驳。很早以前这种说辞就曾受到挑战。20 世纪 30 年代，新组建的美国证券交易委员会以及其他监管机构吸引了大量聪明能干且理想主义的精英加盟，如果换个时代，他们很可能会驰骋华尔街，然而在那个年代，他们最终选择了监管华尔街。绝非巧合的是，他们主导和见证了前所未有的金融稳定，以及国家整体上持续稳定的经济增长。

我们有理由相信故事可能重现，不过这需要改变监管工作和监管者的声誉。这是一个很高的要求，但这一过程可以从联邦政府招募新的监管者开始，这些人员要有权力和责任阻止另一次金融危机。这是一个相当大的责任，并且这种责任本身也应反映在监管工作的重要程度以及这些雇员的工资水平上。如果这是一个"高贵的谎言"，那就顺其自然吧。但是如果不改变我们对监管工作的看法，吸引合格人才进入监管岗位会变得越发困难。

监管者也应得到更好的薪酬回报。在这里，我们与柏拉图分道扬镳，毕竟你们正在阅读的是一本经济学而非哲学读物。让我们审视一下现实吧。直到最近，在整个联邦政府系统中，美国证券交易委员会仍然是薪酬最低的部门之一。甚至今天，在美国证券交易委员会我们很难找到工资超过 10 万美元的职位。虽然薪水涨到什么水平是有限度的，毕竟美国账政部长的年薪还不到 20 万美元，但负责全球金融系统稳定的监管者的收入超过高盛的前台接待员应该是合理的。

许多改革者建议监管者的薪酬应与他们的绩效挂钩。换句话说，他们征收的罚款越多、关闭的破产银行越多，收入也就越高。这听起来似乎是一个好主意，但事实并非如此，因为职权被滥用的风险很高。想象一下，如果警察的收入与他们的逮捕人数和发出的交通罚单数相关，他们会如何行事。毫无疑问，他们会更加积极地执法，但执法是否公平与合理则是另外一回事。

最好以其他方式处理这个问题。联邦政府可以提供华尔街不能提供的东西：职业保障。鉴于危机后几年，失业的银行家和交易员人数众多，保障性职业的前景会更有吸引力，特别是对于那些接近退休年龄的老银行家和交易员。这些人已经看到了这一点，其中许多人正在领取失业补助。因此可以让他们复出，并作为普通人员为美国证券交易委员会和其他监管机构工作。

至于前交易员加盟政府部门，我们决不能为他们设置高空"旋转门"，让他们在最大的金融企业和华盛顿的监管机构之间来去自由。高盛就是因为这种做法而声名狼藉，它的几个首席执行官都曾在美国政府部门担任高级职务，其他管理人员也都有高层次的政府工作经历。公司主管毫不费力地从私人部门穿梭到政府部门，这创造了无数的利益冲突，因为他们往往是前雇主的同盟而非监管者。其中许多人后来又返回到私人部门，并利用他们的政府关系进行游说，从而为金融企业谋求更少的管制。

这个被称为"监管俘获"的问题，仍同以往一样令人不安。例如，2009年秋天，美国证券交易委员会高调宣称要为新成立的执法部聘请一位行政主管，该部门将对高盛这样的大公司保持密切关注。然而最终被选中的雇员年仅29岁，除了曾在高盛担任主管外，资历有限。

有一些办法可以解决监管俘获和循环任命问题。首先，前政府雇员，尤其是高级雇员的游说活动应该受到限制。2009年年初，奥巴马总统推出的改革明令政府雇员两年内不得从事游说活动。这是一个开始，但时限应该可以延长到4年或5年，甚至更长。

金融企业的游说活动也应受到限制，但这将是一项艰巨的任务。我们很容易理解政治家们往往会依赖金融部门中饱私囊，正如银行劫匪威利·萨顿（Willie Sutton）所言，"因为钱就在那个地方"。[①]他们帮助金融系统免遭干预，并且恶意减少实施监管所需要的资金。作为交换，金融公司对它们的候选人给予大量的资金援助，仅2008年就高达3.11亿美元。

然而，控制这种泛滥的游说活动并非易事，这需要政治意愿。如果2009年所发生的事情算是一点好的迹象的话，可以看出这种意愿还远远不够。在这一年中，许多从问题资产救助计划中获得救援资金的金融机构，花费数千万美元对国会进行了成功的游说，以抵制为高管薪酬设限，及包括衍生品监管规则在内的各种更严厉的金融管制。它们还设法说服国会给财务会计准则委员会施压，迫使它们恢复曾被暂停的所谓的市值计价会计标准。这样就使得银行至少在账面上奇迹般地恢复了健康，也使得它们开始偿还问题资产救助计划的资金，但不久之前，它们还在游说国

---

① 威利·萨顿，真名叫威廉姆·萨顿（William Sutton，1901—1980），著名的银行大盗，从20世纪20年代开始到1952年他最后一次被逮捕大约抢劫了100次银行，同时他也是一名著名的越狱大师。"因为钱就在那个地方"这句话后来成了萨顿法则的基础，被广泛应用于金融领域。——译者注

会减少它们为这种做法而应受的罚金呢。

金融和政治之间的纽带关系一日不破，这种不正当的利益交换就不会终止，放松监管、资产泡沫和危机、潜藏道德风险的援助计划等一系列故事就会继续。因此，只有严格限制政府和金融机构之间的关联，这种毁灭性的相互利用关系才能削减。从目前的情形看，政治家和监管者对监管范围拥有巨大的影响力。这不是一件好事。因为如果立法机关掌握财权，那些不被政治家们所青睐的政府机构就会由于它们的独立性而受到惩罚。

解决这个问题的一个办法就是让美国和其他国家的监管机构变得更加独立。这种独立性可以有多种形式，例如它们执行立法规定时，可以被给予更大的自由裁量权。另外，监管机构也可以拥有政治甚至预算上的独立性。

可以通过许多途径增加监管者的独立性。例如，在美国，美联储对政府立法和行政部门没有太多责任，并且自筹资金，这意味着它不依赖纳税人的钱。与普遍的看法相反，美联储并非联邦政府的一部分，更加确切地说，恰如其官方网站所描述的，美联储是"政府内部一个独立的实体，它既有公共目的，也有私人部门的特征"。理论上讲，美联储承担更多的监管责任可以使监管者更具有独立性。另外一种可取模式是英国金融服务局，它虽然对政府负责，但在运营和操作上却是独立的。并且同中央银行一样，它不从纳税人那里拿钱，所有的资金都由所辖公司分摊。

当然，与许多彻底的解决方案一样，这些解决办法也都有缺点。事实上，摆脱政府的直接控制并不能自动保证更好的监管。例如，英国金融服务局在预测和阻止这次危机方面基本毫无建树。在美国，名义上独立的美联储负责监管银行甚至抵押贷款，但它并没有使用自己手中的权力，以至于酿成大错。最后，美联储不得不以前所未有的规模履行最后贷款人职能以弥补过错。

再者，仅仅因为监管者不必向立法部门负责，还不能使监管俘获问题消失。例如美联储内部最重要的权力中心，即著名的纽约储备银行委员会，就被华尔街的银行所控制。政治独立性并不必然意味着监管独立性。在考虑彻底性的结构改革时，这一点值得认真对待。

基于这些缺陷，从另一个方向来破解金融与政治之间的腐败纽带也许会更好。对于那些触发危机的大公司，可以用一个简单的方法来削弱它们的权力：分拆它们。

困难的分拆

最近的危机使"大而不倒"问题日益突出。雷曼兄弟的崩溃和由此导致的全球金融系统休克表明，许多金融机构规模过于庞大、杠杆率过高而且彼此相互关联，因此它们的破产会产生系统性和灾难性后果。

在美国，如果普通的银行破产，联邦存款保险公司可通过接管程序实施控制。但是这些传统银行极少包括在"大而不倒"的行列之内。相反，绝大部分"大而不倒"的机构属于另外一类：摩根和高盛等大的券商，美国国际集团和其他大型保险公司，房地美和房利美等政府控股企业以及类似于长期资本管理公司的对冲基金。

虽然这些企业在危机中也受到冲击，但由于金融恐慌时期的企业合并浪潮，存活下来的往往会变得更加庞大。摩根大通先后接手贝尔斯登和华盛顿互助银行，美洲银行收购了美国国家金融服务公司和美林，富国银行和花旗银行竞购资不抵债的美联银行。它们为什么会争夺收购权？一种愤世嫉俗的解释认为，无论谁成功收购美联银行（富国最终胜出），都将被认为会对金融系统造成更大的风险，这样就可以获得更多的援助和更长的债务展期。

我们现在处于一种更糟的情况，即许多"大而不倒"的机构已获得救助，并期望在未来的任何一次危机中继续得到这种救援。迄今为止，它们仍未面临持续的监管审查，也不存在一套合适的体系在必要时将它们纳入破产程序。更糟糕的是，许多这些机构，如高盛和摩根大通开始再次使用"自营交易策略"。在一系列政府支持计划的保护下，许多企业已经恢复这些风险很大的交易策略。

决策者正试图通过多种方式处理"大而不倒"问题。例如，他们正在寻找方法使这些企业崩溃产生的冲击不至于给金融系统带来太大的破坏。然而，危机期间，旨在控制这种间接性破坏的两种应对方案都值得怀疑：其一是对大型金融企业的债权人实施全额紧急救援（如贝尔斯登和美国国际集团的案例）；其二是袖手旁观，任其无序地破产（如对雷曼的处理）。我们需要第三条路，那就是给官方部门以相应的权力，以有序的方式使这些企业慢慢倒下。

实现这一目标的方法之一就是让这些"大而不倒"的机构立下"生前遗嘱"，一旦它们无可救药，就立刻生效。就像一个医生完成垂死病人的遗愿，政府可以介入并逐步实施法律条款，从而让企业的死亡不那么有破坏力、不那么痛苦，并且最大限度地减少成本。这样一来，企业的死亡就不会像雷曼一样，以无序的、破坏性的方式发生，而是死得很有尊严。

另一个相关的方案是为这些"大而不倒"的企业订立专门的银行破产法案，而不是让它们在目前的《破产法》第 11 章有关规定下突然陷入破产困境。该条款已被证明是具有破坏性的，因此，需要创造一个替代性机制使这些企业缓慢倒下。一种选择是，仿照联邦政府在房利美和房地美问题上所采取的做法，成立一个管理委员会。另一种选择是，赋予某个政府部门类似于联邦存款保险委员会的那种权力，使其在必要时有权把企业纳入破产程序。这两个方案都可以终结第 11 章有关规定所带来的混乱场面，并把实施权力从联邦法院转移至一个更强大的联邦机构。相比于一般的破产受托人，联邦机构作为接管者和管理者拥有更大的权力来决定企业的清算方式。尽量减少破坏性清算，并采取其他措施以降低这些企业破产清算的破坏性。

首先，这些方案中也存在一些缺陷。正如"生前遗嘱"的批评者所指出的那样，许多利益团体将阻止企业"死亡"的发生。不仅部分愤怒的美国公众反对实施企业破产程序，那些能从"问题银行"的持续生存中获取既得利益的银行家和政治家们，更会阻止执行这一程序。毕竟，一旦企业破产，某些选区内数以万计的工作岗位将危在旦夕，竞选中慷慨的政治捐款也将不复存在。

再者，上述两种方案还存在下列问题。为了结束市场的担忧情绪，政府不得不决定以什么样的价位补偿"问题银行"的债券持有者。如果支付得过多，市场会担心道德风险问题。而如果支付得过少，或者少于市场的预期，则会触发整个金融系统更严重的恐慌。因为这些金融机构过于庞大，债券持有人的损失会产生系统性影响。一旦这种状况发生，任何试图对这些企业进行破产清算的精巧设计都将变得无效。无奈之下，最终不得不走向阻力最小的道路——金融救援。

最后，一些决策者寄希望于国际间的协同来监管"大而不倒"的金融机构。这种国际监管机构可以密切监视并持续跟踪跨国经营巨头的运营状态。这是一个好主意，对此我们并无异议。然而，我们并不清楚这种全球性监管能在多大程度上防止危机。事实上，股东和职业经理人尚难察觉企业的致命性漏洞，让少数几个管理人员负责监视世界范围内的金融机构就更加困难了。

事实上，这些方案都回避了一个现实，不只是因为这些企业太大而不能倒、太大而不应再存在，还因为它们过于复杂，很难得到妥善的管理。坦率地说，它们不应该存在，至少应该被拆分。

为了达到这个目的，一个可行的方法就是提高"资本充足率"要求。即迫使这些金融机构持有足够的资本，从而降低单位资本所承担的风险。这种要求将减少杠杆率，并不可避免地减少利润。理想状态下，这将会给市场传递一种信号，即企业并非"越大越好"，从而引导这些企业自我分拆。

为了实现这个目标，《新巴塞尔协议》中规定的资本充足率必须得到实质性的提高。目前，到底应该确立一个多高的标准仍然是个未知数。例如，瑞士最近为了解决"大而不倒"问题，针对瑞士联合银行和瑞士信贷银行这两家最大的金融机构，单方面将它们的资本充足率要求由巴塞尔协议所规定的8%，提高到16%。到目前为止，这些企业已经成功提高了资本充足率，但其庞大规模却丝毫未受影响。这意味着资本充足率必须进一步被提高，例如被提高到20%，或者更高。只有这种苛刻的标准才能迫使它们分拆，变成我们所期望的更小、更安全的企业。

这些激进改革将引发"大而不倒"企业的抗议，它们自认为对世界经济的正常运行起着举足轻重、不可或缺的作用。在它们看来，正是因为庞大的规模，才产生了协同效应、效率和其他收益。没有它们，世界经济就无法正常运转。没有像花旗银行这类大型机构提供的"一站式金融超市服务"，世界经济将更加糟糕。

这是十分荒谬的。首先，金融超市模式已被证明是一个失败的尝试。在帝国创造者桑迪·威尔（Sanford Weill）的领导下，花旗银行已经变成了一个"巨无霸"的怪物。对于一家提供数千种金融服务的全球性金融机构，无论多么精炼和聪明的首席执行官都不可能管理自如。基于企业自身的复杂性和金融工具的多样性，首席执行官们不可能游刃有余地管理好每一个部门、每一个交易员，因此其使命往往难以完成。更不用说股东及其董事会了。花旗银行在巅峰时曾雇用30万员工，一般而言，管理好一家普通银行已经很难，而管理好花旗这样的"巨无霸"则几乎没有可能。

其他人会认为，只有大型金融机构才能提供一站式服务，而在21世纪这种服务正是大公司们运行所必须的。这种说法同样荒谬。没有一家公司会只和一家金融机构打交道，例如，一家在国际市场上发行债券的公司，依赖的是分布于数个国家的十几个或者更多的银行来提供承销服务。显然，一个由更小的、更专业化的金融机构构成的全球体系足以满足最大、最复杂的企业的金融服务需求。

假设这些大型的金融机构，比如花旗集团、荷兰国际集团和其他全能型银行，提供服务的效率的确比小银行更高一点。即使这种假设是正确的（当然也是不可能的），那么，为了效率的稍微改进，就值得把全球的金融系统捆绑在这些一旦崩溃就会造成灾难性影响的大公司身上吗？如果按照这个逻辑，为了追求微不足道的规模经济效应，人们应该建筑一个超大型的核电站，也许是切尔诺贝利核电站规模的上百倍。这看起来不错，然而等到灾难发生，一切都为时已晚。

分拆"大而不倒"企业的另一个原因是，如果没有政府的大力救援，它们甚至无法存在。以花旗集团为例，在过去的80年中，它屡次过度地自我扩张以至濒临破产，多亏了政府的容忍、救援和融资才得以起死回生。花旗集团已经历过4次这样的窘境：大萧条时期、20世纪80年代早期墨西哥债务危机时期、10年之后的商业房地产萧条时期以及此次金融危机时期。任何一家银行，如果需要如此多的救助，那么它就不应该存在。现在它正处在自我瓦解的过程中，而它分崩离析所产生的断瓦残垣可能也足以称得上是"大而不倒"。

应该分拆的"大而不倒"企业并非花旗集团一家。有些通常看来"健康"的公司，比如高盛，它们的继续存在本身就带有危险。这并不是因为其首席执行官劳埃德·布莱克费恩（Lloyd Blankfein）的自负之言。此人在 2010 年早些时候为派发高额奖金辩护时曾说：

> 高盛有十分重要的社会价值，我们通过帮助一些公司筹集资金来帮助它们发展壮大，而这些公司能够创造财富。这又为人们提供了就业岗位，反过来又促进了更大的发展和创造更多的财富。

还是省省吧。与其他券商一样，高盛拥有漫长的高风险投资和高杠杆经营历史。在 1929 年爆发的投资信心崩溃中，高盛恰恰扮演了中心角色，而那场信心崩溃事件直接导致了大萧条。高盛从那次错误中吸取了教训，在之后的几十年中以相对谨慎的方式开展活动，并制定了一项战略，在公司的短期利益与长期利益发生冲突时，必须牺牲短期利益以确保长期利益。这一战略为该公司的合伙人创造了巨大的财富。

20 世纪 90 年代后期，这种情况发生了转变。当时高盛公司效仿其他投资银行，公开上市。在此之前，合伙人可以对其实施监管，而在此之后，股东基本没有能力或者缺乏动力来监视公司里到底发生了什么。从那之后，高盛公司参与制造了一系列投机泡沫，从科技股泡沫到房地产泡沫再到石油泡沫。美国证监会取消投资银行的杠杆率限制之后，高盛公司的资产负债率一路飙升，达到历史最高值。当金融危机袭击华尔街之时，高盛公司已变得十分脆弱。华尔街流传着一则笑话，说高盛公司仅仅是一支对冲基金，事实上，它是所有对冲基金中杠杆率最高的。

与其竞争对手一样，高盛公司在高风险的资产证券化方面也深陷困境。尽管它确实比其他公司提前预见到了次贷危机的到来，但是最终它能够存活下来与其精明的交易员们并无多大关系。它之所以能安然渡过危机而屹立不倒，是因为联邦政府一次又一次为其提供了援助。和其他券商一样，高盛从 2008 年春政府对贝尔斯登的救援活动中获益，同时又从美联储为券商提供"最后贷款人"援助的决定中得到好处。同样，在对美国国际集团的紧急救援中，它再次得到救助，从纳税人手中卷走 120 亿美元资金。因此，在美国国际集团从陷入困境到获得救援的整个过程中，高盛都非常热衷于此事也就毫不奇怪了。在美联储向银行及银行控股公司的高级无抵押贷款提供担保之后，高盛又获得了 100 亿美元的援助。此外，它还获得了许多间接援助：低利率政策大大削减了其借贷成本；美联储购买 1.8 万亿美元的公共债务、抵押贷款支持证券及其他金融产品的决定，大大推高了这些资产的价格，进而间接帮助了该公司。总体来看，高盛公司获得的直接援助和间接援助高达 600 亿美元之多，而在其成功转型为银行控股公司，获得了不良资产救助计划资金后，其所获得的援助资金甚至更多。

如果没有这些援助，高盛公司早就破产了。高盛差点成为最后一个屹立不倒的投资银行并不能改变事实。当然，高盛公司的濒临破产并没有使其领导层受到惩罚，这也毫不奇怪，谁让它也是"大而不倒"的金融机构呢，它们有资本为所欲为。似乎并没有什么办法能阻止它们：归还不良资产救助计划资金后，它们已经摆脱了赔偿限制。如今，它们重新成为世界上最大的对冲基金，继续其高风险的自营交易策略。这已经够糟糕了。然而，更糟糕的是，与其他任何正常的对冲基金不同，它们已从美联储那里获得了最后贷款人支持、大量的低息贷款甚至联邦存款保险公司的存款保险，所有这些都使其拥有了不平等的竞争优势。因为上述原因，高盛公司应该破产。或者至少，其经纪的活动应该从自营交易、对冲基金、私募股权投资及其他风险投资的活动中分割出来。

许多其他"大而不倒"的公司也应当被分拆：美洲银行、瑞士联合银行集团、富国银行、荷兰国际集团、苏格兰皇家银行、比利时德克夏银行、摩根大通、法国巴黎银行等等。尽管这些"大而不倒"的机构带有严重的危险性，欧洲和美国的政策制定者却强烈抵制分拆它们。但如今祸端已经显现，人们必须思考如何应对。似乎，我们已无法重建分业经营的银行系统，而只能让那些大型的、带有某些垄断色彩的金融公司继续对金融系统形成很大的威胁。

如果你真的这么认为，我们真想卖给你一些 CDO。历史上，很多大公司都曾被分拆过，尤其是根据法院的判决被分拆。在美国，反托拉斯法是进行此类分拆的有效手段。20 世纪早期，罗斯福总统和塔夫脱（Taft）总统曾完成了对标准石油公司及其他托拉斯的分拆。1982 年，美国司法部成功分拆 AT&T 公司。因此，对那些"大而不倒"、日益控制金融体系的机构，也完全可以实施类似的策略。

当然，还有一个更好的办法，就是通过立法授权监管机构分拆银行和其他金融机构，只要它们过于庞大、杠杆率过高、关联过于复杂以至于一旦崩溃将给整个金融系统带来危险。与反垄断行动不同，这种方法将视有关问题银行是否构成"大而不倒"而决定是否将其分拆。事实上，许多不能进入反垄断程序的公司也能对全球经济的稳定产生很大的威胁。

然而，即使是这些措施，也不能使金融业完成必要的全面转型。虽然也许会有一些公司被分拆，但也会有公司逃过这一行动。这并不是完美的解决方案。我们所讨论的方法只有与另一种同样激进的策略，即分拆所有的大银行相结合时才能产生最好的效果。

最初，奥巴马政府并无这样做的意愿。多亏了保罗·沃尔克的推动，高层决策者已经显现出了采取措施限制"大而不倒"企业的蛛丝马迹。如果真的这样做，他们可能也会考虑下面这项建议。这项建议尽管激进，但却将在驯服各种巨型银行方面效果显著，虽然这些银行已变得过于复杂、过于庞大，以至于不能倒下。

加强版《格拉斯 - 斯蒂格尔法案》

此次金融危机之后，一些杰出的思想家，如美联储前主席保罗·沃尔克就主张部分恢复 1933 年《格拉斯 - 斯蒂格尔法案》。该法案规定，商业银行业务必须与投资银行业务分开经营。这一规定为金融系统设置了一道"防火墙"，然而这一防火墙在 20 世纪 80 年代受到了侵蚀，并最终随着 1999 年《格拉姆 - 里齐 - 比利雷法案》（*Gramm-Leach-Bliley Act*）① 的出台而完全消失。其结果就是现行的这套金融体系。在这套体系下，一些公司，如花旗集团和摩根大通可以同时开展商业银行业务、经纪业务、自营业务、保险业务、资产管理业务、对冲基金业务以及私募股权基金业务等。

---

① 即 1999 年《金融服务现代化法案》。——译者注

这道"防火墙"的消除意味着那些有机会获得存款保险和最后贷款人援助的银行会去从事一些高风险的活动，而这些活动与其说是银行业务，倒不如说是赌博活动。这对金融体系和经济运行都是不利的。正如凯恩斯在 1936 年指出的："当一个国家的资本活动演变成赌场活动的副产品时，工作就不可能做好。"

其实，许多改革者都已经提议恢复《格拉斯－斯蒂格尔法案》。2010 年年初，国会的许多议案都曾建议以某种方式恢复该法案。由于沃尔克的游说，奥巴马政府已在考虑是否要限制银行控股公司，包括高盛在内的主要金融机构在自营交易、私募股权投资及对冲基金等方面的业务。不过，来自金融业的游说很可能阻止这些限制措施付诸实施。

这些建议虽好，但并非尽善尽美。我们需要把这个历史性法案更新为 21 世纪的新版本，以便创造出许多新的"防火墙"来。这一新版法案将不仅仅把商业银行业务与投资银行业务分开，同时还将创造出一个能适应目前这种有多种不同金融机构并存的现状，且把这些不同类型的机构分离开来的金融体系，同时还能减少导致金融体系"相互联系、太过复杂以至不能倒下"的短期借贷行为。

向家庭和企业吸收存款、发放贷款的商业银行属于一类；投资银行（包括经纪商）属于另一类。为了避免这两类银行之间发生牵连，应禁止投资银行以短期借款、隔夜"回购融资"等方式向受到联邦保险公司保护的商业银行借款。因为本轮危机已经证明，这种借款活动是十分脆弱的。因此，这两类银行间需要进行的划分既是体制性的又是相互关系上的。

考虑到大量影子银行因为把借入的短期流动资金用于长期非流动性投资活动而陷入麻烦之中，监管者应阻止它们在这一方面陷得更深。这意味着禁止投资银行和经纪商进行任何种类的短期借款。如果它们要对非流动性资产进行投资，那么就必须通过发行股票和长期债券来筹集资金。这一改革将会降低金融体系的互联性，很容易引发广泛的经济衰退的系统性连锁反应也将因此受到制约。

为了进一步保证金融体系的稳定，应禁止包括投资银行在内的所有的银行从事任何高风险的自营交易，也应该禁止它们像对冲基金和私募股权公司那样经营。相反，它们应把自己的业务范围限于传统范围之内：筹集资本和证券承销发行。至于现在大多投资银行所开展的自营业务以及对冲基金业务，只能由对冲基金开展。但是，与投资银行一样，对冲基金也不能从银行和其他一些金融机构获得大规模的短期贷款，而只能依赖长期融资。

保险公司和私募股权公司应被归入其他类别。这两种公司都不能通过设立分公司而介入除自身核心业务之外的其他任何金融中介业务。应当禁止保险公司从事自营业务、商业银行业务、投资银行业务和对冲基金业务，而私募股权业务则只能由私募股权公司开展。不同类型企业之间的业务不应存在交叉，以便消除"联系太过紧密而不能倒下"的问题，这也将有助于摆脱同一企业不同部门追求不同目标所带来的利益冲突问题。

最后值得注意的一点是：只有商业银行才有机会享有存款保险和政府安全网。所有其他机构如投资银行、经纪商、对冲基金、保险公司和私募股权公司都只能依靠它们自己。这样，就算这些机构最终破产，也不会造成系统性的风险：因为它们将不会像现在这样过于庞大和过度关联。最后，因为它们不能像银行那样借短贷长，它们的崩溃就不会像现在引发危机的影子银行破产一样引起恐慌。

我们现在描述的金融体系业务之间清晰分离，当然也很枯燥，但这正是问题的关键。迫使银行变成只接受存款和投资短期无风险债券的"小型银行"，的确会使银行变得更枯燥无味。这种严厉的制约可能会使金融中介服务都转移到影子银行中去，而这正是危机发生的原因所在。

鉴于此，最好维持不同金融机构的现有形式，但是要采取分而治之的监管模式。通过把由同一家机构提供的不同金融服务分开监管，我们就可以避免金融体系过于依赖"大而不倒"以及"联系过于紧密而不能倒"的金融机构。通过重启强化版的《格拉斯－斯蒂格尔法案》，并通过改革使金融活动从不透明的交易策略转向更透明的交易策略，我们就可以创造一个更安全、更稳健的金融体系，进而根除那些公司采取不正当手段蒙骗投资者的手法。

金融企业会对这种设计怨声载道，那就让它们怨吧！尽管它们在哀号，有一个事实是无可辩驳的：这些公司不顾风险的贪婪使全世界遭受了一场严重的金融危机。在那场灾难中，它们沆瀣一气，而在不久的将来，它们理应被戴上枷锁。

让我们记住最后一点：金融企业本可以避免走向这条毁灭之道。显而易见的通途就是更好的监管。某些时候，仅有监管还不够，我们需要一个更加系统性的解决方案：通过中央银行将泡沫扼杀在摇篮里。

阻止泡沫的形成

1996 年，格林斯潘在一次演讲中警示"非理性繁荣"的危险。市场观察家们立即把格林斯潘的言论解读为：他将要提高利率，于是全球股市应声暴跌。然而随着高科技泡沫变得越来越严重，变乖了的格林斯潘再也没有公开发表过类似的警告。除了在 1997 年象征性地将利率上调了 25 个基点之外，直到 1999 年年中，他才进一步上调了利率。随着长期资本管理公司濒于倒闭，美联储一下子将联邦基金利率降低了 75 个基点，使高科技泡沫进一步膨胀。

泡沫最终在 2000 年破灭。格林斯潘和美联储的反应就是大幅下调利率，从 2001 年的 6.5% 到 2004 年的 1%，利率下调幅度达 550 个基点。低息贷款的激增使高科技泡沫破裂的形势有所缓和，但却引起了另一个更大的房地产泡沫。这一次，美联储仍未采取切实行动。尽管越来越多的证据显示市场已难以控制，格林斯潘和继任者伯南克仍继续保持着低利率。后来虽然缓慢地加息，但为时已晚，泡沫很快就破灭了，2007 年和 2008 年的金融灾难则是破灭的最终结果。随之又是大幅降息，直至贷款利率接近于零。

这里我们再次看到了类似的情景：当泡沫形成，资产价格大幅上升时，美联储袖手旁观并拒绝采取任何行动。而当泡沫破灭时，却极力采取一切措施以减轻破坏程度。然而这一行动被证明是错误的，也是徒劳无益的。中央银行家们早已不再相信"一盎司的预防针会获得一英镑的治疗效果"。这就如同医生纵容一个肺病患者吸烟，却又在多年后给他治疗肺癌时给予过量的治疗一样，中央银行在处理金融泡沫时也同样采取了这种不负责任的策略。

公平地讲，中央银行是否应该在泡沫形成初始阶段采取行动这一问题在学术和政策领域都还存有争议。但不幸的是，其中大部分争议却是来源于格林斯潘和伯南克的著作和言论的，他们及其他一些经济学家们宣称，中央银行不应为控制泡沫而做得太多；相反，他们只能处理善后事宜。正如格林斯潘在 2004 年提到高科技泡沫时所指出的：

> 相比采取结果难料的激烈措施来治理尚未确定的泡沫，我们更倾向于选择在泡沫破灭时减轻其破坏程度，并使经济平稳过渡到下次扩张周期中去。

这一策略非常奇怪。首先，它会产生严重的道德风险。从美联储过去 20 多年的所作所为看，投资者有充足的理由得出这样的结论：中央银行将在投机性泡沫形成和发展阶段无动于衷。事实上，它们可能反倒鼓励泡沫的形成，成为"新经济"或"居者有其屋"政治信条的拥趸。但在泡沫破灭时，又会极力采取措施来减少破坏性冲击。这种做法有非常大的问题。如果投资者们相信美联储将会解救他们，下次他们就会继续采取更冒险的行动。他们知道，当另一场危机发生时，美联储会大幅降低利率，甚至降到谷底，从而为下一个更大泡沫的形成创造机会。

面对这种现状，伯南克和一些其他辩护者宣称，因为存在诸多"不确定性"，中央银行不可能干涉不断上升的资产价格。这是无稽之谈，一切货币政策都会受到不确定性的困扰。既然在面临不确定性的情况下，银行家们可以对付通货膨胀，他们也同样可以处理泡沫。再者，决策者有可用的工具来度量资产价格是否已经到了无法控制的地步。然而事实和常识证明，决策者并没有利用好这些工具。如果中央银行家们眼看着科技股的价格在几个月内增长两倍甚至三倍，却不能看出泡沫的话，也许他们需要考虑换换工作了。

为了声援中央银行应对资产泡沫问题的消极态度，一些经济学家宣称泡沫并没有破坏经济，中央银行不应该把事情弄得更糟。这种看法很明显是可笑的：过去几个世纪的一系列历史证据表明，当泡沫破灭时，再大的经济体也会遭受严重打击，而且这种破坏力会持续多年。

然而也有另一些观点指出，任何针对资产泡沫的利率上调，都将引发大规模经济衰退。也就是说，加息风险超过了潜在收益。依据这一逻辑，最好不采取任何行动。在他们看来，正是因为美联储提高了利率才导致了1929年的经济崩溃。类似地，日本央行企图控制资产和房地产泡沫的做法才是20世纪90年代经济萧条的根源。这些持有"刺破泡沫会触发经济崩溃"观点的悲观者所列举的例子明显忽略了这样一个事实，在这两个例子中，中央银行在泡沫形成的早期关键阶段，帮助和纵容了投机行为，直到泡沫已极度疯狂、难以收场时，才想起手里的政策工具。

当然，这并不意味着决策者应该通过大幅加息来控制泡沫。那是很危险的。然而，一种温和的、先发制人的行动却是合适的，要比现在这种当泡沫变大时无动于衷，当泡沫破裂时突然踩刹车的做法更为可取。从某种程度上说，把"要么不做，要么狠做"的标签贴在格林斯潘身上多少对他有点不公。1996年当他发表那个著名的演讲时，他明确表达了对不断上涨的股票价格的担忧。当谈及资产泡沫风险时，他说"全面评估资产负债表和资产价格的变化，应该成为制定货币政策过程中不可或缺的一部分"。然而在后续的执行中，也许是担心参考资产价格制定货币政策会对市场产生非对称性和破坏性冲击，他最终摒弃了这一战略。

事实上，通过货币政策来控制泡沫的风险并不在于其效果过于明显，而在于其效果过于有限。在20世纪90年代，如果美联储通过把利率提高100或150个基点来控制"非理性繁荣"，在投资者期望股票价格可以每年上涨两倍的情况下，效果将非常有限。同样在10年之后，当市场期望房地产价格以每年20%的幅度永久上升时，加息的影响也将十分有限。

在这种情况下，单一的货币政策远不能控制信贷泡沫或资产泡沫。中央银行可能还需要采取其他措施。例如，根据《T规则》的规定，美联储有权改变"保证金要求"，即投资者借钱购买证券的额度。尽管在保证金要求推出的最初几年，美联储不时地对此做出变更，但自从1974年以来，这一比例被一直稳定在50%。当越来越多的投机者通过保证金账户购买股票时，提高这一要求将非常有助于控制科技泡沫的过度膨胀。而事实上，由于没这样做，泡沫被越吹越大。

美联储还可以使用其他信贷政策工具来控制信贷的扩张以及资产泡沫的膨胀。根据《D规则》的规定，美联储有权改变会员银行的存款准备金率。换句话说，它可以决定存款和准备金之间的比例，这反过来可以控制信用创造。此外，美联储还拥有其他一些法定权力和手段实施间接信贷控制，从而进一步抑制投机性泡沫。

美联储还有更多的工具可供支配。比如，将设定"基于资产的储备要求"的权利下放给银行。或者，中央银行可以就某些特定资产单方面地提高储备要求。如果这次金融危机之前，美联储拥有这项权力，它就可以针对房地产部门的各种衍生资产提高储备金要求。这一权力将使美联储有能力控制任一特定部门的资产价格，而不对金融体系的其他领域产生影响。

但是，如果美联储不使用它们，赋予它们再多的新权力也毫无意义。在过去几年里，在对待资产泡沫问题上，美联储曾采用自由放任政策。资产泡沫本身已足够糟糕，美联储的行为则无异于雪上加霜。不仅不采取相应的货币政策，相反，它还为资产泡沫当啦啦队长，给金融系统注入大量宽松货币，并拒绝对抵押贷款等金融产品实施监管。这必须改变，美联储需要变得更加有效。在未来几年，美联储需要的不仅仅是应对资产泡沫的权力，更是运用这一权力的意愿。

美联储也需要知道，它在全球货币体系中的能力是有限的。60多年来，美国和美元一直处于全球主导地位。然而那个时代即将走到尽头，未来几年，我们如何有效把握这一艰难转型将对预防未来的金融危机具有决定性影响。这就是接下来的一章，也就是本书最后一章所要探讨的主题。

Crisis
Economics

⑩

人民币是救世主吗

中国是世界上最大的经常账户盈余国，人民币也是价值低估
最为严重的货币之一，它对货币双重战略的运用堪称完美。
美元的衰落将会是一个渐近的过程，而不是突发的、无序
的崩溃，这使得人民币成了美元的长期替代性选择。

2007 年年末，金融危机犹如一场风暴悄然登陆，并在 2008 年演变成滔天海啸，席卷全球；现在，飓风已逝，余波尚在。我们正如那些飓风过后的幸存者，开始清理创伤、收拾残局。在这一点上，我们情不自禁地设想最坏的情况已经过去。虽然失业率有可能再度攀升，住房价格可能重现下滑趋势，但是金融危机最坏的情况已经过去，这已成为共识。

然而，其他形式的危机却仍隐于水面之下。那就是国家债务和货币危机：主权国家无力偿还债务，或者一国货币体系崩溃。所幸，在这次金融危机中此类状况并未发生。各国没有拖欠国际债务，尽管金融危机高潮时各国货币发生了大幅波动，但它们的货币体系仍未破裂。冰岛是唯一面临破产风险的国家。

可是，现在也许冰岛并不孤单了。过去，投机性繁荣和萧条往往会触发主权国家债务危机浪潮。这一次，同样的问题将出现在世界发达经济体之间。由于危机期间实施了大规模的金融援助和经济刺激计划，许多发达国家纷纷出现了创纪录的财政赤字。这些"危险的发达国家"将无法为其赤字融资，而且这种风险正不断上升。这或将敲响发达国家主权债务危机或通过高通胀来降低债务的警钟。

即使美国也不能幸免。由于愚蠢的税收减免及对银行、汽车公司和私房屋主的援助成本，美国的赤字正在飙升。随着美国不断地向国外大规模举债，债权国也开始讨论着似乎不可思议的事情：美国将以一种历史悠久的方式来冲销债务，即开动印钞机，让贬值的美元充斥世界。

这也许会发生，也许不会，但值得认真讨论，因为这预示着国际地缘政治的重大变化。几十年以来，美国依托美元作为国际储备货币的地位，享有世界政治和经济的领导权。然而在过去的 20 年中，美国的支出持续超过生产和收入，进口超过出口。随着美国从世界最大的债权国变成最大的债务国，其权力也在不断削弱。因此不难想象，终有一天美元将会被另一种主权货币，如人民币，所取代。

在本章中，我们将考察这种沧桑巨变的起源，因为关于这个问题尚存在惊人的混乱和误导。我们将对这些问题在未来几年的自我演绎进行评判，此外我们很可能将迎来美国世纪向下一个中国世纪的艰难转变，因此我们也将评估这种转变的路径选择和管理模式。

这种结构性转变很有可能以一种破坏性的、无序的方式进行，当然这只能用时间来验证。但如果这种转变突然发生，其前景不容乐观。即使是规模较小的新兴市场崩溃，也将伴随大范围的银行破产、恶性的通货膨胀、爆炸性的失业及广泛的政治和社会不稳定后果，主权债务危机和货币崩溃将使这些国家不堪重负。那么，人们可以想象，世界上最强大的经济体——美国，一旦陷于这种危机，会产生什么样的后果，这种灾难将会赋予"大而不倒"全新的和更可怕的含义。

破解经常账户

为了更好地理解中国和美国的未来，我们需要理解一个衡量一国经济健康程度的重要指标：经常账户。

经常账户是指一个国家的"外部平衡"，度量了任一特定时点不同国家之间的国际收支流动情况。经常账户收支有两种状况：经常账户盈余和经常账户赤字。理论上，一国经常账户收支也可以是零，但现实中通常不会发生。因为这种结果就像一个公司既未实现盈利也未发生亏损一样。

尽管如此，一个国家和一个公司存在诸多不同之处，任何国家都有一个更大、更复杂的资产负债表。在一个国家的经常账户中，有一个重要部分是衡量该国的进口和出口总额，两者之差或正或负。一些国家如美国，这个差额是负数，即经常账户赤字，这意味着美国进口的商品和服务总额超出了出口总额。另一些国家如中国和日本，这个差额就是正数，即经常账户盈余，意味着这两个国家出口的商品和服务总额超过了进口总额。

进出口总额是任何一个国家经常账户都必须包含的部分，它还反映了该国所持有的海外金融资产存量和对外债务总量情况。单就金融资产而言，如果一个国家如美国在其他国家拥有股票、债券甚至房地产，那么这些资产所产生的股息、利息和租金将成为美国的收入而全部流回美国，这是一个正数。相反，如果在美国的公司发行股票或债券，并被非居民所购买；或者美国政府自身发行政府债券，并被非居民持有，这些便会形成负债，这使得资金以股息和利息的形式流出美国，这显然是一个负数。

这样便形成了两个差额：出口和进口商品及服务的差额，即贸易账户净额，以及经济学家们称之为"要素净支付"——海外金融资产收入和对外金融债务支付之间的差额。在经常账户中，这两个差额将进行加总。另外，经常账户还有第三个组成部分：由外国援助和出口劳动力寄回国内的汇款所形成的转移支付。除了一些经常获得国际援助的国家，比如，撒哈拉以南非洲国家，或者劳动力出口较多的国家，比如菲律宾和某些中美洲国家，转移支付净额一般相对较小，因此通常可以忽略不计。无论在何种情况下，如果这三个方面加总结果为负，则该国为经常账户赤字；如果为正，则该国为经常账户盈余。

请记住，作为一个国家经济整体健康程度的衡量指标，经常账户可能会引起误解。例如，日本是一个经常账户盈余国家。表面上，这显得很奇怪：毕竟日本政府发行了数额惊人的公债，却没有出现经常账户赤字。这是因为日本的出口远远大于进口。另外，大部分政府债券被日本国民所购买，因此这并不形成日本对其他国家的债务。所有这些都帮助日本，这样一个近年来经济雄风不再的国家实现经常账户盈余。

现在让我们来看看美国。首先，美国的贸易赤字规模庞大；其次，美国政府的债务发行不断增加，而其中绝大部分被海外投资者持有；最后，直到最近，美国消费者的支出远远大于收入。同样，这些消费者的透支消费行为也是由海外投资者通过持有美国抵押贷款和信用卡债务衍生债券等提供资金支持。所有这些不平衡都促使美国成为世界上最大的经常账户赤字国家。

相对应的，中国是世界上最大的经常账户盈余国家。首先，基于大量的货物生产和出口收入，资金源源不断地流入中国；其次，中国政府债务规模很小，国外投资者更不可能持有太多；最后，中国拥有大量其他国家发行的债务，最主要的是美国抵押贷款和政府债券。中国的巨额经常账户盈余导致其持有大量外汇资产，如美国国库券。这样，货币资金从经常账户盈余国中国回流到经常账户赤字国的美国。

一个国家的经常账户头寸也代表着国内储蓄总额和国内投资总额之间的差额，这是非常关键的一点。从国内储蓄方面来讲，公共部门（政府）和私人部门（家庭和企业）以税收、工资、薪金或者利润的形式形成各自的收入。然后，这些不同的经济主体会支出部分或全部收入，形成消费：政府购买军事物资、家庭购买食物、制造商购买原材料。这样一来，总收入减去总消费就得到"国内储蓄总额"。整体上，国内储蓄总额就是这个国家"放在口袋里的钱"。

我们可以假设一国的国内储蓄是正值：政府预算有盈余，家庭和企业在消费之后也有许多剩余收入。那么，剩余的钱将被投向何处？很明显可以投向国内，比如，新工厂的建设及其他资本品的更新等。用于国内各种投资的资金总额即国内投资总额。如果完成各种各样的国内投资之后仍有剩余储蓄，那么这个国家就会出现经常账户盈余。因为经常账户盈余本身即是国内储蓄与国内投资的差额。在这种情况下，这个差额为正，额外储蓄最终流向国外，这意味着该国经常账户盈余。

上面这个例子是一种非常简单的情况。经常账户盈余更典型的情况是，政府出现财政赤字，但家庭和企业有更大的盈余。正的国内储蓄并不必然意味着国际收支盈余。所有这些储蓄都形成国内投资，可能仍无法满足投资需求。例如，新兴市场经济体一般仅仅靠国内储蓄是无法满足其投资需求的。一旦发生这种情况，该国很有可能会吸引海外投资资金流入国内，进而出现经常账户赤字。

很明显，我们可以从多种角度看待经常账户盈余和经常账户赤字问题。就其本身而言，盈余或赤字并无好坏之分，它只是对复杂现实世界的一种反映。飙升的政府预算赤字可能会助长经常账户赤字，但也有可能会带来投资繁荣。因为私人部门消费太多而造成的私人储蓄率的下降也可以导致经常账户赤字。所以，无论是赤字或是盈余，所有这一切都取决于这些不同因素的共同作用。

假如一个国家出现经常账户赤字，那么该国应如何为其各种过度行为，即支出大于收入、投资大于储蓄、进口大于出口提供资金融通呢？最普遍的方法是其他国家通过购买该国债券为其提供贷款，或者通过其他方式对该国进行投资：购买股票、不动产或直接投资于该国的生产性企业，收购或创建生产性企业，如日本和欧洲的汽车制造企业在美国建立工厂。或者，一国也可以通过中央银行出售其外汇储备或者通过本国投资者出售其海外资产来获得资金支持。因此，一国经常账户余额加上经济学家所谓的资本账户余额，即私人海外资产减去对外负债便等于中央银行外汇储备余额。

一般情况下，一国出现盈余或赤字都是极为正常的。但是近年来，这些失衡现象变成更加严重，或者更加不平衡。直到 2007 年金融危机爆发前夕，美国和其他一些国家正面临日益膨胀的经常账户赤字。这是怎么回事呢？

新兴市场经济危机的教训

经济学理论认为，一般来说，新兴经济体容易出现经常账户赤字，而发达国家则容易出现经常账户盈余。理论上讲，发达国家一般储蓄盈余会超过其资本投资需求，而多余的储蓄盈余会被投向新兴国家，那些地方的国内储蓄无法满足资本投资需求。发达国家的投资者可以通过购买债券、股票、实物资产或者外国直接投资等形式在新兴市场获取高额回报。当然，这种投资活动的结果可能是双赢，但也可能带来危机。

几个世纪以来，危机以一种可预测的路径演绎着。国外投资流向一个国家，并助长某种形式的资产泡沫。在这个过程中，当私人消费增加和投资繁荣时，该国的经常账户赤字会扩大。在某些情况下，巨额财政赤字开始出现，债务和杠杆率不断增大。终于在某一时点，泡沫破灭，灾难降临，家庭、企业、金融公司和政府无一幸免。紧接着，以下一种或两种情况将会发生：一是国家债务违约，二是货币危机。

近年来，世界各地的新兴市场国家不断演绎着这种"赤贫—暴富—赤贫"的故事，而故事起因却大相径庭。比较典型的罪魁祸首是不断飙升的财政赤字推动的经常账户赤字。财政赤字本身并非坏事，例如，一国为改善其基础设施通过发行海外债券进行融资，这将使该国更具竞争力，能生产和出口更多的商品及服务，甚至最终会使该国转变成一个经常账户盈余国家。

不幸的是，政府支出也可能是条通向毁灭之路，特别是当资金最终流向政府官员的工资账户而未能流向基础设施等投资活动时。这可能以多种形式发生，但最终结果却是相同的：国家背负巨额财政赤字，发行过多债务。国外投资者最终会拒绝延长债务期限或拒绝购买新的债券。结果就是所谓的主权债务危机。

这正是拉丁美洲在 20 世纪 80 年代早期、俄罗斯在 1998 年、厄瓜多尔在 1999 年、阿根廷在 2001 年发生的事实。这些国家无力偿付本国公民和外国投资者持有的主权债券，最终引发货币危机。在这种情况下，国外投资者逃离该国，经济陷入严重衰退。例如在阿根廷，消费者物价水平在一年内上涨 40%，失业率接近 25%。其他国家，比如 1999 年的乌克兰和巴基斯坦以及 2002 年的乌拉圭，虽然避免了严重的债务违约，但也带来了持久的重创。另外，这些国家中的大多数也会同时经历货币危机。

经常账户赤字并不必然演变为主权债务危机或货币危机。想象一下，如果一个国家的经常账户赤字主要源自国外的大规模举债，并将贷款用于国内投资，比如新工厂和其他能够形成未来收入来源的投资项目。在理想情况下，这些投资会促使该国生产和出口更多的商品和服务，从而有能力偿还外债，甚至还有希望将经常项目扭亏为盈。

另外，由外国投资驱动的经常账户赤字也可能出错。这也正是马来西亚、韩国、泰国和印度尼西亚在 20 世纪 90 年代所经历的事情。这些国家并不存在严重的财政赤字，经常账户赤字几乎完全是由过度的资本支出造成的。换言之，外商投资弥补了国内私人储蓄与投资之间的差额。然而在这种情况下，这些国家的经常账户赤字水平都达到了难以控制的水平，并最终全部出现了经济崩溃。那么，这种现象出现的原因何在？

首先，从外国投资者那里获得的贷款大多以外币如美元和日元计价。借入外币的原因部分源自这些国家的中央银行所实施的外汇市场干预：通过买卖外币，而将本币价值维持在一个高估水平。这反过来又使这些国家有能力从国外债权人那里获得更多的贷款，从而以外币计价的国外债务不断增加。

其次，当经常账户赤字达到极端水平，部分投资者开始变得谨慎并选择抽逃资金。中央银行试图维持高估的汇率水平，但无济于事。然后，更多外国投资者蜂拥而至，以固定汇率兑换外币，从而吸干中央银行的外汇储备，削弱其维持本币价值的能力。这导致固定汇率制度难以维持，同货币一起崩溃。

最后，当本币汇率猛跌，以外币计价的债务就会猛增。这对于从事出口贸易的借款者不成问题：当他们出售商品，就会赚取外币，并偿还外债。但是对于那些投资于房地产和当地服务业，只能获得本币收入的投资者而言，货币崩溃就是一个灾难。他们无力偿还债务，大多只能走向破产。

所以，如果绝大部分外国投资采取直接贷款而非股权投资的形式，那么这些因素的结合往往会使这个国家变得更加脆弱。在股权融资情形下，利润和股息支付可以在企业处于困境时下降，在状况改善时上升。相反在债务融资情形下，就没有这么多灵活性。在任何条件下，银行贷款和债券的利息及本金都必须足额偿付。在危机来临时，这种偿付承诺往往是致命的。

对于许多国家而言，这一问题显得更为棘手，因为它们的债务负担多半是短期的，而这些债务只能被展期或者定期结转。在恐慌气氛下，这为外国投资者提供了足够的资金抽逃机会。危机一旦发生，它们将要求这些国家的债务人全额支付。许多债务违约之所以发生，要么是因为这些国家没有足够的流动性资产如中央银行的外汇储备，要么是因为不能随时将资产转化为流动资金。

绝大部分陷于危机困境的新兴市场经济体最终会向国际货币基金组织挥手求助。在某些情况下，俄罗斯、阿根廷和厄瓜多尔等国家，国际货币基金组织认为其在事实上已经破产，并对其撒手不管，任之发生主权债务危机。在其他情况下，国际货币基金组织认为这些国家只是缺少流动性而非无钱还债，便对其实施救援，援助措施主要包括：直接提供贷款救助，说服债权人同意对其进行债务展期或定期"滚翻"结算，参与正式的债务重组，即所谓的"保释项"。然而，所有这些援助措施都不能够完全防止对私人债务的违约，在大多数类似危机中，众多银行和非金融企业最终都无力偿还以外币计价的债务负担。

始于 20 世纪 80 年代，并于其后 20 年轮番上演的新兴市场危机，给这些国家的决策者留下了挥之不去的阴影。他们认为经常账户赤字是一件坏事：赤字将他们的国家置于国际资本流动热钱的冲击之下，这些资金随时可能停止流动或者发生逆转。这让他们进一步认为，必须为未来的危机积累足够的外汇储备资产，以充实战备箱，并在需要的时候提供流动性支持。相应地，他们开始缩减财政预算和私人支出，从而减少对外借款。同时，它们也开始积累大量的外汇储备，为未来的危机建立一道安全的防护墙。

对于这些经济体来说，外汇储备积累还有一个补充性目的。经常账户盈余的国家，往往会伴随货币升值。这本来未必是件坏事，但是对于出口依赖型经济体，货币升值会削弱其出口商品在全球市场中的竞争力。为了防止这种情况发生，这些国家通常会对外汇市场进行干预：买进外币，抛出本币，在支撑外币价值的同时，打压本币。中国，这个世界上最大的经常账户盈余国家，其人民币也是价值低估最为严重的货币之一，其对这种双重战略的运用堪称完美。

令经济学家们吃惊的是，亚洲和拉丁美洲的新兴市场国家，几乎无一例外地实现了从赤字到盈余的转变。同样，令人感到意外的是，许多发达国家，例如爱尔兰、西班牙、冰岛、澳大利亚、英国、新西兰，甚至最强大的美国却都从盈余走向了赤字。

在这个过程中，这些发达国家开始重走 10 年前新兴市场经济体走过的旧路，以外资推动资产泡沫膨胀。以美国为例，房地产泡沫多由非居民提供资金支持，在经济繁荣期间，这些外国投资者购买了一半以上的美国按揭抵押证券和抵押债务。当房屋价格高涨，美国人倍感富裕，所以储蓄更少，支出更多，进一步加剧经常账户赤字。当然，其他国家也是如此。虽然金融风暴过后，经常账户赤字规模有所收窄，但在可以预见的将来，这些国家不再可能实现经常账户盈余。

所有这些事态的发展都有悖于传统智慧和历史先例。正常情况下，发达国家实现盈余，新兴市场出现赤字，发达国家积累的资本最终投资于新兴国家，而不是相反。然而，我们恰恰就生活在这样一个"越来越颠倒的世界"中。

罗生门

关于经常账户失衡的争论很容易让人想起黑泽明的经典电影《罗生门》中的情节。在这部传奇影片中，在森林里发生了一起恐怖的凶杀案，每个当事人都从自己的角度讲述了事情的经过，承认了犯罪事实，但是说法各异，谁才是真正的罪犯呢？

同样，全球不平衡的"犯罪"事实是毫无争议的：人们一致认为全球不平衡现象日趋严重。美国和其他一些发达国家入不敷出，而其他大部分国家，如中国、东亚新兴市场国家、石油输出国家、许多拉丁美洲国家以及德国和欧洲的少数国家则刚好相反。然而，至于谁才是全球失衡的罪魁祸首？谁应该受到惩罚？答案却莫衷一是。

首先，经济学界对全球不平衡有多种不同的解释，以及多种不同的指责和证词。

虽然偶有真知灼见，但也存在诸多误解。因此，对一些关键性问题进行澄清和回答就显得十分必要。近年来全球不平衡是如何出现的？这些不平衡能否持续？如果不能持续，那么谁来解决这个问题，应该采取什么样的政策才能实现全球再平衡？

其次，还有一种从"暗物质"的角度分析全球不平衡问题的似是而非的观点。

这种论调的支持者认为，经常账户赤字规模并不像官方统计数字所显示的那么庞大，否则美国就不可能以如此之低的利率从其他国家获得贷款。这些经济学家们同时还指出了这样一个事实：相对于对美投资收益，美国的对外投资会获得更好的回报，这在大规模经常账户赤字持续存在的情况下也是难以解释的。

他们的解释简单明了：根本不存在经常账户赤字。正如他们所解释的那样："赤字只是会计准则所导致的偏误。"相反，定然存在某种"暗物质"游离于会计账户的统计范围之外。这些所谓的"暗物质"是由美国的无形资产如保险、流动性和知识之类的东西组成，因此它们价值高昂，且难以定价。这些学者特别强调知识的重要性，认为美国企业对外要素性收入中，高端知识和技术的价值并没有被统计，因此在这种情况下讨论经常账户赤字是毫无意义的。

这种论断在许多关键点上都受到了强烈的质疑和挑战。对美投资收益低于美国的海外投资收益完全不足为奇，因为许多国家投资于美国并不是为了获取高利润。例如，为了维持较低的人民币汇率和出口商品价格，中国已经购买了数千亿美元的美国低收益国债。更为重要的是，美联储的经济学家们搜集的数据显示美国对外投资回报和其他国家对美投资回报几乎相同。这些证据都严重削弱了这种观点的说服力。

关于经常账户失衡，一种更严谨的解释是伯南克提出的所谓"全球储蓄过剩"假说。这种解释把美国经常账户赤字的罪责推向其他国家。伯南克认为，全球不平衡的根源并不在于美国的低储蓄率，更不在于美国政府的巨额财政赤字，相反，真正的问题是中国和其他亚洲国家储蓄太多。

乍看来，这种观点似乎有违直觉。然而伯南克进一步指出，基于人口老龄化的预期，许多欧洲发达国家也有大量储蓄。因为国内不存在足够的投资机会，这些储蓄只好被投向美国。此外，这个假说中更为重要的一个观点是亚洲各国的民众过于节俭，他们储蓄太多，支出太少。

这种解释把握了一定的事实表象。中国的储蓄率确实很高，消费支出也相对较低。这里的部分原因是结构性约束：中国没有完善的社会保障体系，缺少健全的消费信贷体系，借钱买房不太容易等。基于这些原因，中国及其他新兴市场国家积累了过剩储蓄。再者在金融全球化的时代，这些储蓄也更容易漂洋过海，流入美国，从而使美国的经常账户赤字比以往任何时候都更具有可持续性。

不过，这种推理逻辑也存在许多问题。首先，它把美国巨额经常账户赤字的责任巧妙地转移到其他国家。依据这种逻辑，美国消费者不应对房地产泡沫负责，怪就怪吝啬的中国人把他们的盈余资金拱手送给美国人。这正如指责玻利维亚的毒枭培养了某些美国人的毒瘾一样。这一解释虽有一定的事实根据，但并未抓住问题的本质。

事实上，在美国经常账户赤字不断走高的过程中，尤其是 2001 年以来，其他一些因素扮演了更为重要的角色。为了克服经济衰退，布什政府向国会提交的大规模减税政策使美国的财政赤字激增。从 20 世纪 90 年代开始，美国政府债台高筑，开始大规模发行国债，并被中国和其他新兴市场所购买。在这个过程中，这些国家的罪过仅是购买了那些债券，相反，美国的罪过则是有意实施了加大经常账户赤字的政策。

美国的经常账户赤字不断刷新纪录，而在这一过程中，美联储也同样难辞其咎。2001 年以后，美联储实施宽松货币政策，大量发行基础货币，而对金融系统的监管却又鲜有作为。

正是这些政策创造了房地产市场的繁荣，致使美国储蓄率下降，住宅投资率上升。虽然国外储蓄为美国房地产提供了资金融通，但起初却是美联储创造了这种不可持续的繁荣，并吸引了这些国外资金。

回顾起来，很明显全球经常账户失衡是由不同时点的不同因素综合作用而致。20 世纪 90 年代，美国经常账户赤字的上升主要是因为网络泡沫和相应的股市繁荣吸引了国外资本流入，这反过来又促使美国人储蓄更少、消费更多，进一步助推赤字扩大。泡沫破灭之后，赤字规模本应下降，但事实却恰恰相反：布什政府主导的、不计后果的财政政策使赤字继续飙升。

2004 年之后，松懈的联邦监管助长了难以持续的房地产泡沫，美国经常账户收支持续恶化，储蓄率继续下降，国外投资者疯抢各种各样的抵押贷款衍生证券。直到 2007 年之后，房地产泡沫破灭，进口下降，家庭储蓄增加，美国的经常账户赤字才最终下降。另外，石油价格的下降也进一步促使赤字规模的收缩。

因此，不像黑泽明的《罗生门》，经常账户赤字的传奇故事有一个明显的罪魁祸首。引用一句歌词："我们遇见了敌人，他就是美利坚合众国。"

当然，这并不是说美国之外的那些国家就毫无责任，事实上，恰恰是从中国等国的过度储蓄到金融全球化等的一系列因素使美国更有能力犯罪。然而有能力使其犯罪毕竟不等于逼迫其犯罪。因此，这个烂摊子的最终责任人只能是美国。过去几十年来，正是美国所实施的政策带来了这个恶果。轻率的税收减免政策，漫不经心地放纵房地产泡沫，最终使美国自掘坟墓。

危机和困局

过于乐观的经济学家倾向于使用一些论据来表达他们对经常账户赤字的不屑一顾。他们指出，在可以预见的未来，新兴市场国家仍将乐于为美国的赤字融资，因为它们只有这样才能维持其低估的货币和出口商品的竞争力，而这样做的其中一个途径就是购买美国的股票和债券。另一些经济学家则强调，美元作为国际储备货币享有一种所谓的"超级特权"，这种说法是由法国前财政部长吉斯卡尔·德斯坦在 20 世纪 60 年代首次提出的。当然，如果这种逻辑成立，货币危机就不会发生，那些不幸的国家也可以免遭劫难。鉴于这种优势，美国的巨额经常账户逆差就应该可以持续。

这些乐观看法是十分荒谬的。从目前的情形看，美国的巨额逆差不仅不可持续而且十分危险。改革则面临重重困难，不改革则必死无疑。事实上，如果美国不能及时改善财政状况、增加储蓄，那么就将走向破产清算的危险境地。虽然目前这种情况只是一种猜测，但是那种认为它可以推迟几十年的臆测却是妄想，真正的情形是危机迹象已显、风雨欲来。

早在 20 世纪 90 年代，美国经常账户逆差的资金大部分源自外国对美国的股权投资，2000 年高峰时高达 3 000 亿美元。高科技泡沫破灭之后，外商投资遭遇雪崩局面，随后虽有反弹，却并没有恢复到先前的水平。而与此同时，美国的经常项目逆差却日益扩大，这使国外债务投资成为可能。这些债券部分由政府发行，但更多的则是以私人抵押贷款和其他资产作为支持资产发行的。

美国政府发行的债券大多被国外中央银行和主权财富基金购买。事实上，现在一半左右未到期的美国国库券和政府债券（不算由美联储持有的那部分）由海外投资者持有，而其中的 2/3 握在国外中央银行和主权财富基金的手中。换言之，海外私人投资者并非美国赤字的融资主体，因为他们不傻，他们知道美元可能贬值，所以也没有兴趣将钱投在充满风险的美元债券上。然而正如我们已经表明的那样，国外政府及其代理机构却有其他动机来持有这些债券。

然而一切都有极限。我们看到，国外投资者已经不再像以前那样毫无顾忌地持有美国债券，他们开始变得不安。10 年前，美国公共债券的平均交割期限接近 60 个月，2009 年这一期限缩减至 50 个月以下。无论是出于巧合还是故意，这都反映出人们对于美元价值下跌的疑虑正在上升。事实上，随着美国债务以超负荷的速度不断累积，部分债权人已经开始担心美国会蓄意使美元贬值，通过肆无忌惮地发行美元来变相缩减赤字。毕竟，美国已经在通过实施量化宽松的货币政策来达到那一目的。

如果美国是一个新兴市场，那么其债务和货币的信用体系必定早已崩溃。当然，人们仍然相信，美国在必要时仍会通过征税、削减支出来稳定财政秩序。毕竟，美国在 20 世纪 90 年代经历 10 年飙升的赤字后也曾这样做过，因此现在也未尝不会。此外，不像许多新兴市场国家，美国从来没有发生过公共债务违约，因此其信用体系并不那么容易崩溃。最后，也是最为重要的，美国对外债务以美元计价，潜在的美元贬值并不增加美国的债务总量；相反，这个风险被转移给了国外债权人。

这一区别非常关键。然而这并不意味着国外债权人会永远持有数百亿的美国低息政府债券。在某些时候，他们将要求实物资产，即通过股权投资控制美国的企业。迄今为止，美国一直拒绝国外投资者拥有其重要企业的所有权。2005 年，美国强大的舆论压力迫使中国海洋石油公司放弃入股优尼科公司。在其后的几年，同样的舆论压力也导致迪拜的一家国有公司放弃了对美国几个关键港口的管理权。

这些冲突反映了一种"资产保护主义"，美国试图告诉那些日益强大的国外债权人，哪里才是他们资金的去处。在金融危机期间，当美国最大的几家银行恭恭敬敬地向中东和亚洲的几家主权财富基金祈求支援时，却拒绝放弃任何实质性的控制权。这些投资者大为光火，相信在下次金融危机救援行动中，它们不大可能会再唯美国马首是瞻。

许多政治家和决策者似乎没有意识到，同那些为美国财政和经常账户双重赤字提供资金支持的国家相比，美国自己还剩多少影响力。他们告诉中国不能购买美国的企业，并以贸易保护主义的大棒威胁中国重估人民币汇率。所有这一切都显得离奇而有趣，而且十分愚蠢。

诚然，中国通向全球霸主之路绝非坦途。在中国的国民生产总值中，只有36%的份额来自消费，而美国的这一数字是70%。虽然美国的消费率过高，但是中国的国内消费率却显得太低。目前，中国式增长依然严重依赖对美国的出口，而美国反过来又通过出售债券给中国而获得了资金支持。正如保罗·克鲁格曼所言，这种反常共生性，对中国的长期利益带来极大威胁。

另外，中国还有其他问题。不可否认，中国积累了惊人的外汇储备，也为大规模的经济刺激计划准备了充足的弹药。那些经济刺激计划一方面致力于改进该国的基础设施建设，另一方面要求该国的国有银行为大量国有企业提供贷款。这在短期内或许有效，但在长期却不可持续。在全球经济已经出现生产能力过剩的背景下，贷款创造更多的工厂并非自救之路。这只能助长中国的投机性泡沫，并最终使国有银行的不良贷款率上升。

至于2010年，中国和美国会继续被锁定在经济学家劳伦斯·萨默斯所谓的"金融恐怖平衡"之中。如果不打破这种平衡，任何一方都不可能独自寻求改变。中国不能停止购买美国债券，否则美国这个最大的市场将会崩溃。相反，美国也不能竖起贸易保护主义大旗，否则中国将停止资助美国的挥霍浪费。

破解约束的出路是显而易见的：中美两国应协同一致地采取行动，以使双方的经常账户重回平衡。这意味着美国需要对付双重储蓄赤字，即膨胀的联邦财政预算赤字和偏低的私人储蓄率。通向救赎之路的第一步是废止 20 年前布什政府推出的误入歧途的税收减免政策。如果美国人认为他们可以在保持低税率的条件下享受欧洲式的全民医疗保险，将是大错特错，那是不可能实现的。而且，指望中国人会永远埋单也是痴心妄想。

作为问题的另一方，中国和其他新兴市场经济体则需要让它们的货币升值。它们还要采取结构性改革，以鼓励消费，让更多的"中国制造"在国内得到吸收。它们必须付诸具体行动和步骤以促进消费信贷的发展。目前，绝大部分中国人仍然依赖现金而不是抵押贷款买房。它们也必须建立类似于发达国家的社保体系，如失业保险和可负担的医疗保险等。这些基本的措施将使中国的家庭不必未雨绸缪地把所有的钱都储存起来。如果没有这些改革，那么节俭的中国人很可能会继续间接为美国人提供补贴。

其他国家也应该努力削减它们的盈余，成为更成熟的经济体。例如，德国、法国和日本则应加速结构改革，以促进投资增长，从而减少经常账户盈余。石油输出国如沙特阿拉伯需要让它们的货币升值，并启动更多的消费支出，同时增加在勘探领域的投资，从而生产更多的石油。

所有这些措施都有助于稳步实现国际经常账户再平衡。然而不幸的是，任何一个参与者都尚未开始采取必要的行动。每个国家都希望一边是飙升的盈余，一边是扩张的赤字的现状可以持续。然而事实并非如此，除非情况得以改变，否则调整压力将继续存在，直到它不可抑制地爆发。至于爆发的后果，则无法预料。由此所产生的危机与我们在本书第 1 章中讨论的普通的繁荣—萧条转换定然存在许多不同。与其说这种危机揭示了资本主义固有的不稳定性，倒不如说它是地缘政治权力格局演变的结果。如果说普通的金融危机像小震动，那么全球不平衡解体所导致的危机不仅会引起主权债务危机和货币危机，甚至还将引发一场大地震。

然而到目前为止，我们所感受到的仍然只有震动而没有地震。许多发达国家已经受到金融危机的创伤，它们也提高了人们对希腊、爱尔兰、意大利、葡萄牙、西班牙，甚至英国等诸多国家长期信用的警惕。其中一些国家，尤其是希腊、意大利、葡萄牙和西班牙等"地中海俱乐部"国家的债务违约或许会很快到来，这将威胁欧盟，甚至会使该地区陷入类似于阿根廷在 2002 年或者冰岛在 2008 年所经历的那种混乱局面中去。

诚然，这些震动会动摇全球经济。然而，与更大的危机，美元快速而无序的跌落相比，它们小得不值一提。

美元的衰落

20 世纪 50 年代后期，美国达到权力顶峰，它不仅拥有经常账户盈余，美元也成为国际储备货币。第二次世界大战结束前不久签订了著名的《布雷顿森林协议》，在该协议的安排下，各国货币与美元以固定汇率挂钩，美元则直接与黄金挂钩。

当时，大多数经济学家，尤其是美国的经济学家都认为这是一个好主意。但是比利时籍经济学家罗伯特·特里芬（Robert Triffin）提出了不同的看法。1960 年，他明确反对以一国主权货币作为世界储备货币，并警告说这种安排包含了自我毁灭的种子。他观察到，发行储备货币的国家，无论是 19 世纪的英国，还是 20 世纪的美国，一般都维持了经常账户盈余。就美国而言，这意味着流入的美元应超过流出的美元。

虽然当时这个体系运转顺利，但是特里芬指出，其他国家对储备货币的需求会产生一种相反的力量，促使美元流出美国。他断言这些压力最终会使美国出现经常账户赤字，并削弱其经济地位，从更广泛的意义上讲，这必将弱化美元的地位。就其实质而言，特里芬指出美国的需求和世界其他国家的需求存在根本性冲突，而这种冲突为美元的衰落铺平了道路。当 1971 年美国总统尼克松违背协议、关闭黄金兑换窗口的时候，特里芬的预言终成事实。

特里芬难题今天依然存在。虽然美元不再与黄金可兑换，但它仍然是事实上的国际储备货币，也正是美元的国际储备需求才导致了今天更大的全球不平衡。一些经济学家声称这种安排，即所谓的"新布雷顿森林协议"在可预见的未来仍可持续，美元也将源源不断地流出美国，躺入亚洲和中东国家中央银行的保险柜里。

事实上，这种不稳定的安排正在释放紧张的信号。2001 年，美元在外国中央银行持有的储备资产中占据了略多于 70% 的份额。近 10 年来，随着美国财政赤字和经常账户赤字盘旋上升，进而失去控制，这一份额到 2008 年已经下降为 63%。2009 年下半年，外国中央银行对美元表现出明显的厌恶，并对欧元和日元表现出强烈的兴趣。事实上，2009 年第三季度，在新被购买的储备货币中，美元只占了 37% 的份额，与 10 年前 67% 的平均水平相差甚远。相反，黄金和其他新兴市场的货币在国际储备资产中的作用则越来越大。

世界各国的主权财富基金也表现出了更明显的多元化倾向，开始着手降低美元资产比重。这些国有投资基金，如中国投资公司已经表现出对向来是各国央行外汇储备重要组成部分的美国国库券的厌恶，而是纷纷将目光移向那些高收益的投资品，从对冲基金到矿物开采权都进入了它们的投资视野。

这一趋势在未来几年仍有可能持续。如果一切顺利的话，美元的衰落将会是一个渐进的过程，而不是突发的、无序的崩溃。或许，美国很可能追随英国的轨迹，霸主地位和货币在未来几十年里缓缓逝去。历史上，1872 年左右美国就超过英国成为世界上最强大的经济体，然而，直到 40 多年后，英镑却仍一直是当时世界的主宰货币。只是在第一次世界大战中，英国从一个净债权国变成净债务国，英镑的地位才真正开始衰落。尽管如此，1928 年在国际储备构成中，英镑的份额仍然是美元的两倍。

直到 1931 年英国放弃金本位，英镑的地位才最终被美元取代。尽管《布雷顿森林协议》巩固了美元的地位，但是直到 1956 年，随着苏伊士运河危机和英镑的进一步衰落，美元才最终成为不可匹敌的国际储备货币。

英镑的衰落整整经历了 3/4 个世纪，我们有理由期待美元的衰落也会采取这样一种平缓的节奏。不过，这种历史轨迹不应被过分类比。虽然中国目前的地位与一个世纪前的美国类似，然而其攀登全球经济阶梯的速度却是前无来者的。2010 年或 2011 年，中国将超越日本成为世界第二大经济体，而且中国也会很快将美国从金字塔的顶端驱赶下来。所有这一切正以惊人的速度发生着，不像美国花费了一个世纪的时间才走向顶峰，中国从第二梯队国家发展为全球强国仅仅用了 20 年。

这就勾勒出一种令人不安的前景，美元的好日子似乎已经屈指可数。然而这种突然和无序的美元衰落到底将以什么样的方式演绎仍扑朔迷离。历史上，货币发行都或多或少地以金和银为基础，而这种关系在 20 世纪 70 年代被彻底割裂。当今的国际货币体系所依赖的不是黄金，而是一种法定货币，它本身没有任何内在价值，既没有贵金属的支持，也不能以任何形式固定其价值。这是一个前所未有的挑战，在某种程度上，今天美元的作用和先前黄金的作用一样。正如几个世纪前的国王和银行家，打开自己的金库，发现那些堆积如山的硬币已经化为灰尘。今天美元的崩溃可能只是这个古老故事的现代版本。

如果美国不能控制不断上升的赤字，那么这个故事总有一天会变成现实。虽然中国不大可能拒绝进一步购买美国债券，但是其他一些小国家正在悬崖勒马。这极有可能引发更多的国家加入停购美国债券的大军，甚至中国也可能被吸引进来，最后分享一点当前系统的好处。然而，对于中国而言，总会有一个维持这个系统的成本超过收益的临界点。

美国正处在一个十字路口。如果美国不能改善财政赤字，增加私人储蓄，那么危机发生的概率就会上升。人们很容易想象到一种危机上演的情景，尤其是当未来几年美国出现政治僵局时，前景将更难预料。共和党否决增税，民主党否决减税，而通过印刷货币来使债务缩水则极有可能成为双方都可以接受的中间道路，由此引起的通货膨胀也将稀释美国公共和私人债务。毋庸置疑，这种"通货膨胀税"很可能使世界各国的投资者抛售美元，并买入财政信誉更好的主权货币。

如果这一切真的发生，那么美国将为此付出代价。到目前为止，美国仍能够以自己的货币发行债务，从而将美元价值下降的损失转移给债权人。如果这些国家结束美元的"超级特权"，那么压力将由美国自己承担，借款成本将直线上升，消费和投资也将下降，最终经济增长陷入低谷。无论是中国的塑料玩具，还是沙特阿拉伯的原油，进口价格都将上升，美国人的生活水准也将大打折扣，而之前，高生活标准曾被视为美国人与生俱来的权利。在这一过程中，美元将变成一种毫不起眼的货币。

然而这就引出了另一个问题：谁来取代美元？

人民币是救世主

初看起来，沿着美元的国际化之路，中国的人民币似乎是显而易见的候选者。很少有其他货币能对美元形成竞争威胁，英镑、日元、瑞士法郎仍然是微不足道的储备货币。它们可能会为衰落的美元提供暂时的庇护，但是英国、日本和瑞士却是走向没落的国家。在很大程度上讲，欧元也面临同样的命运，它的持续存在依赖于欧盟国家的统一和团结。然而事实上，这些欧盟国家不但存在诸多利益冲突，而且许多成员国还面临着惊人的赤字、人口老龄化以及来自新兴市场的竞争压力。

重回黄金的方案则更不可行。虽然最近关于黄金的讨论再增多，但是以黄金作为国际货币体系基础的想法仍属凯恩斯所称的"野蛮的遗产"。虽然黄金可以为崩溃的美元提供暂时的避难所，但它的升值很大程度上反映了人们对未来的恐慌和焦虑。黄金可以是安全的藏身之地，但却不是奠定新货币秩序的基石。黄金几乎没有什么现实用途，它难以贮存，而且相对于当前的全球经济规模，黄金存量也显得太小。所有这些特征意味着，黄金不是储备货币的良好选择。

这也就是说，如果各国政府为了压缩债务而过度发行货币，进而触发严重通货膨胀的时候，那么黄金的价格会急剧上涨。但是就算这种情况发生，各国中央银行也不太可能过分追求稀缺的黄金。它们更有可能会选择石油和其他大宗商品以抵抗通货膨胀。换句话说，当它们试图抛出法定货币和纸币的时候，它们可以购入实物资产。

这就使得人民币成了美元的长期替代性选择。目前中国看起来就像美国达到权力顶峰时那样，它拥有大规模的经常账户盈余，已经成为世界上最大的出口贸易国家，只有少量的预算赤字，并且与其他国家相比也没有太多债务。中国已经采取了微妙的行动来挑战美元的地位，例如，允许香港地区的金融机构发行以人民币为计价单位的中国公共债券，这就向创建一个区域性的债券和货币市场迈出了关键性的步伐。中国财政部的发言宣称这体现了"促进和提高人民币在周边国家和世界的地位"的努力。

中国也采取了其他步骤来巩固货币权力。中国与包括阿根廷、巴西、白俄罗斯和印度尼西亚在内的许多国家都已签订了货币互换协议，也说服了一些贸易伙伴开始使用人民币结算，换言之，贸易结算将以人民币计价。这看起来或许是件小事，但事实并非如此。当前，大多数贸易结算均使用美元，即美元发挥着国际贸易"记账单位"的功能，即使贸易本身不涉及美国，也同样如此。这种情况类似于一个世纪以前英镑的地位，反映了美元作为国际储备货币实际和象征性的地位。如果人民币能够在国际贸易结算中获得更广泛的接受，那么美元的国际储备地位将被弱化。

目前，人民币正面临着一场成为世界主宰货币的战斗，然而中国并不想过早开战。因为那意味着中国需要让人民币汇率变得更加灵活，并让它以较之以前更大的幅度实现升值，进而导致其出口商品价格上升。此外，中国也需要实施其可能不愿意进行的改革，即放松资金流入和流出限制，实现人民币资本账户完全可兑换。最后，中国还需要加速国内金融改革，发行更多以人民币计价的债券。

虽然中国希望为人民币谋求更高的地位，但并不急于让人民币成为世界的储备货币。在 2009 年，中国人民银行行长周小川提出了一个十分独到的见解，他认为可以用一个新的超主权货币即特别提款权（SDR）与美元竞争。这种准货币，于1969 年在国际货币基金组织的支持下创立，该货币并不能像美元和欧元一样用于流通和交换，而仅仅是国际货币基金组织所使用的一种记账单位，它的价值则由四种货币以一定的比重加权得到，其中美元的权重最大，之后依次是欧元、日元和英镑。特别提款权的持有者对"货币篮子"中的货币拥有索取权。这个工具有多种用途，其中最明显的作用是履行对国际货币基金组织的债务。

"货币篮子"中各个货币所占比重每 5 年重新计算一次，周小川的论断清楚地表明中国希望把人民币纳入其中。然而，希望参与其中并不代表着希望操纵局势。事实上，周小川极力主张创造一个超越主权国家的新国际储备货币，并使之在长期内保持稳定，从而解决主权信用货币的内在缺陷。为说明这一点，他还特别引述特里芬难题作为论据。

在这项主张中，周小川回顾了国际货币体系在历史上的一个重要转折点，即1944年召开的布雷顿森林会议。那年，凯恩斯促使与会者考虑创造一种全球超主权货币，并称之为"凯恩斯国际货币单位"。按照他的设想，这种货币的价值可以与约30种基本商品的价值相联系。然而美国反对这种方案，并推动美元成为全球储备货币。周小川认为这是一个致命错误，他声称凯恩斯的主张是富有远见的，而特别提款权恰恰可以将他的思想复活。

到目前为止，让特别提款权成为全球储备货币的建议还只是一种空想。特别提款权的广泛使用需要大量的公共和私人机构将它作为记账单位，目前在这方面并无进展。在很大程度上，特别提款权仍然是国际货币基金组织的产物。尽管如此，人们对扩大特别提款权作用所表现出的浓厚兴趣，恰恰反映了中国和许多新兴市场国家对于寻找一个更加稳定的货币取代美元，从而避免危机和崩溃的意愿。

然而，没有国际合作，这将不可能发生。而且，国际货币基金组织同样需要进行改革，以避免1944年会议所带来灾难性后果的再度发生。

全球治理

巴西、俄罗斯、印度、中国等金砖四国及其他新兴市场经济体的迅速崛起，预示着全球经济治理结构需要进行改革。原有的7国集团（美国、日本、德国、法国、英国、加拿大和意大利）已经无法代表整个世界的声音了。为了解决全球不平衡，倾听其他参与者的声音是必要的。一定程度上这也正是目前正在发生的事情，过去几年，20国集团已经开始取代7国集团，巴西、印度尼西亚、南非和沙特阿拉伯及其他一些国家的声音也逐渐被世界所关注。

尽管成员众多，但我们很难相信20国集团会给全球经济和国际货币体系带来实质性变化。7国集团尚且很难达成一致性方案，我们可以想象，如果没有一个更正式的磋商和实施机制，成员国数目超过 7 国集团两倍的 20 国集团则更难就全球治理达成共识。退一步讲，就算 20 国集团能够形成一个统一的声音，但它依旧是把世界绝大多数国家的呼声排除在外的。

国际货币基金组织也许更具代表性，但它有自己的问题。国际货币基金组织的决策大多通过一个由 24 名委员组成的执行委员会做出，而每名委员则代表着世界的不同地区。不幸的是，代表欧洲国家的委员过多，而代表亚洲和非洲新兴市场国家的则过少。类似的问题也存在于国际货币基金组织投票权份额的计算方式上。目前，每个国家的投票权大小取决于它们对国际货币基金组织注资额的多寡。

一项研究发现，2000 年和 2001 年，中国、印度和巴西的集体投票权为 19%，低于比利时、意大利和荷兰 3 国，然而事实上，前三者的 GDP 规模是后三者的 4 倍，人口则是后三者的 29 倍。

迄今为止，欧洲人仍不愿放弃权力，这是十分愚蠢的。如果在未来数年内国际货币基金组织还想维持其信誉，那么它的席位和份额分配就需要充分反映新兴市场国家的利益与投入。此外，在国际货币基金组织最高决策权上，有一种非正式的先例，即美国领导世界银行，欧洲领导国际货币基金组织，而这同样需要改变。目前，呼吁改革这些陈旧做法的声音被置若罔闻，而这将进一步威胁国际货币基金组织的合法性。

国际货币基金组织在其他方面也需要改革，虽然它对其成员国具有影响力，但是这通常只适用于危机时期，而且也只适用于那些出现债务支付困境的小国家。类似于中国、日本和德国这样的世界主要债权国家，它们完全可以忽略国际货币基金组织。同样，像美国这样拥有巨额经常账户赤字但可以用自己的货币借款的国家，也可以忽略国际货币基金组织。实质上，国际货币基金组织对中国、欧洲和美国几乎无能为力。更糟糕的是，对于那些威胁全球经济稳定的国家，国际货币基金组织也一直不愿意运用其强大的号召力进行批评和阻止。

然而这并不意味着应该放弃国际货币基金组织，尽管资源有限，却可以先解决一个具体的问题，即经常账户不平衡。如前所述，新兴市场国家从 20 世纪 90 年代的金融危机中吸取了两大教训：

- 一是避免经常账户赤字；
- 二是积累大量外汇储备，以预防国际流动性紧缩。

在最近这次全球金融危机中，这些战略成效显著：由于拥有大量盈余和外汇储备，亚洲和拉丁美洲的国家不必向国际货币基金组织求助也能在外汇市场进行积极的干预以维持货币稳定，并让国外投资者放心，它们有能力应对流动性危机。

虽然值得赞扬，但这种独立于国际货币基金组织的做法却成本高昂。且不说这种战略助长了全球不平衡，单单将万亿美元投资于低收益债券上的真实成本也是十分高昂的。再者，如果不能好好管理，巨额的外汇储备累积将引发这些国家的资产泡沫。为了控制泡沫，政府可以通过出售债券来吸收流动性或冲销盈余资金，但是这样做却会增加政府的债务利息支付，这又是一项不能忽略的成本。

国际货币基金组织可以解决这些问题，至少它可以在危机的时候提供流动性。直到最近，国际货币基金组织提供的贷款还带有附加条件，即接受贷款的国家必须进行国际货币基金组织认为是必要的改革。但是并非每个陷入流动性危机的国家都需要全面的经济改革。为此，国际货币基金组织对于那些资信较好的国家，提供了所谓的灵活信用额度，以助其渡过危机。这是一个好的开始，未来应该允许更多国家享受这种贷款条件，从而在第一时间把危机结束在萌芽状态。

国际货币基金组织可以扩大特别提款权的发行规模，尤其是危机时期。2009年，国际货币基金组织授权发行了2 500亿美元的特别提款权，其中一部分提供给了新兴市场国家。通过发行以特别提款权计价的国际债券，其发行规模完全有可能进一步扩张。这些债券可以被各国中央银行购买，用以充实它们的外汇储备，而不至于造成传统货币购买所产生的潜在不稳定性，因为特别提款权把价值波动的压力分散于多种货币，而不是由单一货币承担。当然，国际货币基金组织可以附加一个条款，即任何特别提款权的接受国都必须减少其经常账户顺差，否则就缩减它们的外汇储备积累。

这些建议对于解决全球经济中出现的各种不平衡问题是有效的。然而，这个世界要想摆脱以衰落的美元为基础的国际货币体系，仍有许多路要走。更好地发挥特别提款权的作用是一个良好的开端，但毕竟效果有限。

应对这些挑战需要国际层面的合作，而这恰恰也是近几年所缺少的。世界主要经济体能否为了共同利益而合作已经成为一个公开的话题。如果中国和美国着眼于各自的短期利益，失衡局面将进一步恶化，不断累积的压力和冲突将使本已十分脆弱的国际货币体系不堪重负。

事实上，我们正处于金融史上一个十分脆弱的时刻。在过去，正如我们在2006—2008年经历的这次金融危机，国际银行业危机往往会成为主权债务危机和货币危机的前奏。从历史经验看，资产泡沫的破灭会使实体经济遭受重创，随后银行业危机也蹒跚而至。重压之下，许多国家最终崩溃。如果这次危机之前就已存在的经常账户逆差继续恶化并失去控制，那么这一幕会更容易上演。如果这变成事实，那么发生在冰岛的故事也便成为世界崩溃的先兆。

路在何方

在本书第8、9两章中，我们曾经指出许多国家需要改革它们的金融系统，加强对银行和其他企业的监管，因为正是这些银行和企业促成了这次危机。然而，正像本章所描绘的那样，仅有这些改革是远远不够的。未来几年，我们须妥善解决各种各样的不平衡，否则一场国内范围的、区域范围的，甚至世界性的金融危机将难以避免。因此，每个国家都要进行相应的调整，而不是采取"搭便车"的态度，利用不平衡为自己谋取好处。

这些改革涉及需求和供给两个方面，而目前任何一方面的改革都还离目标相差甚远。从需求层面上说，新兴市场国家对外汇储备的过度需求加剧了全球不平衡。这就需要创造一个更加稳定和可靠的国际最后贷款人，从而避免国际流动性危机风险。只有这样，这些国家对外汇储备的需求才会消失。

在供给层面，国际储备资产的备选货币应该不再局限于美元及其他少数货币。

长期来看，特别提款权可以而且也应该发挥更大的作用。同样，在未来几年，各国中央银行和主权财富基金也可能持有新兴市场国家的货币作为它们储备资产的一部分。但在短期内，所有这些都无法直接威胁美元作为世界主要储备货币的地位，也没有明显的竞争者能取代美元。然而，如果美国的双重巨额赤字持续下去，或者更糟，开始通过发行货币来削减赤字，那么由此引发的高通货膨胀将加速美元地位的下降，其后果也将无法想象。

即使美国不走这条路，并且本书提供的各项改革措施也能有效改善全球的不平衡局面，那么也还存在一个疑问。无论是在 20 国集团还是在国际货币基金组织的框架内，全球治理的实质性变革都是必要的和可取的。这样做将给予新兴市场国家更多正式且有效的权力，经济权力中心由一个国家转移到另一个国家的过程也将变得更加平缓。

然而问题是：世界主要经济体会为了全球共同利益而真诚合作吗？或者它们依旧会为了各自的国家利益而破坏全球经济和世界金融体系的稳定吗？这是一个中国和美国在未来几年都必须认真考虑的问题，中美两国都不可能通过维持现状捞取好处。事实上，如果维持现状，无论是新兴市场国家还是发达国家都将蒙受损失。

Crisis Economics

11

危机不会消失，但可以减轻伤害

在大萧条最严重的时候，政治家及政策制定者们对金融体系进行的大刀阔斧的改革，为之后将近 80 年的稳定与安全打下了坚实的基础。尽管问题并未从根源上被解决，但是 80 年已经足够长久，是一个人一生的时间！

在整个 2009 年，高盛 CEO 劳埃德·布莱克费恩都在不厌其烦地驳斥那些号召对金融系统实施全面监管的呼声。在演讲和国会作证时，他恳求听众继续保持金融创新的活力，并声称"应拒绝接受那些完全是针对百年一遇的金融风暴的提案"。

这太滑稽了！我们刚刚经历的不是什么百年一遇的疯狂事件。自美国建国以来，这个国家就一直在有规律地经受着残酷的银行危机及其他金融灾难的侵袭。在整个 19 世纪以及 20 世纪初期，严重的恐慌和衰退曾一次又一次地袭击我们的国家。

直到大萧条之后，美国逐渐崛起为全球超级大国，金融危机才渐渐远离了我们。与此同时，美国政府通过实施《格拉斯 - 斯蒂格尔法案》等，使金融机构数量如雨后春笋般大幅增加，另外，美国政府还创设了证券交易委员会和联邦存款保险公司等机构，以支持金融机构健康发展。美元也成为当时那个异常稳定的国际货币体系的基石，危机似乎被人类永远丢进了历史的垃圾桶。20 世纪 70 年代之后，尽管周边地区爆发危机的风险又开始显现，但是发达国家的经济学家们仍然不改初衷，沉迷于对大稳健时代的崇拜之中。

2006—2008 年的这场灾难标志着这一危险的幻想破灭的时候到了，也标志着由"美式和平"所主导的金融稳定局面的终结。在未来数年，美国的霸主地位将被不断削弱，而其他国家也无法迅速崛起为超级大国，并承担起与其他新兴大国合作，取代美国曾经为全球经济带来的那种稳定局面的重任。因此，危机将爆发得更为频繁，破坏力也将更加惊人。这场金融危机根本不是什么百年一遇的事件，恰恰相反，很有可能仅仅是一场盛大晚宴开始前的甜点而已。

新的时代呼唤新的思维方式。我们应该摒弃有关无管制市场的内在稳定性、高效和安全等的论调，恭恭敬敬地将危机摆放到金融学及经济学中应有的位置。最为可悲的是，很多原本非常聪明的人却死守着这样的信念：最近的金融危机是一件不可预测、毫无征兆的事件，没有人能预测它的到来，我们也再没有机会遇到与之类似的危机，至少在我们有生之年如此。

或许，我们可以选择等待，等待一场新的金融灾难来回击这种无知的傲慢与偏见。但是，我们也可以选择接受，接受一门全新的经济学：危机经济学。

悲剧和闹剧

经济危机与资本主义本身同样古老和常见。在 17 世纪早期，经济危机与资本主义制度同时兴起。与同时期被搬上舞台的莎士比亚戏剧一样，舞台变迁，观众轮换，但人物角色、表演顺序，甚至台词在几个世纪以来的各轮危机中都保持着高度一致。

几乎所有的经济危机都有一个温和的开端。如同一幕大戏，只是舞台布景更加繁杂、琐碎，而且需要数年甚至数十年。在这一过程中，各种因素相互交错，不断为荣衰周期循环创造着条件。

爆发于 2007 年的这场危机也不例外。几十年来，正是自由市场原教旨主义本身为这次大崩溃奠定了基础：所谓的改革家们将大萧条时期制定的银行业监管法律弃之如敝屣，而剩下的法律法规又被那些华尔街公司想方设法逃避过去。这一过程中，一个巨大的影子银行体系一夜之间在法律监管之外成长壮大起来。

与此同时，各家银行都推出了大规模的奖金计划，极大地鼓励了高风险、短期高杠杆的赌博式业务的发展，而这些业务大大削弱了银行的长期稳定性。这些赌博式业务的不良后果被交易员们非常高效地转移给了这些金融机构的股东及其他债权人。这些问题，作为整个"道德风险"瘟疫中很小的一部分，在危机最终爆发很久之前便已经渗透到了整个美国金融体系之中。在这一过程中，美联储承担了在必要的时候对金融系统进行救助的重任，"格林斯潘对策"也开始逐渐为人所熟知。

当然，舞台布景与制造一个大泡沫也并不完全是一回事儿。泡沫的形成还需要一些导火索。在以前的金融危机中，导火索可能是某种热销商品的严重短缺、新的海外市场的开辟，或者一场技术革命使投资者相信传统的估值方法已不再适用等。新方法、新思路也可能恰恰产生于金融系统内部：比如新的投资方式，管理风险的新的方法体系等。

不幸的是，最近的这场金融危机的导火索恰恰是上述最后一种类型：金融机构进行大规模的资产证券化，为我们提供了大量日趋复杂的结构化金融产品。尽管资产证券化已经出现了很多年，但是直到泡沫形成的前几年其重要地位才得以确立。通过"创设 - 分销"模式对垃圾按揭抵押债务进行分切、重组等处理后，包装成有毒的抵押支持证券，然后按 AAA 级黄金资产的风险属性销售出去。

危机经济学的另一项公理为，泡沫的不断膨胀必须有一个可以预见的前提：宽松的信贷环境。这可能得益于中央银行的政策，也可能来自私人部门的贷款人，或者两方面都有。如果粗心大意的监管者允许信贷泡沫肆意膨胀，那无疑是最理想的情况。全球经济体中寻找投资项目的资金的突然大规模涌入也可能导致某一经济体或某一领域的信贷环境局部性宽松。

最近的这场危机也符合可预见性这一公理。"9·11"事件之后，格林斯潘大幅降低利率并将低利率政策维持时间太久。各大银行及影子银行纷纷将它们的杠杆释放到最大，疯狂地贷出资金，似乎风险已经远离了这个星球。而彼时的监管层，由于受到金融业人士的蛊惑，以及对自由放任主义理念下自我监管的盲目崇拜，出现了严重的失职行为。与此同时，全球新兴经济体的储蓄者们将大量资金投放到美国，为美国各大银行的疯狂贷款行为提供了源源不断的资金支持。

在发展到一定阶段之后，泡沫开始自我强化。随着资产价格的不断上涨，银行及其他金融机构有更大空间放出贷款。投资者购买的任何资产都可以作为抵押品借入更多资金，然后继续进行投资。利用神奇的杠杆作用，越来越多的投资者累积起了高耸入云的债务高塔。这表明，泡沫正在迅速膨胀之中。

这一幕与2005年之前泡沫逐渐膨胀到惊人的程度时的情况何其相像！开发商疯狂建房，投机者趁机抬价，银行家则把这些抵押债务证券化为形形色色更加脆弱的金融工具，而人类那如野马脱缰的欲望以及歇斯底里的贪婪才是背后巨大的推手。

这幕大戏上演到这里，一个新的角色开始闪亮登场，就是那些自诩为非常有远见的金融专家，他们开始跳出来解释，为何这轮繁荣能够确保恒久盈利，为何"这个时代是与众不同的"，或者为何传统经济学法则已不再适用。这些疯狂鼓吹者的出现以及他们那些空洞的言论，已明确表明形势已开始向失控的境地发展。

最近的这场房市大泡沫让大量自诩为业内专家的骗子们，置历史事实及基本常识于不顾，宣称住房是安全的投资品，价值永远只升不降。这些人的身份既包括房地产公司的职业"托儿"，更包括那些将风险抵押债务证券化并贴上如同政府债券一样安全的AAA级标签的投资银行家们。

这些江湖骗子控制着整幕剧的走势，但是他们也并非一路坦途。不可避免的是，极少数看穿这些骗子伎俩的人开始尝试戳穿他们的谎言。那些冷静的现实主义者们，开始提醒人们市场正在不断走弱，然而，警告很快被狂热淹没。本书的作者之一就曾经在最近这次危机中担任了这一角色，在危机到来之前，他以非常确定的口吻告诫人们将面临一场衰退。其他一些卓越的经济学家和分析师也不断提醒人们这一不祥之兆，然而同样毫无效果。

与所有泡沫一样，这个泡沫也终于停止继续膨胀了。同样与大多数泡沫一样，这个泡沫停止膨胀的过程也很柔和，而非"砰"的一声破裂开去。价格开始横盘，整个市场陷入奇怪的停滞之中。泡沫鼓吹者坚称这一现象仅仅是暂时的，价格很快就会重回升势。但是价格并没有重回升势，大戏上演到这一阶段，泡沫很少会在一夜之间彻底破裂，戏中上演的只是价格简单地停滞。

然后，破产潮开始了，最初只有少数几家机构，大部队则接踵而至。影响迅速扩散到整个金融体系，恐惧与不确定性主宰了所有市场。曾经为泡沫提供信贷支持的各大金融机构竞相甩手，虚高的资产价格一落千丈。随后，市场开始去杠杆化，而投资者们面对巨大的不确定性，纷纷选择更加安全、流动性更强的资产来规避风险。

最近的这场危机与这个剧本高度吻合。起初，个别大的抵押贷款机构开始陷入困境之中，随后破产事件纷至沓来，且一桩比一桩大。部分对冲基金也开始宣告破产。最后，整个影子银行体系的其他主要部分陷入崩溃境地。尽管这些机构中的绝大多数并非真正的银行，但是，对于任何一位了解 17 世纪以来的金融危机的人士来说，都将立刻感受到这些机构的破产带来的阵痛。与在其他危机中死去的不计其数的金融机构一样，这些 21 世纪的影子银行的破产也迅速导致了整个市场的流动性危机，甚至偿付危机。

银行业的崩溃从来不会一蹴而就。事实上，一场戏剧性的银行倒闭事件中往往会穿插一段相对平静期，市场表面上重回稳定，逢低吸盘者开始活跃起来。但表面之下却暗流涌动，情况继续恶化，直到戏剧化的破产潮接踵而至，恐慌开始弥漫市场。最近这轮危机与以前各轮危机非常相像，都有一次非常显著的破产潮，也都经历了类似的市场波动，然后恶化。另外，对于那些最为严重的危机，还有一个显著特点：它们的爆发从来不考虑国界。它们可能肇始于世界的任何角落，并且会迅速波及全球，或许是同样的问题随后在其他国家浮现，或者通过商品市场、货币市场、金融投资品、衍生品以及贸易等等各种渠道从危机肇始国蔓延到其他国家。当危机演变为金融危机时，整个地球都将在劫难逃。

最近这场危机虽然肇始于美国，但其他国家很快也出现了相同的症状。这也毫不奇怪，毕竟，与格林斯潘一样，全球的中央银行家们都采取了非常宽松的货币政策，导致各地的房地产市场都出现了泡沫现象。而且，其他国家的银行也与美国的银行一样，沉醉于毫无节制的风险偏好之中。除了极少数例外，大多银行都采取了高杠杆策略，且饮下了相同的毒酒，它们都向"金融创新"的魔杖创造出来的有毒资产投资了数十亿美元。

随后，市场突然爆发了一起让其他所有问题都相形见绌的巨大倒闭事件，危机高潮也终于上演。在最近这场危机中，雷曼兄弟公司灾难性的破产事件担当了这一角色，也成为这场吞噬全球经济的悲剧的众矢之的。而对过往各轮危机的研究中，人们也往往局限于单纯地解释这种影响巨大的倒闭事件的发生原因，而忽视了其背后隐藏的问题根源。雷曼兄弟对金融系统无疑造成了巨大的伤害，但是其破产与其说是危机爆发的原因，毋宁说是危机爆发的结果。雷曼兄弟的破产与人们经常看到的危机大戏的最后一幕非常一致：濒临破产的银行开始求助最后贷款人，即中央银行或者其他政府机构阻止银行破产并拯救整个金融体系。这种请求毫无意外地引发了争论：是应该拯救这些囿于泥潭的银行，并助长道德风险，还是应该让市场自生自灭，让病人自我疗伤？

在最近这场危机中，辩论双方均措辞严厉。最终，伯南克推出了史无前例的救助计划，被救助对象既包括应该获救的银行，也包括一些死有余辜的家伙们。美联储及其他中央银行如战神附体，以迅雷不及掩耳之势终结了这场危机。尽管整个过程仍不尽如人意，很多疑问有待回答，很多问题也有待解决，但危机毕竟得以遏止。

事实上，当一场戏剧性的危机进入尾声时，其他麻烦也开始不可避免地涌现：金融风暴的破坏力开始逐渐渗透到整个经济的其他区域。破坏往往非常严重，创伤需要很久方能愈合。尽管我们可以采取任何治标措施，比如，经济刺激计划，但是，复苏之路却充满荆棘。毕竟，家庭、银行、其他金融性机构，以及公司企业都需要漫长的去杠杆化过程。受到金融危机重创的国家，由于之前累积的繁重债务，加上危机中的经济刺激计划对私人部门损失的社会化处理，可能会不堪重负，最终，某些国家会向债权人违约，或通过高通货膨胀或货币大幅贬值来降低债务。

这正是目前我们所处的境地。从前，危机过后，学乖了的政治家们会对金融系统进行大力改革。目前我们也面临这一机会，这个绝对不能错过的机会。如果不进行改革，我们将最终发现，历史总会反复，最近这场危机仍不过是一场更大的危机的序幕而已。

救赎之路

在过去半个世纪，理论经济学家、华尔街交易员与其他所有相关的人员都被无监管市场的神奇以及金融创新的无限好处的童话故事带入了歧途。这场危机严重打击了那个信念体系，但是并没有新的信念体系站出来。

美国及其他发达经济体目前提出的谨小慎微的改革提案充分证实了这一点。尽管遭遇了几十年来最严重的金融危机，很多国家仍然不愿采取能够治愈金融体系的全面改革措施。相反，人们谈论的只是对金融体系的小修小补，似乎最近的这场危机仅仅是由几笔抵押贷款坏账造成的。

这太荒谬了！本书中已经进行了充分论证，本轮危机不是由次级抵押贷款制造的，而是由"次级金融体系"造成的。从变态的薪金结构到腐败的评级机构，所有的这一切导致了全球金融体系数年之前就已经从内到外彻底腐烂。这场金融危机只是扯下了一堆败絮之外的那层光彩照人的表皮而已。

复苏之路将非常漫长。第一步应实施本书第8、9两章介绍的改革计划。首先，交易员和银行家的薪金待遇应直接与股东利益挂钩。这一改变并不意味着将他们的待遇进行压缩，而是通过这种变革，鼓励金融机构的员工为公司的长期利益考虑。

资产证券化政策也必须做出改变。仅仅简单地要求银行将部分风险留在银行内部是远远不够的，必须实施更加激进的改革措施。资产证券化必须更加透明化和标准化，其产品必须进行严格监管。最为重要的是，用于证券化的贷款资产必须受到更加严格的审查。抵押贷款及其他贷款资产必须是高质量的，如果不是，那么必须是非常容易识别的。毕竟，不是高质量的贷款资产风险将更大。

对在本轮危机中造成致命破坏的各种衍生品也应实施同样全面的改革。所谓的柜台（OTC）市场衍生品，或许更应该称为"暗箱"市场，必须被公之于众。它们必须在中央结算中心及交易所挂牌，并在数据库中登记，对衍生品的使用要受到限制。另外，对衍生品市场的监管应该由专门的监管机构负责。

评级机构的经营模式必须被强制做出改变。目前，它们的收入来自被它们评级的客户，而这产生了强烈的利益冲突。合理的方式应该是由购买债券的投资者向评级机构支付费用，而非债券的发行人。另外，评级机构向债券发行人出售"咨询"服务也应被禁止，因为这同样会造成利益冲突。最后，对债券进行评级的业务必须进一步放宽，以扩大竞争。目前，少数几家公司拥有了过强的话语权。

另外，还必须实施更加激进的改革。包括高盛和花旗在内的某些被认为"大而不倒"的机构应该破产，其他更多不太显眼的公司更应倒闭。此外，国会应该重新实施 10 年之前废除的《格拉斯 - 斯蒂格尔法案》，并且对其进行更新，以反映出整个银行业及影子银行体系所面临的巨大挑战。

这些改革措施都是非常明智的，但哪怕是最细致周详的监管措施也可能出现偏差。套利是金融机构的本性，它们通过金融创新，不断将业务延伸到政府的监管范围之外。而美国各州零星、分散的监管体系使这一问题更加严重。另外，金融监管作为一项职业，一直以来被认为是一份毫无前途且收入低下的行业。

但这些问题都能得到很好的解决。在设计法律法规时，遵循前瞻性原则，在业务开展之前就用法律法规堵住可能存在的漏洞。首先要阻止的是这样一种非常容易出现的冲动：某些具有普遍性的法规在执行时却只适用于某一类企业，比如那些大而不倒的机构，相反，法律法规必须能对其所有规范对象具有强制约束力，以阻止金融中介活动流向那些更小、受到更少监管的企业中去。同样，监管工作可以而且应该集中到几个更少却有更大权力的监管机构手中。而最为重要的是，监管人员的薪金待遇水平也应能充分体现出他们在维护我们的金融安全上所发挥的关键作用。

虽然争议不断，中央银行却一直在保护金融体系方面享有最大的权力，同时也因此承担着最大的责任。最近这些年，它们的工作表现非常差劲。它们未能很好地执行自己的规章制度。更糟糕的是，它们没有采取任何行动去阻止狂热的投机分子越发失控的行为。如果非要说它们做了什么，也不过是给日趋膨胀的泡沫火上浇油而已。当然，在危机爆发之后，它们也尽其所能拯救了这场不可避免的大崩溃中的受难者。它们的失职行为是让人无法原谅的。在未来，中央银行必须积极主动地利用货币政策和信贷政策去遏制和驯服投机性泡沫。

全球经济面对的挑战是无法由中央银行单独解决的。全球不断扩大的经常项目不平衡以及美元迅速贬值所带来的风险直接威胁着经济的长期稳定。为了解决这两个问题，全球必须在国际经济治理方面达成新的协议。必须进一步强化国际货币基金组织的地位，赋予其发行一种全新的国际储备货币的权力。而国际货币基金组织在更好地实现自我监管方面也必须进行必要的改革，一小撮规模较小而又严重老化的经济体控制了国际货币基金组织太长的时间。随着 20 国集团的国力和影响力不断提高，必须给予新兴经济体在国际货币基金组织中应有的地位。

所有这些改革措施都将有助于减少危机的发生，但危机不会永远消失。诚如经济学家海曼·明斯基所说的：

> 妄图通过一次拨乱反正实现一劳永逸是不可能的，虽然我们可以通过一系列改革使不稳定重回稳定，但是一段时间之后，新的不稳定又会因其他原因重新出现。

与飓风一样，危机是无法消除的，我们能做的就是尽量管理好危机并尽量降低危机带来的损害。

矛盾的是，这种令人不安的事实反倒燃起了我们的希望。在大萧条最严重的时候，政治家及政策制定者们对金融体系进行的大刀阔斧的改革，为之后将近 80 年的稳定与安全打下了坚实的基础。尽管问题并未从根源上被解决，但是 80 年已经足够长久，是一个人一生的时间！

如今，我们身处当今时代的大萧条之中展望金融的前景时，我们需要努力做得更好。永恒只是传说，危机终会再来。但是，我们可以控制危机的严重程度，阻止它们对经济造成过大的危害。如果能进一步加固金融体系的大堤，我们至少能在未来数年免于危机的侵袭。水位仍会上涨，但我们将安然无恙。但是，如果我们不对未来必将到来的飓风做好充分的准备，反倒继续自欺欺人，自以为我们的大堤再不会被冲垮，毫不夸张地说，洪水将在未来频繁地成为我们的"座上客"！

末日博士的金融预言

在 2007—2008 年，当全球经济被金融危机百般蹂躏时，整个人类世界如坠深渊，如临末日。在 2008 年第四季度和 2009 年第一季度，全球经济活动雪崩的景象唯有当年大萧条时略可比拟。

部分国家迅速出台了大量积极的政策措施，世界经济雪崩现象才得以缓解。尽管各主要国家合作仍不够严谨细致，但是这种集体合作的应对态度还是较好地阻止了一次大衰退，而全球经济体在 2009 年年初自由落体式的局面也得到了遏止。通货紧缩风险逝去，全球经济开始踏上复苏之路。新兴经济体率先实现反转，而到 2009 年第三季度，大多数发达经济体的衰退局面也得以终结。

然而，尽管全球经济开始反弹，但是全球经济内生的风险及其内在脆弱性可能导致新的危机会在未来数年中继续成为人类挥之不去的阴霾。一种可能是激增的财政赤字将迫使部分国家违约，或者迫使它们通过开动印钞机来削减债务，而后者将导致全球陷入 20 世纪 70 年代一样的高通货膨胀的境地。

另外，这场危机的余波也可能导致其他许多问题。过度宽松的货币政策以及货币供应量的大幅增加，伴随着对美元"套息交易"越来越强的依赖性，将孕育一个比刚被刺破的大泡泡更大的泡沫。一旦紧缩措施失当，风险资产及全球财富价值将迅速缩水，并导致全球经济二次探底。

其他同样令人担心的事情也可能发生。欧元区可能解体，日本将重回通货紧缩及接近衰退状态，进而引发巨大的主权国债务危机，甚至中国面临的风险也正在与日俱增。倘若其投资拉动的复苏在未来几年未能找到新的经济引擎，那么届时中国不良贷款势必大量增加，进而触发一场银行危机。而所有这些情况都会导致抵制全球化力量的死灰复燃。

全球经济在未来数年如何复苏或者崩溃事关重大。在此，仅就我们在不久的将来将要面临的危险管窥一二。[①]

V 形、U 形还是 W 形复苏

经济的不同复苏形态反映了一个经济体不同的活力及其可持续性。具体形态包括非常迅猛的 V 形复苏，比较缓慢且很折磨人的 U 形复苏，具有双底特征的 W 形复苏，即经济在经历快速复苏之后又迅速衰退。目前，发达经济体最可能的是 U 形复苏，即经济将经历数年低于趋势增长率的速度缓慢增长，原因如下。

首先，劳动力市场仍很疲软。

2010 年，美国失业率达到 10%，如果算上半失业及主动失业人员，则失业率将超过 17%。房地产业、建筑业以及金融业的很多工作岗位将永久性消失，同样，那些已被外包到海外的制造业及服务员工作岗位也将一去不复返。

即使仍未失业的那些工人，也不得不接受收入被削减的现实。很多企业为了与其雇员"共克时艰"，往往要求他们接受工作时间减少、休假甚至直接降薪等条件。截至 2009 年年底，折算成标准工作时长的话，单单工作时间的减少就相当于在现

[①] 对这些问题更详细的分析，请见鲁比尼全球经济学官方网站：www.roubini.com。

有 840 万失业人数的基础上新增了 300 万个失业人员。更为严重的是，艾伦·布林德（Alan Blinder）的一项研究显示，高达 1/4 的美国现有工作岗位最终会被外包出去。所有这一切都表明，美国的失业率将在未来很长一段时间里继续攀升，即使有一天失业率开始下降，其速度也将非常缓慢。

其次，本次衰退迥异于以前历次衰退。

本次危机根源于家庭部门、金融系统，甚至企业部门的过度举债及高杠杆化。这次衰退不是由货币政策的紧缩造成的，而是由疯狂举债导致的"资产负债表"式衰退。卡门·莱因哈特和肯尼斯·罗格夫的最新研究表明，这种"资产负债表"式衰退结束后的复苏将非常缓慢，其原因在于经济体的各个部门都要"去杠杆化"和削减债务。

这的确需要花费一些时间。一直以来，美国和英国的家庭都花销太多而储蓄太少。尽管到 2009 年年底，美国的储蓄率已经上升到 4%，但是国际货币基金组织以及其他有关专家研究表明，储蓄率在未来几年需要最终提高到 8% 的水平。这意味着消费水平还需要进一步降低。然而，消费占到美国国内生产总值中的 70%，在其他储蓄率呈现下降趋势的国家中，消费占国内生产总值的比例也非常高，因而，消费的缩减将阻碍经济的增长。

其他一些指标同样指向 U 形复苏。在典型的 V 形复苏中，企业部门将大量资金投入到资本性支出中，进而形成快速反弹。不幸的是，在本轮复苏中，资本性支出投资面临"贫血"局面：当前经济体中，产能（工厂、机器、计算机及其他固定资产）闲置严重。事实上，本轮危机中，产能使用率 67% 大大低于上轮衰退时的产能使用率 75%~80%。直到 2009 年年底，美国和欧洲仍有 30% 的产能处于闲置状态。在这种情况下，哪家企业会愿意新增资本性支出呢？

再次，政府全力救助的金融系统也已经千疮百孔。

看看美国吧，联邦存款保险公司已经关闭了超过 130 家银行，另外有不少于 500 家被列入观察名单。更重要的是，大部分影子银行已经崩塌，或遭到了无法修复的破坏，沦为各州保护的对象。证券化除了还能享受到一定的政府补贴之外也风光不再，甚至连私募股权投资公司都因曾经过度杠杆化而陷于挣扎之中。

金融体系的修复需要漫长的时间，而受损的金融系统将严重制约未来的住房投资、建设活动、资本性支出及耐用品的消费等对资金的需求。我们的经济增长再也无法回到沸腾的 2003—2007 年，那靠不可持续的信贷泡沫疯狂授信的年代。

其他因素也在强化 U 形复苏的可能性。帮助经济复苏的政策，尤其是财政刺激政策，终将退出。而政策一旦退出，经济增长也将随之减速。如果政策一直不退出，政策制定者采取更加巨大的财政赤字来支持减免税收及增加政府开支，那等于将我们自身装入一列巨大的财政列车上。另外，增加支出也会导致对该国债务违约风险上升或者通货膨胀风险担忧的增加，推高其长期利率，进而延缓其经济复苏的步伐。

最后，国际间经常项目的持续失衡也意味着世界经济在未来数年内将增长缓慢。

在过去十几年中，美国、英国、爱尔兰、冰岛、西班牙、阿联酋、澳大利亚、新西兰、波罗的海诸国和其他中欧经济体是这个星球上的主要消费方，它们的消费支出超过自身收入，形成了经常项目逆差。相反，其他一些国家，如中国、新兴亚洲经济体、大多数拉美国家、日本、德国和其他一些欧元区经济体是这个星球的主要生产方，它们的消费支出低于自身收入，形成了经常项目顺差。

当以美国为代表的前一组国家通过增加储蓄、减少进口来缩减开支时，中国等后一组国家却不愿减少储蓄、增加消费。这必然意味着全球商品总需求的净下降。考虑到我们生活在一个工业产能严重过剩的时代，全球总需求的恢复之路更显得极为坎坷。

以上所有因素都有一个共同的指向：美国及其他开始学会节约的发达经济体都将迎来一个缓慢的 U 形复苏。这一论断或许与我们的实际感受有所出入。事实上，美国 2009 年第四季度的增长率高达 5.9%，是 6 年来的最高水平。但这一结果主要得益于刺激性财政政策的直接和间接影响，以及各大公司在 2009 年年末补库存所带来的需求的增加。

这些因素可能带动美国经济在 2010 年上半年增长 3% 甚至更高。另外，旧车换现金计划以及首套房税收优惠政策等也为经济短期内的快速增长带来了正面影响。与此同时，美国统计局将雇用 100 万名临时员工，这也有助于在短期内维持经济增长。但是到 2010 年下半年，随着这些短期因素的影响淡去，美国经济的引擎也将再次熄火。届时，在私人部门与公共部门储蓄率上升到一定程度和完成"去杠杆化"之前，经济增速将重新跌回低于潜在增长速度的水平上。

刀刃上的欧洲

相比美国经济的糟糕局面，欧元区与日本经济的中期前景也好不到哪里去，这两大经济体同样面临 U 形复苏的局面。

● 第一，欧元区与日本的潜在经济增长率约为 2%，低于美国。

● 第二，这些国家通过财政政策应对本轮危机的难度更大。即使在 2007 年之前，这些国家的财政赤字就已经很大，而且它们的公共债务与国内生产总值的比例明显偏高，很多都接近甚至超过 100%。

● 第三，这些国家同时面临短期与长期的严峻挑战：生产力水平低下且老龄化严重。

而所有这些问题要得到解决并非一日之功。更为严重的是，欧元区号称"欧猪四国"的葡萄牙、意大利、希腊及西班牙都处于水深火热之中。近些年来，这些国家债务飙升而竞争力锐降，其中的原因颇为复杂。欧元的使用让这些国家可以更方便地融资，也因此消费更多。随之而来的信用消费热潮使得这些国家消费猛增，进而工资上涨，而这直接削弱了它们出口产品的竞争力。与此同时，过度的官僚主义及其他结构性缺陷又严重阻碍了对高附加值产业的投资，尽管这些国家的工资水平仍落后于欧盟的平均工资水平。

由此带来的庞大的极其不健康的经常项目赤字及预算赤字导致"欧猪四国"在

欧洲其他国家的银行中债台高筑。而又由于具有高杠杆化特征，它们几乎成了金融"传染病"的传染源。更为糟糕的是，2008年及2009年度欧元的大幅升值进一步恶化了它们的债务负担，使它们更加脆弱，更易违约，这也进一步威胁到了欧盟当中其他更加富有、更加健康的成员。

没人料到情况会发展成这样。欧洲货币联盟创设的目的本是为欧洲带来稳定与团结。成员国通通将本国货币政策的控制权交给了欧洲中央银行，它们也都加入了《稳定与增长公约》，这一公约对成员国的财政赤字规模做了明确限制。理论上讲，这将促使各国实施结构改革，并使各成员国的经济表现逐渐趋同。然而，事实却与理论推测恰恰相反！德国等一些国家花费十多年的时间通过企业重组成功地降低了财政失衡局面，大大提高了其竞争力。然而，在意大利、西班牙、希腊和葡萄牙，情况却恰恰相反，财政赤字居高不下的同时，劳动力成本又大幅飙升。现实的结果是，在我们面前的是两个欧洲，而非一个！

这种分歧被其他因素进一步放大。由于语言、文化及人口流动性障碍的负面影响，欧盟内部劳动力的流动性不强。这种局面导致，当欧盟周边地区失业率较高时，它们的劳动力向更繁荣地区的流动受到严重限制。同样不利的是，欧盟各经济体之间不像美国的各个州那样共同承担财政负担。财政政策的分治局面大大降低了一个国家帮助另一个国家的便利程度。

如果这些经济上的分歧继续存在甚至进一步扩大，欧洲货币体系或将解体。假设希腊采取金融工程与财政手段来解决问题，如果这一局面继续，那么希腊在2010年的某个时候将无法再进入债券市场。于是，它们只能向欧盟其他成员国、欧洲中央银行、欧盟委员会或者国际货币基金组织提出给予直接贷款的求助。

为了保住这一货币联盟，上述成员国或机构会向希腊伸出援手。但是，如果问题蔓延到西班牙、意大利、葡萄牙甚至其他成员国，那么欧洲中央银行，更不用说法国和德国的纳税人，救助遇难成员国的意愿和能力终将达到极限。届时，遇难的成员国，比如希腊，就只能选择退出这一货币联盟，而采用一种新的、大幅贬值的货币，比如德拉马克（Drachma）替代欧元。

违约和贬值这一对孪生问题将引发极其严重的后果。一旦采用一种全新的、大幅贬值的货币，比如德拉马克，像希腊这样一个国家将不得不对它们以欧元计价的公共债务以及几乎全部私人债务进行违约处理。

在 2001 年，阿根廷曾发生过类似的情况。由于退出联系汇率制度，并对比索大幅贬值，以美元计价的公共债务和私人债务出现大规模违约。同时，阿根廷当局不得不强制将所有以美元计价的国内债务以较低的价值折算成比索负债，这就是著名的"比索化"过程。与之类似，像希腊或意大利这样一个国家选择主动贬值和违约时，同样会发生将国内发行的欧元计价债务"德拉马克化"或"里拉化"的过程，使得持有这些债务的债权人，主要是欧洲其他国家的银行面临蒙受巨大损失的局面。

没有任何货币联盟能够在没有财政和政治一体化的情况下存活下来。一旦上述违约和贬值发生，欧元区与美国的对比将会更加醒目。当美国的加利福尼亚州或者其他州面临预算危机时，凭借财政联邦制的优良传统以及破产法的相关条款，这些州可以将局部问题放在全国的层面进行解决。相反，欧盟缺乏这种类似的负担共担机制。

货币联盟的解体甚至将在一定程度上对欧盟本身造成破坏。任何退出货币联盟并对其他成员国持有的本国债务实施违约的成员国，最终都有可能被驱逐出欧盟。这一在前几年看来很不可思议的制度安排，对于雅典、罗马、马德里和里斯本当局来说可能性已经非常高了。近些年，随着多年来的经济背离以及这些国家经济竞争力的逐渐下降，这种结局出现的可能性已经越来越大了。

日本：路在何方

日本面临的麻烦与欧洲大抵相当。20 世纪 90 年代的房地产与股市泡沫破灭后日本迎来了经济停滞的"失去的十年"。其中穿插着 4 次经济衰退，以及通货紧缩局面。日本在泡沫破灭后犯下了很多政策错误，宽松的货币政策和积极的财政政策启动过晚，而又退出过早。它们一直维持着"僵尸银行"的经营，直到 20 世纪最后几年才对那些银行进行了资产重组。2000 年的"双底衰退"进一步恶化了通货紧缩与经济停滞。直到 2004 年之后，日本经济也仅仅恢复到了 2% 的潜在增长水平。

在本轮经济危机中，尽管很少有日本金融机构持有大量有毒的按揭贷款或结构化的金融产品，然而，日本经济的衰退程度却比美国更严重。其原因在于，日本经济由于过度依赖对外贸易而显得尤为脆弱，而对外贸易本身则又依赖弱势日元。当全球经济及贸易在 2008—2009 年度大幅萎缩的时候，出口随之锐减。另外，由于当时以日元为基础的套息交易剧减，日元开始升值。而出口局面伴随着日元的升值进一步恶化。之后，日本经济虽然有所复苏，但仍严重缺乏应有的活力。

日本面临着一系列的长期问题。人口老龄化加上不欢迎外来移民已经把日本经济逼入了人口问题的死胡同，而这将制约日本的经济增长速度。另外，日本的服务部门效率低下、呆板僵化且生产能力低下，充斥着像终身雇用制这样死板的经济和社会习俗，很难做出改变。政治体制同样非常僵化，且毫无实施结构性改革的意愿。所有这些都显示，日本作为世界第二大经济体的地位已摇摇欲坠，中国很有可能在未来几年内取而代之。

更令人担忧的是，日本高企的公共财政赤字、疲软的经济增长以及持续的通货紧缩很有可能导致财政危机。到目前为止，危机仍未爆发的原因主要得益于该国较高的私人储蓄率。另外，巨大的经常项目顺差为日本私人部门和中央银行累积了大量的外币资产，这些也可以最终用于偿还不断增长的国内债务。这也解释了一种现象：日本政府在持有相当于该国国内生产总值 200% 的公共债务的情况下，仍然能够以非常低的利率举债。

然而，在本轮金融危机中，由于那些收入拮据的家庭为了维持他们正常的生活水准而不得不减少储蓄，日本家庭的储蓄率大幅下降。另外，日本的经常项目盈余也在不断减少，而且预算赤字的节节攀升和私人投资的不断减少已经超过了私人部门投资的减少。一旦这一趋势延续，日本将逐步滑向财政危机的深渊。毕竟，持续的通货紧缩、疲软的经济增长、居高不下的赤字以及强势日元将严重削弱人们对日本经济的信心。

事实上，部分评级机构已经将日本加入了主权评级可能下调的名单之列。一旦日本家庭对政府处理赤字及公共债务的能力失去信心，他们将卖出国内资产（首先卖出政府债券），重新进行日元的套息交易，进而推动日元大幅贬值，导致日本长期政府债券收益率曲线上行。这将最终触发公共债务危机。

为了扭转目前的不利局面，日本必须进行财税体制调整和结构性改革。然而，不幸的是，日本的政治体制面对上述要求毫无办法。2009 年，反对党日本民主党终于推翻了自由民主党，至此后者已经连续统治日本 50 多年。虽然这或许表明日本会走向改革的道路，然而事实表明，日本的局面并未因此事而柳暗花明。

"金砖四国"和其他新兴经济体

理论上讲，对于大多数新兴经济体的中期增长率都可以给予 5%～8% 的合理预测值，具体则因国而异。这比主要发达经济体在未来几年仅仅 2% 或 3% 的增速明显高出不少。

这些国家在未来几年增长的强劲动力，与它们在本轮危机中所体现出来的优势密切相关。除了中东欧的部分国家之外，新兴市场在金融部门和家庭部门的杠杆化并不严重，而过高的杠杆化恰恰是许多发达经济体的阿喀琉斯之踵。另外，由于近几十年饱受金融危机的困扰，这些国家提前对本国的金融系统进行了整顿，并积极实施稳健的财政政策，确保中央银行的独立性，从而保证了物价的稳定。

这些优势与经验教训使新兴经济体具有了很强的抵御危机能力。它们通过实施有效的货币政策和财政政策来提振需求、恢复增长，经济得以迅速实现复苏。事实上，只要坚持本轮危机之前的市场化改革方向及有关政策措施，这些国家中的大多数都能继续维持健康快速的发展态势。

当然，上述分析无疑是最乐观的。我们还必须对下列事实给予足够警醒：这些经济体尚无法自给自足，它们在贸易与金融方面与发达经济体维系着千丝万缕的联系，因此很难在发达国家麻烦缠身的时候独善其身。如果像美国这样的发达国家经济复苏乏力，那么再有活力的新兴经济体也将受到不同程度的拖累。

中国：王者风范

新兴经济体包括数十个国家。"金砖四国"，即巴西、俄罗斯、印度和中国是其中最大的 4 个，而其中中国又是毋庸置疑的王者。然而，中国却面临着严峻的挑战。虽然中国已经成功抵御了金融危机，但是，其过度高效的应对措施将给该国的中期发展带来诸多问题。

例如，为了应对危机，中国采取了政府导向的信贷扩张政策。为了使国有企业能够雇用更多工人、生产更多产品、囤积更多商品并进一步提高产能，国有银行向国有企业疯狂放贷。甚至不少省级政府也想出各种方法，以提高这些企业在钢铁、水泥、铝、汽车制造以及其他重工业上的产能。但是事实上，中国在这些领域的产能早已过剩。

在公共投资和私人投资的集体热潮下，中国部分城市的基础设施已经远远超过了它们应有的发展水平，一些机场闲置，而高速公路上汽车寥寥。房地产开发方面的增幅也颇为惊人，商业和住宅物业供大于求的局面呼之欲出。虽然经济增长和城市化进程终将消化这些新建的基础设施和物业，但供大于求的局面已然初露端倪。而且，在这一过程中，资源的配置是扭曲的，尤其是土地资源，其出让价格往往不是由市场决定的公允价格，土地出让权仍掌握在政府手中。

另外，中国经济体内大量资金流入到了非生产性领域。主要包括对商品、股票及房地产等的投机或高杠杆买入。这些投机及高杠杆买入行为可能形成非常危险的泡沫，并最终在资产价格修正时出现暴跌现象。幸运的是，中国政府已经意识到了这一点。近期不断攀升的能源、食品及房地产价格促使中国政府开始收缩货币供应量和新增贷款数量，以期成功实现软着陆。

2010年，中国的处境十分尴尬。一方面，去年推出的大规模经济刺激计划成功地使经济增速恢复到9%左右；另一方面，中国经济仍未能从出口依赖型成功转型为私人部门的消费驱动型，而这一转型关乎中国经济的长远发展。如今，消费仍然只占到中国国内生产总值的36%，而这一比重在美国却高达70%。诚然，中国消费提升的空间还非常巨大，但到目前为止，中国还没有在这方面做出能够让人眼前一亮的大动作来。

在未来数年，中国还将受到下列问题的困扰：首先，中国区域发展不平衡，东部沿海地区凭借出口优势，发展速度大大快于中西部农村地区；其次，中国各个地区经济的发展与环境之间的矛盾也是值得考虑的因素；最后，其他诸多无形因素，也会严重阻碍中国进一步发展。

印度：喜忧参半

"金砖四国"的其他成员面临的挑战虽与中国不同，但同样巨大。民主对于印度来说可谓喜忧参半：软弱的联合政府导致印度的经济结构改革举步维艰。这些改革包括降低中央及地方的预算赤字水平，削减效率低下的政府开支，以及改革财税体制等，意义重大而又迫在眉睫。

其他方面的自由化改革同样需要不断推进。政府对经济的干预必须得到抑制，官僚作风和臃肿的官僚机构必须得到削减。另外，劳动力市场仍然过于僵化，需要进一步放开，同样需要放宽管制的还包括贸易以及外商直接投资。企业家应该受到更多的鼓励，对人力资本和技术的投资也应进一步加大。诚然，这一切最近都已有所改善，但是，潜在的风险在于，未来改进的步伐仍将不尽如人意，而印度这只乌龟也将在与中国这只兔子赛跑的过程中，被越甩越远。

巴西：步伐稳健

巴西的情况则又另当别论。该国经济充满活力，自然资源丰富，金融体系稳健，同时又有着先进的制造业，这些足以确保其在未来较长时间内实现高速增长。然而，即使在全球经济最辉煌的 2004—2007 年，"金砖四国"中其他 3 个国家平均增长率超过 8% 甚至高达 10% 的时候，巴西的增长率也仅仅是 4%。

卢拉政府采取了稳健的宏观经济政策，财政预算赤字较低，而中央银行非常独立且以维持低通货膨胀为目标的做法很值得大加赞赏，但是做得还远远不够。为了实现超过 6% 的增速，下一任总统不得不处理缺乏资金支持的退休金缺口问题；减少政府支出，改革扭曲的财税政策；通过增加教育与培训的投资提高劳动力的技能；通过私人部门与公共部门合伙的形式改善和扩建基础设施；同时，继续保持其有利于社会进步的政策以便缩减收入差距及财富差距。

俄罗斯：大幅萎缩

最近的经济危机证明，"金砖四国"的最后一个成员更像是个冒名顶替者。在最近几年，俄罗斯经济体的脆弱性，尤其是其高度杠杆化的银行和公司在疯狂的油价和天然气价格所带来的横财下被掩盖了起来。在 2008 年激增 8% 之后，俄罗斯的经济在随后一年以同样惊人的速度出现了萎缩。

实际上，俄罗斯经济只有一个相对健康的部门：石油和天然气。因此，整个经济也就随着这些大宗商品价格的波动而波动。诚然，俄罗斯经济需要更加多元化，然而，那需要对国有企业私有化，使整个经济进一步自由化，进一步革除那些阻碍设立新公司的官僚作风，并且严重打击那些阻碍私营经济发展的腐败行为。甚至连能源行业都需要革新。更为不幸的是，由于担心会被没收或被国有化，外国投资者不愿到俄罗斯投资。

如果再考虑到下列因素，俄罗斯就更没资格成为"金砖四国"的一员了。该国基础设施陈旧老化，政治体制腐化无能，人口锐减，健康问题严重，最明显的就是酗酒成风，这已经导致该国的平均寿命下降到了一个令人恐怖的地步。尽管俄罗斯仍然拥有全球最大的，当然也是非常陈旧的核武器仓库，并且是拥有否决权的联合国安全理事会的常任理事国，然而，不得不说的是，与其说俄罗斯是一块"金砖"，更不如说它是一个"病号"。

谁有资格成为"金砖四国"的一员

事实上，其他一些国家可能更有资格成为"金砖四国"的一员，尽管那意味着"BRIC"的缩写中需要添加一些别的字母。单纯从经济潜力和基本面的角度看，把韩国加入到"BRIC"或"BRICK"俱乐部中或许更有说服力。韩国是非常先进的高科技经济强国：具有创新精神、充满活力且拥有大量的技术工人。该国面临的主要问题仍是它那北方的孪生兄弟给它带来的影响。

土耳其同样应该是个值得重视的经济巨人。该国银行体系强健，国内市场繁荣，人口庞大且在继续增长，另外，该国还拥有一支优秀的企业家队伍，而在劳动密集型的制造业领域，比较优势也非常突出。土耳其与"两个欧洲"均关系紧密，既是北大西洋公约组织成员国又是欧盟成员国。同时，土耳其与中东以及中亚之间的关系也在逐渐增强。

把印度尼西亚划入"金砖之国"俱乐部或许最令人信服。该国是世界最大的穆斯林国家，中产阶级迅速扩大，民主政治体制相对平稳，而且在全球经济陷入衰退的情况下，相比其他亚洲经济体，其经济仍然实现了明星级的表现。从美国的角度讲，印度尼西亚相较俄罗斯是个更好的合作选择，毕竟，俄罗斯仍在与委内瑞拉争相领唱着名为"美国的衰落"的乐章。

印度尼西亚不仅在其经济上体现出很强的弹性，其国家本身也是如此。尽管人口由不同种族构成，领土由分散的岛屿组成，但该国却迅速从一个军事独裁的国家转型，在历经诸多挫折和磨难后成功实现了复苏。这些挫折包括 1997 年亚洲金融危机、2004 年海啸以及不断涌现的激进的伊斯兰分子和国内骚乱。

尽管与上述那些有资格进入"金砖四国"俱乐部的国家相比，印度尼西亚的人均国内生产总值仍显偏低，然而，在经济事务中最为重要的国家潜力这一要素上，印度尼西亚却是颗璀璨的明珠。与处于同一发展水平的亚洲其他国家相比，印度尼西亚对出口的依赖非常小，而其木材、棕榈油、煤炭以及其他资产市场却又吸引了大量外国投资者。与此同时，雅加达的政府首脑对反腐败的立场极其坚定，并开始付诸行动解决那些结构性问题。甚至在人口问题上，印度尼西亚也具有明显的优势。高达2.3亿的人口总量已经是全球第4大人口国家，这一数量相当于德国与俄罗斯的总和。

对"BRICs"或"BIICs" ① 或"BRICKs" ② 的大肆宣传反映了一个重要的长期趋势：一个更大范围的新兴市场经济体群体正在经济、金融及贸易等领域强势崛起。就在几年前，经济学家拉里·萨默斯就曾指出，中国与印度在世界经济中趋于一体化。22亿"中印人"（Chindians）加入到全球的劳动力队伍之中，并参与到全球市场之中，这将是近1 000年的人类历史中自文艺复兴与工业革命之后最重大的历史事件。

世界的明天将如何发展尚有待观察。毕竟，中国、印度以及其他领先的新兴经济体都面临着这样那样的问题，都需要进行大量的改革才能迈向下一个发展阶段。但最大的可能是，在未来数年中，这些国家中的大多数都将在全球经济中扮演越来越重要的角色。

会产生新的泡沫吗

2009年3月以来，全球的风险资产价格强势反弹。美国股市大幅反弹，能源与大宗商品价格重回升势，新兴市场的股票、债券及货币等也都一飞冲天。投资者纷纷重拾对风险的偏好，大举抛出美国政府债券以及美元，导致债券收益率不断上升，而美元则不断贬值。

尽管资产价格的复苏部分得益于经济及金融基本面的改善，但价格的回升速度也未免显得过于迅速。为什么这么说呢？最明显的原因就在于发达经济体的中央银行政策。超低利率以及定量宽松的货币政策所形成的"流动性围墙"成功超越了后危机时代的"忧虑围墙"，从而大大助长了风险资产的反弹态势。

---

① 指巴西、印度、印度尼西亚、中国。——译者注
② 指巴西、俄罗斯、印度、中国、韩国。——译者注

还有另外一些因素正在对全球资产泡沫的形成火上浇油，即美元的套息交易。在套息交易中，投资者借入一种货币，然后投资到任何一个可以获得更高回报的地方。得益于美国的接近于零的利率，投资者可以借入美元，然后投资到全球任何角落的风险资产上。随着这些资产价格的上涨，投资者获得了巨大的收益，然后去偿还之前借入的美元，又由于美元已经贬值，偿还债务的成本就更低。在实践中，那意味着投资者借入资金的利率不是零，而是负利率：可能是 -10%，也可能是 -20%，这依赖于美元的贬值幅度。在这种环境下，2009 年 3 月之后赚到 50% 至 70% 的利润易如反掌。

美联储不经意间成了这场疯狂游戏的支持者。通过买入不同级别的资产，如美国政府债券、按揭支持证券以及政府控股企业比如房利美与房地美公司的公司债等，美联储大大降低了市场的波动性。这只能让套息交易显得更有吸引力，将投资者的风险意识降到最低，并把越来越多的投资者引入到泡沫之中。美联储的这些举措，加上其将利率维持在接近零的水平，让这个世界成为套息交易及所有资产泡沫的天堂。

越发疲软的美元将亚洲及拉丁美洲的中央银行逼入到更加困难的境地。如果它们放弃干预外汇市场，它们的货币就会对美元升值，使得借入美元更加具有吸引力。而如果它们通过干预市场阻止本币升值，就必须买入大量外汇，比如美元。而由此释放出来的储备将迅速吹起该国的资产泡沫。总之，无论哪种选择，其结果都只有一个：一个日渐膨胀的全球性资产大泡沫。

套息交易终将崩溃。一旦美联储停止资产收购计划，市场波动性就得以恢复。如果美元在某一位置稳定下来，毕竟，美元不可能无限贬值下去，借入美元的成本不再为负，最低也只能稍微高于零。这对于任何押赌美元会继续贬值的人来说都不是好消息，投机者将不得不突然减少借入美元并"对冲空头头寸"。

如果美元突然快速升值的话，上述过程将尤其剧烈。很多原因都可能导致美元快速升值：投资者风险厌恶情绪上升、军事对峙或其他地缘政治的紧张局面都将突然迫使投资者逃到更加安全的避风港去。不管是什么原因，只要美元突然升值，就像之前对日元的套息交易崩溃时的日元的表现那样，恐慌性抛盘将接踵而至。那些持有全球风险资产的多头合约和美元的空头合约的投资者将突然掉转操作方向，泡沫也将随之破裂。

套息交易的崩溃或许还有待时日。毕竟，流动性围墙以及美联储对市场波动性的压制让这场游戏可以玩得更久一些。但这恰恰意味着，泡沫会被越吹越大，泡沫破裂后的雪崩也将更加严重。

债务违约

直到最近，人们一直无法相信发达经济体的主权债务也会被违约。人们早已习惯了新兴经济体的违约事件，仅仅在过去 10 年，俄罗斯、阿根廷以及厄瓜多尔等国的公共债务就出现了违约现象，而巴基斯坦、乌克兰以及乌拉圭等国距离违约也仅仅咫尺之遥。千百年来，这一模式都在不断重复：在最终获得全球经济中令人尊敬、令人信赖的地位之前，新兴经济体都间或发生过主权债务违约的情况。

我们似乎又回到了起点。最近几年，除了个别中东欧国家之外，新兴经济体的财政都非常稳健。全球经济中违约的阴霾已经笼罩在发达国家的头上，在 2009 年，评级机构调低了很多发达国家的债务评级，而在诸如英国、希腊、爱尔兰及西班牙等国举行的债务拍卖中，认购者数量远远低于预期。这一现象虽不讨人喜欢但却发人深省，除非发达经济体开始着手改善自身的财政问题，否则，评级机构，特别是那些可怕的"债券自卫军"们将把这些国家推入到极其危险的境地。

许多发达经济体都将因此陷入了困境。最近的金融危机以及由其引发的经济衰退严重打击了大多数发达国家的财政状况。随之而来的刺激支出计划及税收减免政策又给了这些国家的财政当头一记重拳，它们将金融部门的损失转移给整个社会，即最终转移给纳税人的决定更使这些国家的财政状况雪上加霜。在未来几年，经济复苏的疲软以及人口的老龄化会进一步恶化很多发达经济体的债务负担，这些问题在美国、英国、日本以及部分欧元区的国家将表现得尤为显著。

部分国家，包括冰岛、爱尔兰、英国，以及西班牙、葡萄牙和动作较小的希腊等，已经开始采取措施巩固本国的财政状况。这些政策在短期内会对经济不利，但却是目前唯一可以阻止信用丧失、借贷成本大幅攀升的办法。诚然，改善财政状况或许有利于外国投资者，却也有可能对刚刚好转的经济造成沉重打击。但是，总体来看，对于这些国家来说，目前承受痛苦远比以后承受债务违约所带来的风险要好得多。

尽管美国和日本在短期内可以避免"债券自卫军"的反抗，但那一天早晚会来。美国不可持续的经常项目赤字仍在延续，人口不断老龄化，大量的社会保障和医疗保健缺乏资金支持。日本老龄化问题更加严重，且债务数量已经非常巨大。总之，这两个国家都将面临越来越严峻的财政状况，尤其是一直以来能以本国货币借贷的美国，其前景尤其危险。

令人哭笑不得的是，美国还有一种不那么光彩的选择。与欧元区不同，美国（以及英国和日本）可以以本币发行公共债务。这意味着，在无法证明能够增加税收或者削减政府开支时，这些国家无须进行正式的债务违约。相反，这些国家的中央银行可以通过印制更多的货币或其电子等价物来购回这些债务或将这些债务"货币化"。这个历史悠久的方法将导致通货膨胀飙升，削减债务的实际价值，并将财富从债权人手中转移到政府手中。然而，这种所谓的"通货膨胀税"虽然可以避免直接的债务违约，但是最终结果却是殊途同归。

上述通货膨胀法的支持者们认为，这是一条一石两鸟的妙计。首先，也是最为明显的是，温和的通货膨胀率有助于削减债务的实际价值，进而减少负担。与此同时，这种方法解决了缩减债务的问题，降低了私人债务，比如固定利率抵押贷款的实际价值增加的同时，也增加了住房及其他资产的名义价值。这是个美妙的双赢游戏，公共部门和私人部门的债务均得到缩减。

这种方法听起来不错，实则相反。暂且不说达到两位数的情况，如果通货膨胀率从接近于零的水平上升到一位数的低区水平，中央银行很可能会对通货膨胀预期失去控制。一旦通货膨胀恶魔逃出了魔瓶，就很难控制。之后，中央银行来之不易的信用将会遭到破坏。20世纪80年代成功战胜通货膨胀恶魔的事实证明，中央银行的这种信用可以失而复得，但却是需要以一场严重的衰退为代价的。

另外，尽管通货膨胀可以降低固定利率债务的实际价值，但是美国及其他发达国家的债务中还包含大量采用浮动利率的短期负债。这包括银行存款、浮动利率的按揭贷款、短期政府债务以及家庭、企业、银行和其他金融机构持有的其他类型的短期负债。随着通货膨胀率上升，这些债务的利率会同步上升。对于短期的浮动利率债务，通货膨胀法是无效的：你不可能在任何时间愚弄任何人。

毋庸赘言，企图通过通货膨胀来削减私人债务和公共债务的做法还伴有其他风险。美国的外国债权人不会坐视它们美元标价的资产实际价值大幅缩水而不管不顾。相反，投资者狂抛美元的疯狂大逃亡将导致美元崩溃，长期利率急升，进而引发经济二次探底。美国将失去20世纪70年代发生通货膨胀时的影响力，毕竟，当时美国的经常项目仍然处于顺差状态。

那种影响力或许再也不会出现：如今的美国早已成为全球最大的债务国，对世界其他国家的欠款达到了令人惊讶的3万亿美元。美国每年高达4 000亿美元的经常项目逆差越来越像是个奇迹。随着债权人越来越不愿持有美国的长期债务，美国不得不借入更多期限较短的债务来弥补各种各样的赤字。这种局面使得美国在面对曾于20世纪90年代袭击新兴市场的那类危机时，显得更为脆弱。一旦危机袭来，结果很可能是美元的突然崩溃。

美国的债权人，中国、俄罗斯、日本、巴西和海湾石油出口国等不会接受它们持有的美元资产遭受这样的损失，说服中国接受这一财务损失肯定需要大量并不愉快的谈判和磋商。中国势必提出其他形式的补偿：比如，要求美国放弃对台湾的防卫。在这样一个金融格局一旦严重失衡，强势大国必将谋求地缘政治领导地位的世界里，中美双方间这种权衡很有可能发生。

所谓的"金融恐怖平衡"似乎排除了中国只是简单地停止对美国的财政赤字和经常项目赤字融资的可能性。原因在于，中国一旦停止干预外汇市场，减少对其持有的美元资产的抛售，将严重损害其出口竞争力。然而，一旦双方政治紧张局势加剧，美国开始加速美元贬值的步伐，中国也必将会从谈判桌前拂袖而去，哪怕它们的利益会在短期内受到损害。当然，这种结局发生的可能性不比在冷战期间进行核交换的可能性大，但也并非完全不可能。

考虑到这些风险，美国政府不大可能通过印钞机来解决其债务问题。当然，通过轻微的通货膨胀来减少国家债务的思路仍然非常具有诱惑力。不过，谨慎的政策制定者应该清楚，这种解决办法的成本及附带损失即使不是灾难性的，也会非常巨大。

黄 金

纵览2009年，包括黄金在内的一系列大宗商品价格大幅增长。这反映了市场对美国等国为了解决本国债务问题而故意对本国货币进行贬值的担忧。事实上，2009年国际金价首次突破了每盎司1 000美元的关口，并在年底的下跌之前一度升到了1 200美元。一些疯狂的黄金市场专家甚至预测，在未来几年，金价将突破2 000美元大关。这有可能吗？另外，最近黄金价格的上升是全球经济基本面的反映，还是一个不断膨胀的大泡泡的证据？

需要注意的是，黄金价格的大幅上升至少需要下列两个背景中的一个：

● 第一，通货膨胀率很高，且持续上升，以至于黄金成为对抗通货膨胀的工具。
● 第二，经济萧条的风险很大，以至于投资者对银行存款的安全性都失去信心。

而在刚过去的两年，以上两种情况都很符合。

黄金价格在2008年上半年首次出现大幅上升。当时，新兴市场明显过热，商品价格飙升，而且，对通货膨胀上升的忧虑在大多数新兴市场都开始激增。终于，石油价格在屡创新高后泡沫破灭，商品价格下跌，黄金价格也随着商品价格的下跌而开始下降。

黄金价格的第二波高峰出现在2008年雷曼兄弟破产的时候。当时，投资者对黄金的热捧并不是因为担心通货膨胀。事实上，当时通货紧缩已经演变为全球经济的主要问题。雷曼兄弟破产引发的金融恐慌引起投资者对包括银行存款在内的金融资产安全的忧虑陡增，于是，不存在安全问题的黄金开始受到投资者的青睐。

随后，7国集团成员国通过存款保险、直接救助以及对金融系统的鼎力支持，大大缓解了市场对经济走向萧条的恐慌情绪。彼时，市场开始担心接近萧条的全球经济将严重削弱工商业对黄金的需求，以及消费者把黄金作为奢侈品进行购买的需求，于是黄金价格开始向下调整。

到了2009年初春，市场对于美国和欧洲金融系统偿付能力的担心再次达到高峰，而黄金也乘机强势反弹，价格一举冲破1 000美元。悲观的舆论认为，政府不可能救助整个金融体系，以前所谓的"大而不倒"已经演变为"大而无法救治"。当时，有关经济及金融"大决战"（Armageddon）的担忧之声甚嚣尘上，黄金价格也随之又迎来一波高潮。当时的情景丝毫不令人意外：如果你担心政府无法确保银行存款的安全，你肯定会选择购买枪支、弹药、罐头食品、金条，然后躲到一个边远的小木屋里，期待能成功渡过一场全球大衰退。随后，随着更多政策措施的出台，以及全球经济的逐渐触底，恐慌再次得到平息，黄金价格也在暮春时节开始向下调整。

路径非常清晰明了：黄金价格随着人们对通货膨胀或经济萧条担心的增加而上升。在这两种情况下，黄金都成为对抗风险的备选投资品种，尤其是存在可能导致系统性崩溃的极端事件发生时。而一旦这些威胁得到缓解，黄金价格一般会逐渐回落。

黄金价格将何去何从？尽管未必能达到每盎司2 000美元，但仍有很多原因能够推高黄金价格。比如，人们越来越担心政府会通过发行货币来降低它们的赤字，而这将唤醒人们对通货膨胀的恐惧心理，进而推高金价。同样，金融体系内极其充裕的流动资金可以推高任何类型资产的价格，包括金价。此外，对美元的套息交易将使美元进一步贬值，而美元币值与以美元计价的商品价格成反相关关系：美元越贬值，以美元计价的包括黄金在内的商品的价格就越高。

其他因素则很可能会刺激黄金的需求。印度、中国及其他一些国家的中央银行开始大幅增加黄金储备。那些对低概率事件，如高企的通货膨胀率或全球范围的严重的双底衰退，仍心有余悸的私人投资者也会刺激黄金需求。鉴于黄金供给缺乏弹性，各中央银行及私人投资者的资产组合中黄金的比例只要稍微提高那么一点点，黄金价格就会大幅上升。某个单一事件，比如某个主权债务发生违约也可能成为黄金价格迅速升高到泡沫区间的导火索。而所谓的"羊群效应"和"动能交易"则会使泡沫进一步膨胀。

尽管存在上述一系列原因，黄金价格向下修正的风险也仍然很大。对美元的套息交易终将休止，中央银行也早晚会退出定量宽松的政策，并放弃接近零利率的货币政策。所有这些因素都会对包括黄金在内的商品价格构成下行压力。

一般情况下，对于那些深信黄金可以抵御风险的人们来说，他们需要明白，并非所有的危机都会促使人们去追捧黄金。小国的主权债务违约的结果很可能是让投资者去追捧美元而非黄金。这一状况也适用于其他危机。只要美元本身不是危机的焦点，那么黄金价格就不会仅仅因为扑面而来的坏事情就自动螺旋式升高。

为了方便讨论，我们可以假设世界经济正在滑向萧条的深渊，投资者纷纷对美元避之唯恐不及。与其他商品不同，黄金没有任何内在价值，黄金不能吃，不能用来给房屋供热，也不能用于任何别的有益的事情。黄金只是凯恩斯所谓的"野蛮人的遗产"。当然，你可以用黄金交换其他更有用的东西，但相比之下，直接储存商品期货或者罐装午餐肉明显是更加理性的选择。

投资者应对黄金保持足够的谨慎。黄金价格在近期的大幅波动，这一月涨了10%，下一月又跌了10%只是突出了这样一个事实：黄金价格的波动更多的是非理性信念及泡沫共同作用的结果。持有一定的黄金头寸作为抵御通货膨胀的工具，尤其是在政府开始通过发行货币来稀释它们的债务的时候，无疑是非常明智的。但是，如果持有大量黄金头寸，尤其是在通货膨胀仍处于可控范围内时，就没有太大意义了。

通胀还是通缩

在危机最严重时，对通货紧缩的忧虑让很多政府采取了猛烈的措施阻止价格的下滑。零利率和定量宽松的货币政策一般会引发全面的通货膨胀，然而，这在2009年并未发生。相反，通货紧缩却悄悄地潜入了美国、欧元区、日本，甚至某些新兴经济体。原因其实很简单：银行并未将过剩的流动性放贷出去，而是以储备的形式留了下来。

短期内，大多数发达经济体以及部分新兴经济体都将继续承受通货紧缩的压力。在大多数地方，商品及劳务需求仍将疲软，并对价格和工资构成下行压力。大量未售出商品只能以低价出售，而面临创纪录失业率的工人，议价能力也变得非常有限，他们为了保住工作岗位，不得不接受工资遭削减的命运。

对于那些从金融危机中更快复苏的新兴经济体，通货膨胀的苗头已经显现。截至2009年年底，中国及印度等地的石油、食品及房地产价格已经开始上涨。与发达国家相比，对于这些将迅速走向过热的经济体，通货膨胀会逐渐成为一个问题。

不过，从2012年开始，发达经济体也会出现通货膨胀。具体原因有三点：

● 第一，如果政府倾向于通过发行货币来缓解赤字问题，那么通货膨胀将会飙升的预期很可能导致货币贬值与价格和工资上升之间形成恶性循环。

● 第二，为应对危机而疯狂贷出的过剩的廉价资金，最终将引发商品市场的资产价格泡沫，进而导致通货膨胀的回归。

● 第三，由于美元币值与美元标价的资产价格呈反相关的关系，如果美元持续走弱，美国商品价格就会不断上涨。比如，如果美元继续疲软，石油企业就会提高石油的美元价格。否则，它们在售出同样多的石油时，收到的美元购买力就会下降。

在明年，最大的可能是通货膨胀与通货紧缩都不会很明显。只要不出现严重的二次探底，通货紧缩就会继续处于可控的范围，但在某些情况下，通货膨胀仍有可能死灰复燃。

全球化及其反对声音

在过去几十年中，这个世界变得越来越全球化，商品和服务的贸易越来越国际化，工人流动以及信息的扩散也越来越国际化。全球化与技术创新携手进步，相互促进。得益于信息技术的广泛应用，现在的金融资本能以更快的速度在全世界流动。

如今，一个国家能够在世界的另一端为其他国家提供服务。想想印度的话务中心，再想想美国外包到世界其他地方的白领工作岗位。同样，像中国这样的国家也能够加入到延伸至世界各地的复杂供应链之中。发达国家与其周边国家之间的相互联系正在变得越发密切。

全球化使新兴经济体的人民生活质量得到了大幅提升。一方面，中国、印度、俄罗斯、巴西以及其他新兴经济体内数以亿计的人民脱离了贫困。他们获得了蓝领级别甚至中产阶级级别的薪酬，从而能够更好地获得生活必需品及奢侈品。另一方面，发达经济体的公民也享受到了更加低廉的商品和服务。

但是，全球化和创新也并非没有风险。举个例子，全球劳动力市场供给方突然增加的几十亿人就带来了巨大的挑战。其中，有 25 亿来自中国和印度，还有 20 亿来自其他新兴经济体。这场全球经济的一体化运动一旦有所偏颇，很有可能造成发达经济体对全球化和自由贸易的强烈抵制。不幸的是，有充分的迹象显示，一体化过程不会一帆风顺。全球经济中的许多因素，例如经常项目失衡，金融危机盛行都将在这场新兴经济体与全球经济的复杂的一体化过程之中的发挥重大作用。

发达国家和新兴市场经济体不断扩大的收入和财富差距也被认为与全球化有关。目前，有关此问题的讨论非常热烈。部分经济学家将其归因于这样一个事实：技术进步并不能让所有工人都享受到全球化带来的盛宴，就像如果你不知道如何使用电脑或其他信息技术工具，你的境况就无法得到改善。其他一些经济学家则把问题归罪于中国及其他新兴市场在劳动密集型商品制造方面所具有的日益显著的比较优势。

不管原因如何，收入和财富差距的不断扩大已经导致全球化和自由贸易受到越来越多的不满和担忧。毫不奇怪，这种不满和担忧首先来自于蓝领工人。然而，随着美国等发达国家通过外包的方式将服务工作不断转移到像印度这样的新兴经济体，白领工人也开始加入这一阵营。随着时间的推移，整个行业都可能从地球的一个地方转移到另一个地方，从而对一些地方造成严重伤害。尽管这种"创造性破坏"是不可避免的，但如果处理不当，将爆发严重的冲突。

最后，全球化可能招致更加频繁且更加严重的危机。金融资本和热钱在某一个特定市场和经济体的快进快出，会导致资产价格的波动性大幅增加，从而进一步加大金融危机的毁灭性。然而，随着金融日趋国际化，金融监管却仍停留在国家层面。所有这一切都意味着未来爆发危机的可能性更大，而且那些危机将改变全球的势力格局。

最近的危机已经清楚地表明，人类在未来数年更大的可能是"大动荡"而非"大稳健"。资产泡沫的膨胀与破裂会更加频繁，一度被认为一个世纪才能发生一两次的那种危机也将更为频繁地冲击全球经济。曾经的"黑天鹅"将变成"白天鹅"。

更不幸的是，随着金融危机爆发得更加频繁，破坏力也更强，社会和政治动荡将不可避免，最终结果就是全球化将遭到更加强烈的抵制。具体抵制方式林林总总，不一而足。比如，贸易保护主义政策、限制外商直接投资的金融保护主义、资本管制，以及对任何旨在促进市场自由化的政策采取更剧烈的抵制态度。

如何阻止这一态势的发展？首先，必须采取措施降低资产泡沫膨胀与破裂的频率和破坏力，这需要根据本书前文中的思路改革金融体系和货币体系。

其次，各国政府需要提供更加广泛的安全网。这是因为，如果工人不得不保持足够的灵活性以应对频繁的工作和职业变更，他们就需要更多的政府支持，以应对自己在就业方面不断加大的不确定性。姑且将这一措施称为"灵活性保障"，这意味着政府需要在教育、工作技能培训以及再教育等方面增加投资，需要构建包括失业救济金在内的安全网，需要建立更加灵活便捷的医疗保障计划和养老金等福利体系。在美国，这也意味着更高的累进税率，以填补这些新增的福利支出。这看起来很矛盾。为了使自由市场更好地运转，并确保工人在这个"创造性破坏"几成常态的全球经济中更具灵活性和机动性，我们反倒更应该依赖政府。政府可以通过货币政策和强化监管来降低荣衰转换的频率，也能够提供一个更加宽泛的社会安全网，进而提高工人的生产能力和灵活性，而且还可以通过税收政策来缩减财富及收入差距。

最后，各国政府之间需要密切协调经济政策，尽量避免那种引发危机的失衡局面的出现。危机可能仍会继续，但是各国政府有能力限制危机的发生频率及破坏力。

由于我们仍然生活在大萧条以来最严重的金融危机的阴影之中，许多政策制定者和专家们已经发现："错过危机带来的机遇将是极大的浪费。"这一观点再正确不过。如果我们浪费这次机会，未能实施必要的改革，那就意味着我们已为下一次破坏性更强的危机播下了罪恶的种子。几乎可以肯定的是，那将造成对全球化和自由市场更强烈的抵制，过去几十年取得的累累硕果也将瞬间灰飞烟灭。危机造成的巨大破坏与"错过危机带来的机遇"一样，都是极其严重的浪费。

湛庐文化
Cheers Publishing
a mindstyle business——与思想有关

未来，属于终身学习者

我这辈子遇到的聪明人（来自各行各业的聪明人）没有不每天阅读的——没有，一个都没有。巴菲特读书之多，我读书之多，可能会让你感到吃惊。孩子们都笑话我。他们觉得我是一本长了两条腿的书。

——查理·芒格

互联网改变了信息连接的方式；指数型技术在迅速颠覆着现有的商业世界；人工智能已经开始抢占人类的工作岗位……

未来，到底需要什么样的人才？

改变命运唯一的策略是你要变成终身学习者。未来世界将不再需要单一的技能型人才，而是需要具备完善的知识结构、极强逻辑思考力和高感知力的复合型人才。优秀的人往往通过阅读建立足够强大的抽象思维能力，获得异于众人的思考和整合能力。未来，将属于终身学习者！而阅读必定和终身学习形影不离。

很多人读书，追求的是干货，寻求的是立刻行之有效的解决方案。其实这是一种留在舒适区的阅读方法。在这个充满不确定性的年代，答案不会简单地出现在书里，因为生活根本就没有标准确切的答案，你也不能期望过去的经验能解决未来的问题。

湛庐阅读APP：与最聪明的人共同进化

有人常常把成本支出的焦点放在书价上，把读完一本书当做阅读的终结。其实不然。

> 时间是读者付出的最大阅读成本
> 怎么读是读者面临的最大阅读障碍
> "读书破万卷"不仅仅在"万"，更重要的是在"破"！

现在，我们构建了全新的"湛庐阅读"APP。它将成为你"破万卷"的新居所。在这里：

- 不用考虑读什么，你可以便捷找到纸书、有声书和各种声音产品；
- 你可以学会怎么读，你将发现集泛读、通读、精读于一体的阅读解决方案；
- 你会与作者、译者、专家、推荐人和阅读教练相遇，他们是优质思想的发源地；
- 你会与优秀的读者和终身学习者为伍，他们对阅读和学习有着持久的热情和源源不绝的内驱力。

从单一到复合，从知道到精通，从理解到创造，湛庐希望建立一个"与最聪明的人共同进化"的社区，成为人类先进思想交汇的聚集地，共同迎接未来。

与此同时，我们希望能够重新定义你的学习场景，让你随时随地收获有内容、有价值的思想，通过阅读实现终身学习。这是我们的使命和价值。

湛庐文化
Cheers Publishing
e mindstyle ★ 与思想有关

湛庐阅读APP玩转指南

湛庐阅读APP结构图：

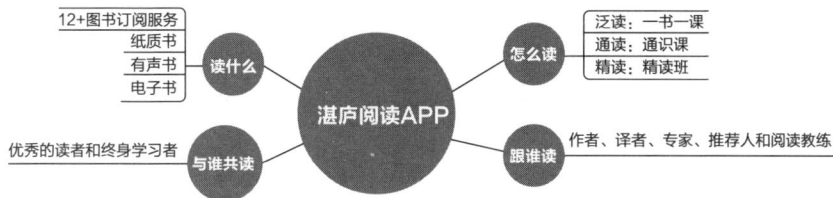

12+图书订阅服务
纸质书
有声书
电子书

读什么

泛读：一书一课
通读：通识课
精读：精读班

怎么读

湛庐阅读APP

优秀的读者和终身学习者

与谁共读

跟谁读

作者、译者、专家、推荐人和阅读教练

三步玩转湛庐阅读APP：

读一读 ▾

湛庐纸书一站买，
全年好书打包订

书城

听一听 ▾

泛读、通读、精读，
选取适合你的阅读方式

精读班　一书一课　通识课

扫一扫 ▾

买书、听书、讲书、
拆书服务，一键获取

扫一扫

APP获取方式：
安卓用户前往各大应用市场、苹果用户前往APP Store
直接下载"湛庐阅读"APP，与最聪明的人共同进化！

湛庐文化
Cheers Publishing
business —— 与思想有关 mindstyle

使用APP扫一扫功能，
遇见书里书外更大的世界！

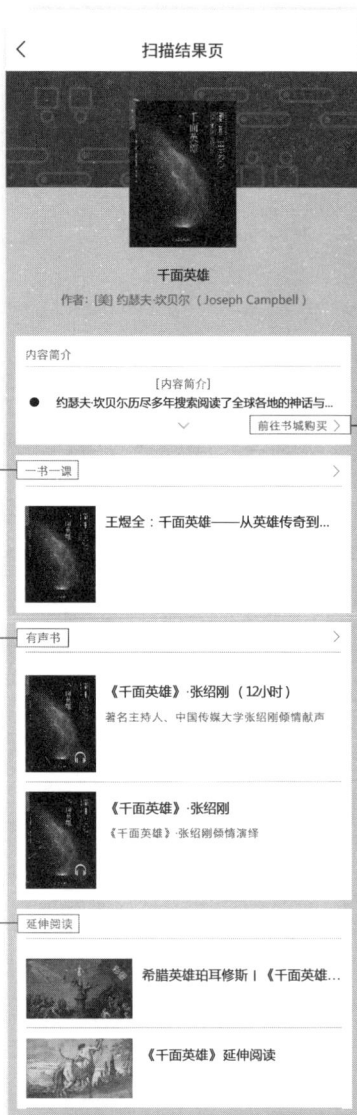

扫描结果页

千面英雄

作者：[美] 约瑟夫·坎贝尔（Joseph Campbell）

内容简介

[内容简介]
● 约瑟夫·坎贝尔历尽多年搜索阅读了全球各地的神话与…
⌄
前往书城购买 >

快速了解本书内容，
湛庐千册图书一键购买！

一书一课 >

王煜全：千面英雄——从英雄传奇到…

大咖优质课、
献声朗读全本一键了解，
为你读书、讲书、拆书！

有声书 >

《千面英雄》·张绍刚（12小时）
著名主持人、中国传媒大学张绍刚倾情献声

《千面英雄》·张绍刚
《千面英雄》·张绍刚倾情演绎

你想知道的彩蛋
和本书更多知识、资讯，
尽在延伸阅读！

延伸阅读

希腊英雄珀耳修斯 | 《千面英雄…

《千面英雄》延伸阅读

延 伸 阅 读

《投资中不简单的事》

◎ 邱国鹭、邓晓峰、卓利伟、孙庆瑞、冯柳、王世宏，6 位价值投资者在中国资本市场实践价值投资的启示录，中国企业和中国企业家持续创新成长的全景图。

◎ 继《投资中最简单的事》后，高毅资产价值投资系列又一诚意力作。

◎ 高瓴资本创始人张磊倾情作序推荐！中国银行业协会首席经济学家、北京大学汇丰商学院金融学教授巴曙松，《新乔布斯、禅与投资》作者李国飞强烈推荐！

使用"湛庐阅读"APP，
"扫一扫"获取本书更多精彩内容
ISBN 978-7-220-10664-4

《投资中最简单的事》

◎ 资深投资人邱国鹭首次分享多年投资经验。

◎ 高瓴资本集团创始人兼首席执行官张磊专文推荐，国务院发展研究中心金融研究所副所长巴曙松，全国社会保障基金理事会投资部主任詹余引，国信证券股份有限公司总裁陈鸿桥，重阳投资董事长兼首席投资官裘国根，赤子之心总经理赵丹阳联袂推荐。

使用"湛庐阅读"APP，
"扫一扫"获取本书更多精彩内容
ISBN 978-7-300-19623-7

《共同基金常识（10 周年纪念版）》

◎ 指数基金教父约翰·博格先生的心血力作，历经市场十年洗礼之后的升级版，堪称投资界的经典必读书。

◎ 著名金融学家巴曙松教授领衔翻译。

◎ 高瓴资本创始人兼首席执行官张磊、中国人民保险集团副董事长缪建民、耶鲁大学首席投资官大卫·斯文森专文作序推荐。

使用"湛庐阅读"APP，
"扫一扫"获取本书更多精彩内容
ISBN 978-7-5596-0531-3

《3G 资本帝国》

◎ 深度揭秘鲸吞百威、汉堡王、亨氏、卡夫、提姆霍顿的超级帝国。一段精彩到令人窒息的逆袭故事，3 位依靠梦想缔造 3 000 亿美元奇迹的传奇人物，10 条让所有人受益匪浅的黄金法则。

◎ 3G 资本"千亿美元并购大战"亲历者、百威英博亚太区副总裁王仁荣亲笔翻译。

◎ 巴菲特、吉姆·柯林斯深入参与写作过程，和君咨询集团董事长王明夫、复星集团 CEO 汪群斌、高毅资本董事长邱国鹭倾情作序！

使用"湛庐阅读"APP，
"扫一扫"获取本书更多精彩内容
ISBN 978-7-5596-0379-1

Crisis economics: a crash course in the future of finance by Nouriel Roubini and Stephen Mihm.

Copyright © Nouriel Roubini and Stephen Mihm, 2010.

This edition published by arrangement with the Penguin Press, an imprint of Penguin Publishing Group, a division of Penguin Random House LLC.

All rights reserved including the right of reproduction in whole or in part in any form.

本书中文简体字版由 Penguin Press Group 授权在中华人民共和国境内独家出版发行。未经出版者书面许可，不得以任何方式抄袭、复制或节录本书中的任何部分。

版权所有，侵权必究。

图书在版编目（CIP）数据

危机经济学 /（美）努里埃尔·鲁比尼，（美）斯蒂芬·米姆著；
巴曙松等译 . —杭州：浙江人民出版社，2018.7
　　书名原文：Crisis Economics
　　ISBN 978-7-213-08811-7

　　Ⅰ.①危…　Ⅱ.①努…　②斯…　③巴…　Ⅲ.①经济危机–世界–
通俗读物　Ⅳ.① F113.7-49

中国版本图书馆 CIP 数据核字（2018）第 133960 号

上架指导：金融趋势 / 畅销书

版权所有，侵权必究

本书法律顾问　北京市盈科律师事务所　崔爽律师
**　　　　　　　　　　　　　　　　　　张雅琴律师**

浙江省版权局
著作权合同登记章
图字：11-2018-310 号

危机经济学

［美］努里埃尔·鲁比尼　［美］斯蒂芬·米姆　著

巴曙松　李胜利　吕婕　等译

出版发行：浙江人民出版社（杭州体育场路 347 号　邮编　310006）
　　　　　市场部电话：（0571）85061682　85176516
集团网址：浙江出版联合集团　http://www.zjcb.com
责任编辑：朱丽芳
责任校对：姚建国
印　　刷：河北鹏润印刷有限公司
开　　本：720mm × 965mm　1/16　　　印　　张：18.5
字　　数：286 千字　　　　　　　　　　插　　页：1
版　　次：2018 年 7 月第 1 版　　　　　印　　次：2018 年 7 月第 1 次印刷
书　　号：ISBN 978-7-213-08811-7
定　　价：69.90 元

如发现印装质量问题，影响阅读，请与市场部联系调换。